JN074137

佐賀藩初代鍋島勝茂墓・高伝寺
（佐賀県佐賀市）

肥前地域の近世五輪塔は、16世紀末に成立した異型の有角五輪塔が普遍的である。高伝寺藩主家墓所では、初代勝茂墓以降、大形化した花崗岩製有角五輪塔が安定的に採用され、継続する。

福江藩２代五島盛利墓・大円寺
（長崎県五島市）

大名墓における瀬戸内系花崗岩製関西型五輪塔の採用例は、東九州の諸藩と西北九州島嶼部の福江藩領内に偏在する。福江藩２代盛利墓のそれは、藩の海運活動の盛行を示している。

九州

鹿児島藩初代
島津家久墓・福昌寺跡
（鹿児島県鹿児島市）

島津家当主墓は、中世以来、在地色の強い宝篋印塔を採用しており、初代家久墓に至って装飾化、大形化が明確となる。石材は領内で産出する山川石で、藩主家のみの独占的な使用である。

高松藩松平家法然寺墓所

天上の極楽浄土に見立てられた般若台は、麓の伽藍との比高が約 40m あり、初代頼重墓を中心に歴代藩主、夫人や側室、子息をはじめとする一族の墓域となっている。大小 202 基もの墓塔が群集し、頂部が尖った花崗岩製無縫塔が特徴的である。

中四国

松江藩松平家月照寺墓所　初代直政墓

直政の墓石は独自性が強い変形五輪塔で、関西から取り寄せた花崗岩で作られた。二代墓以降は通有形五輪塔となったが、五代墓から変形五輪塔が同形・同大で復活した。

岡山藩池田家和意谷墓所　池田輝政墓

輝政の遺骸は孫の光政によって儒式で改葬された。長台形の墳丘の前には、正三位の官位に応じて亀趺に載った花崗岩製碑石が建つ。

近畿

大徳寺高桐院細川家墓所

京都に藩祖の墓所を営む大名は多いが、歴代藩主墓を設ける事例は極めて少ない。肥後熊本藩主細川家はそうした数少ない大名家のひとつである。家祖藤孝の墓を正面に配し、左右に二代忠興を除く歴代藩主墓が配されている。いずれも笠付方形柱形の墓標である。

妙心寺大通院山内一豊夫妻霊屋

土佐藩山内家の藩祖一豊と妻見性院の霊屋は見性院十七回忌に建立された。墓標はいずれも無縫塔で左側見性院のものがやや大きい。一豊の墓は高知の筆山に建立されており、その墓標は無縫塔である。筆山の墓標と同じものを京都にも建立したものと考えられる。

東海・北陸

横須賀藩撰要寺本多家墓所

本多利長は正保2（1645）年の横須賀藩入封後、前任地岡崎から先代までの墓塔を運び墓所を整備した。

右：康重墓（慶長16（1611）年没）
中央：康紀墓（元和9（1623）年没）
左：忠利墓（正保2（1645）年没）

加賀藩野田山墓所前田利家墓

初代利家墓は幅20.0m、奥行18.5m、高さ5.7mを測り、三段築造となっている。墓所内最大規模であり、以後の藩主墓の規範となっている。

近世大名墓の展開
関東・東北

前橋藩酒井家墓所（前橋市龍海院・群馬県指定史跡）

前橋藩２代藩主酒井忠世は、中世以来の菩提寺としていた岡崎龍海院を前橋に移転させ代々の墓標を造立した。後に酒井家は姫路藩に移封したが、菩提寺は前橋の地を離れなかった。

盛岡藩南部家墓所（港区金地院）

御府内に造営された大名家墓所の一例。南部家は江戸に居住した子女の菩提寺として金地院に墓所を造営した。金地院には盛岡藩・七戸藩・八戸藩の３藩の南部家墓所が営まれている。

内藤家墓地（鎌倉市光明寺・市指定史跡）

磐城平藩・日向延岡藩・湯長谷藩の各内藤家の一族墓所。24 人の藩主とその子女の墓標 58 基が累々と並ぶ姿は壮観である。

近世大名墓の展開

考古学から大名墓を読み解く

大名墓研究会 編

雄山閣

刊行にあたって

坂詰　秀一

近世大名墓の考古学的調査と研究を目標に大名墓研究会が発足したのは、二〇一〇年（平成二二）一月。第一回の研究集会が滋賀県彦根で開催された。その地は彦根藩主井伊家の墓所が営まれた故地であり、大名墓を考古学の視点より闡明する集会の地として誠に相応しい場であった。

従来、近世大名墓の調査は、徳川将軍墓（江戸・増上寺）の改葬に伴う工事の立合い的発掘（一九五八〜五九）、岡山藩主池田忠雄墓所の改葬発掘調査（一九六四）、仙台藩主伊達政宗・忠宗・綱宗の霊廟再建事業を契機とする発掘調査（一九七四〜八三）、長岡藩主牧野家墓所の移転改葬に伴う発掘調査（一九八二）、名古屋藩徳川家藩主墓の改葬調査（一九八四）、南部藩三代藩主重直墓所の修築に伴う発掘調査（一九九六〜九七）、及び加賀藩前田家（野田山）墓所の総括的調査などが実施され、それぞれ刮目の成果が挙げられ、近世考古学の一分野として位置付けられる気運が醸成されつつあった。

近年、近世大名有縁墓の改葬移築・修復に伴う調査を要請されたわれわれは、従前の先学の調査に学びながら、米沢藩主上杉綱憲正室墓・肥後熊本藩主細川光尚側室墓・鳥取藩初代藩主池田光仲正室墓・今尾藩竹腰家付家老実母墓の調査にあたった。方法は、上部構造（標識・基壇・供養具ほか）と下部構造（埋葬主体部―石室―副葬品ほか）の解体・発掘に主眼を置き、墓所の営造の次第を明確に把握することを目標と定めると共に被葬者の史料調査と人類学的調査を試み、調査後の修築、報告書の速やかな刊行を目指した。それぞれの調査過程そして終了後の感慨は、結果を共有し調査の結果に基づいた研究を展開する必要性を痛感し、「大名家墓所調査の現状と課題」のシンポジウムを企画するところとなった。

二〇一〇年（平成二二）は期せずして、大名墓研究会の発足と大名墓シンポジウム（立正大学考古学フォーラム）が開催され、西（滋賀）と東（東京）で大名墓の考古学研究が組織的に芽吹いたのである。

東のシンポジウムは一過性であったが、西の大名墓研究は、代表・中井均教授のリーダーシップのもと研究集会は回を重ねていった。

その集会は、彦根を皮切りに九州（熊本）・中国（鳥取）・四国（宇和島）・近畿（高野山）・東海（掛川）・中部（諏訪）・関東（東京）・東北（弘前）と続き、岡山の地で総括された。いずれも大名墓研究にとって中枢の要地であり、各地の主題テーマともども関係地の選択、テーマの設定に研究会事務局の妙案に首肯すること再三で問題意識の展開が示された。第五回の「近世大名墓の成立」・第九回「儒教と近世大名墓」と第一〇回「近世大名墓の到達点」は、『近世大名墓の成立—信長・秀吉・家康の墓と各地の大名墓を探る—』（二〇一四・一〇）と『近世大名墓の展開—考古学から大名墓を探る—』（二〇二〇・一一）として総括された。一〇回の研究集会に際して作成された資料集と二冊の総括書に、大名墓研究会一〇年の軌跡が示されていると言えよう。

大名墓研究会の活動は、各地において大名墓の重要性を喚起すると共に、各地域の近世史究明にとって看過することの出来ない意義を昂揚し、大名墓所の現状を踏まえての提言となり、史跡指定と保存の肝要認識となっていった。

研究会の目標であった考古学的調査の進展と研究の促進は、大名墓の墓標形態の多様性を改めて理解し、墓所の選地と立地の独自性を指摘するなど問題意識を深めていったのである。

大名墓研究会の一〇年間の活動は、国元・江戸・高野山における墓所・供養葬地をめぐる問題点を浮上させ、調査研究の視点を提示する一方、それぞれの墓所の現状を通して保存の必要性を指摘してきたのである。中井均代表を中心とする大名墓研究会に参画してきた各位に敬意を表しつつ、再びの活動を期して待ちたいと願っている。

近世大名墓の展開　目　次

第2章　近世大名墓の特色を読み解く

近世大名墓研究の到達点

中井　均

はじめに

近世大名の墓所についての考古学からの研究は近年大きく進んでいる。その成果については谷川章雄氏が「大名家墓所の考古学」によって端的にまとめられている。そこではこれまでの調査、研究の歩みも整理され、その先駆的研究として、昭和三三年（一九五八）から昭和三五年（一九六〇）にかけて調査された増上寺の徳川将軍家墓所があげられている（坂詰・松原二〇一三）。その増上寺徳川将軍家墓所調査の指導者である鈴木尚氏は大名墓所の調査成果より基本的に大名墓は将軍墓を指向して造営されたとしつつも、大名の家の伝統や地域性、さらには大名の中の階層性も考慮しなければならないとしている（鈴木・矢島・山辺一九六七）。

拙文では谷川氏の整理された成果を繰り返すのは生産的ではないので、大名墓研究会の〇年の軌跡を振り返りながら、これまでの成果と課題、さらには筆者の思うところについて述べてみたい。

一　大名墓研究会の歩み

大名墓研究会は、平成二二年（二〇一〇）一月に第一回の研究集会を滋賀県彦根市で開催された。近世幕藩体制の頂点に位置する大名の墓所を考古学の立場から分析し、近世社会を研究しようというのが研究会設立当初の目論見であった。筆者は中・近世城郭から中世・近世の政治や社会、とりわけ軍事について研究してきたが、近世の場合、城郭以上に大名の墓所が社会を考えるうえで重要な資料となり得るのではないかと考えたのである。規模や構造に大名の家ごとの伝統や規則があり、それを踏襲することが重要であった。こうした伝統や規則を考古学的に分析することによって大名の家、つまり出自や家格といったものを明らかにすることができると考えたのである。また、考古学による発掘調査は葬送のあり方を具体的に明らかにするだけではなく、墓誌や副葬品という遺物も埋葬者をより具体的に語らしめてくれる。しかし近世大名墓の発掘調査事例ははなはだ少ない。考古学からの分析は発掘成果に止まらず、選地、配列、墓標など地上に造営された様々な施設も対象となる。さらには石材などの分析も極めて重要となろう。

第一回研究集会が彦根に選ばれたのは彦根藩主井伊家墓所が国史跡に指定され、総合調査も実施されていたのと、隣市の米原市には讃岐丸亀藩主京極家墓所が位置しており、大名墓を研究するには最適の場と考えられたからである。

ところでこの年には注目される大名墓所研究の集会が開催されている。平成二二年（二〇一〇）一〇月に立正大学で開催された、立正大学考古学フォーラム「近世大名墓所調査の現状と課題」である。ここでは主要論点として、一．大名家墓所の上部施設、二．大名家墓所の下部構造、三．大名家墓所の立地、四．大名家墓所調査の課題を設けて、七ヶ所の大名家墓所の個別事例報告と、七ヶ所の紙上報告がおこなわれた。近世大名墓の調査者や研究者が一堂に集まっての報告、討論会は初めてのことであった（立正大学考古学フォーラム編二〇一〇）。

さて、この一〇年の大名墓研究について、大名墓研究会のテーマを振り返りながら研究を振り返りたい。第二回は熊本市で、第三回は鳥取市で、第四回は高野山で実施されたが、いずれも事例報告にとどまっている。第五回は東京で実施され、ここでは「近世大名墓の成立」と題したシンポジウムがおこなわれている。シンポジウムでは、①室町・戦国期の将軍・大名の墓のあり方について、②大名墓所成立の契機とされた織田信長、豊臣秀吉、徳川家康の墓所造営について、③成立期における江戸と地方における大名墓の様相についての討論がおこなわれている。そして、中世の武士の墓所が戦国期になると象徴的な対象ではなくなり、織田信長の葬儀を経て、豊臣秀吉・徳川家康ら天下人の廟所造営を契機として近世大名墓所が成立し、再度権威を象徴する墓所へと回帰したことが明らかにされた。

この第五回研究集会のシンポジウムと、信長、秀吉、家康の墓から近世大名墓所の成立を分析した七編の論文と、地域における近世大名墓の成立を考えた四編の論文をまとめた『近世大名墓の成立』が刊行されている（大名墓研究会編二〇一四）。

第六回は弘前市で開催され、東北の大名墓についての事例報告とともに、関根達人氏による「東北の大名墓研究の現状と課題」と題する総括報告がおこなわれた。第七回は宇和島市で開催され、四国の大名墓についての事例報告とともに、松原典明氏から「四国の近世大名墓」と題する総括報告がおこなわれた。第八回は掛川市で開催され、事例報告がおこなわれた。第九回は諏訪市で開催され、事例報告に加え、儒教と近世大名墓というテーマを設け、大名墓における儒葬形態についての討論がおこなわれた。

第一〇回は岡山市の就実大学吉備文化財研究所で開催され、「近世大名墓研究の到達点」と題するシンポジウムが開催され、列島各地域での大名墓の展開から寛永～寛文期に大名墓が成立し、一八世紀に安定するのではないかと総括された。ここには立藩当初の大名家の内訌や、末期養子などの事情も絡んでいることが指摘された。高野山での造墓については単なる供養塔ではなく、歴代の御霊を祀ることが重要で、本来は国許、江戸、高野山いずれにも歴代の墓があることが重要であり、作為的に分けているわけではないことも指摘された。これは本葬・分霊・改葬にもおよぶ問題となろう。また、墓所の選地について大名の居城との関係について城に葬られる事例や、居城の鬼門に造営される事例のあることが報告され、両者に強い因果関係のあることも指摘された。

こうした大名墓研究会の活動は近世大名墓研究に大きな画期をもたらすことができたのではないかと自負するところである。この研究会により全国の研究者が一堂に会して、全国の様々な事例を検討できるようになった意義は大きい。それはまた様々な課題にもつながった（大名墓研究会二〇一〇・二〇一一・二〇一二・二〇一三・二〇一四・二〇一五）。

次にそうした成果からいくつかを紹介することとしたい。

二　大名墓の総論

近世大名墓の総論的研究としては松原典明氏の『近世大名葬制の考古学的研究』（松原二〇一二）と同氏編の『近世大名葬制の基礎的研究』（松原編著二〇一八）がある。いずれも考古学からだけの分析に止まらず、近世大名の思惟と実践を墓から読み解いている。中世墓では確認できない丁寧な葬法は儒教のテキストに従った可能性を指摘する。そこには大名と儒者・儒臣の創るネットワークのあったことを明らかにした。さらに両書の研究は多岐にわたるが、神道、儒教、仏教から形成された日本近世思想を大名墓制から解明しており、現状での大名墓研究の到達点を示すとともに今後の大名墓研究の指針を示している。

『季刊考古学・別冊20　近世大名墓の世界』では近世大名墓所を考えるとしての各論をはじめとして、東日本の大名墓、近世大名墓研究の現在、そして大名墓を歩くとして主要大名墓一〇ヶ所が紹介されている（坂詰・松原編二〇一三）。また、坂詰秀一氏と松原典明氏の対談「近世大名家墓所を語る」が掲載されており、大名墓研究の現状がもっとも理解できる一冊となっている。

今、一冊紹介しておきたいのが『考古調査ハンドブック4　近世大名墓所要覧』である（坂詰監修二〇一〇）。大名墓所の個別報告に加え、近世大名墓所の諸様相として石田肇氏による「近世大名墓の墓誌」、本間岳人氏による「近世大名墓所の標識」、松原典明氏による「大名家墓所の成立と系譜」が掲載されており、近世大名墓所研究としての総合書の原点として位置付けられるものである。

三　発掘調査で明らかとなったこと

考古学の分野で大きな画期となったのはやはり発掘調査であろう。古くは増上寺の徳川将軍家墓所の調査があるが、近年の大名墓研究の基礎となったのは、東京での再開発にともなう一九七〇年代に実施された長岡藩主牧野家墓所の発掘調査であろう。済海寺に造営された牧野家墓所の移転に伴い、墓所の地下構造まで発掘調査された数少ない事例である。

近年の発掘調査で最も注目されるのは、平成二一年（二〇〇九）に実施された島原藩主松平忠雄墓所の発掘調査である。ここでは三点に注目したい。①まずは選地である。埋葬されている松平忠雄は深溝松平氏の島原藩二代藩主（深溝松平家第七代）である。深溝松平家は居城である肥前島原城の城下には墓所を設けず、父祖出身の本貫地である三河国額田郡深溝の本光寺を菩提寺としており、第六代家主忠房の建立した亀趺碑には「祖先墳墓之所在也」と刻んでおり、居城地（国許）ではなく、本貫地に墓所を営んだのである。②墓標に注目すると、神廟形式の石祠であり、その内部には位牌を納めた木製神璽が安置されていた。さらに埋葬主体部には片岩製の墓誌を置き、その下に一辺一・五メートルの方形の石室を設けたものであった。③遺物にはベネチアグラスや漆器など、近世大名墓では他にみられない豊富さが目立った（幸田町教育委員会二〇一三）。このように大名墓の発掘調査としては近年稀にみる内容であり、一気に大名墓が注目されることとなった。

四　墓　標

大名墓の墓標については五輪塔、宝篋印塔、位牌型、無縫塔、自然石など実に多様である。さらに国許、江戸、高野山で統一されたものもあれば、三ヶ所それぞれが違う構造のものすらある。

高島藩主諏訪家の墓標は初代藩主頼水が扁平石に五輪塔を刻んだ石碑であるのに対して、二代藩主忠恒以後は方形三段基壇の上に、頂部が丸く前屈み気味で正面のみを平らに磨いた特殊な舟形となる。坂詰秀一氏はこうした形状を神牌の具現化した形態とも理解でき、非塔形の舟形と称することもできるとし、仏教ではなく神道の思惟を墓標に込めた造形であったとする。そこに諏訪家の一貫した在地性を看取することができ、諏訪信仰と諏訪家との深い関係を墓標形状より考えることもできるという（大名墓研究会二〇一七）。高野山奥之院の諏訪家墓所の墓標は五輪塔となる。

なお、頼岳寺には高島藩の家臣団も墓所を営んでいるが、藩主墓の墓標と同形の非塔形の舟形が認められ、高島藩で貫徹される墓標であったことがわかる（写真1、2）。

土佐藩主山内家墓所では初代一豊と二代忠義の墓標は無縫塔であるが、三代忠豊以後は巨大な笠付位牌形となる。この墓標の相違こそが藩主墓に対する意識の変化として捉えることができる。三代藩主忠豊は自らの墓を簡素にするよう遺言したのであるが、四代藩主豊昌は大名の墓を権威つけるため巨大な墓標を立て、埋葬を火葬から土葬とした（高知県二〇一五）。なお、藩祖一豊の京都における墓所である妙心寺大通院の墓標も無縫塔である。

写真１　高島藩主諏訪家墓所

写真２　頼岳寺二之丸家墓所

こうした墓標については、熊本藩細川家墓所では細川家二代忠興が千利休愛用の春日燈籠を譲り受け、京都大徳寺高桐院での墓標とした。その石燈籠を模した墓石を四代藩主宣紀は墓標としている。また、六代藩主重賢、一〇代藩主斉護の墓石は異形の燈籠形となる。

これも燈籠のアレンジとして捉えられるものである。

五　石材について

大名墓の墓標については同じ形態が継続されることを基本としている。しかし、石材に関しては時代とともに変化の認められることは各地域で注目されている。例えば土佐藩主山内家墓所では三代藩主忠豊以後笠付位牌形が継承されるが、石材についてみてみると初代、二代は花崗岩、三代～八代、一〇、一一、一三、一四代は砂岩、九代は花崗岩となる。高島藩主諏訪家では二、三代が花崗岩、四代以降は別の石材（安山岩か）が用いられている。

松江藩主松平家墓所では藩祖松平直政の墓は上下二段の基壇で、上層基壇に墓塔が据えられる。下層基壇は来待石製の板石を敷き並べ、その周囲には元々木柵が巡り、門扉が設置されていた。上層基壇は花崗岩の切石を積み、その周囲には石柱による四十九院を巡らせ、その中央に変形五輪塔を立てている。石塔は播磨の御影石製と見られる。二代、三代は五輪塔となるが石材は播磨の御影石である。四代は山陽側の花崗岩製五輪塔、五代、六代、七代は三刀屋産花崗岩製の変形五輪塔、八代は三刀屋産花崗岩製五輪塔、九代は三刀屋産花崗岩製変形五輪塔となる（写真3、表1）。

写真３　松江藩主松平直政墓の構造（側面）

こうした石材の変化は藩財政の逼迫、藩主墓の権威化など様々な要素によって変化することが判明している。

六　本葬・分霊・改葬

ところで大名墓に遺体が葬られているかどうかを判断することは難しい。土佐藩や島原藩のように帰葬というかたちで国許に葬られる場合は基本的に遺体を埋葬したものと考えられる。これを本葬と呼んでいる。

しかし、歴代藩主墓があるにも関わらず、江戸にも墓所を設けている場合は文献資料が残されていない限り、どちらに葬られているかはわからない。では遺体を葬っていない墓は供養墓として建立されたものであろうか。例えば近江大溝藩主分部家墓所を事例にみてみよう。国許の大溝では圓光禅寺に墓所を造営している。藩祖光信は京都大徳寺大慈院に営まれるが、二代、三代、四代、五代、六代、八代、九代、一〇代、一一代、一二代墓が圓光禅寺に立てられている。このうち八代は前髪塔と記されており、遺体ではなく、前髪を納めたものである。また、墓所前にある宝塔には七代の俏像を安置しており、圓光禅寺には歴代藩主の墓標が揃うこととなる。ところが三代、五代、七代、八代、九代は江戸で没しており、江戸の種徳

表１　松江藩主松平家墓所廟所別石材一覧（大名墓研究会 2020）

藩　主	墓　塔	花立・灯篭	上基壇・敷石	下基壇・敷石
初代直政	花崗岩（御影石）	花崗岩（御影石＋地元）	花崗岩（地元）・花崗岩（地元）	花崗岩（地元）・花崗岩（地元）
２代綱隆	花崗岩（御影石）	花崗岩（御影石＋地元）	花崗岩（地元）＋安山岩・花崗岩	花崗岩（地元）＋安山岩・砂岩
３代綱近	花崗岩（御影石）	花崗岩（御影石＋地元）	花崗岩（地元）＋砂岩・花崗岩	花崗岩（地元）＋砂岩・砂岩
４代吉透	花崗岩（山陽側・産地不明）	花崗岩（御影石＋地元）	花崗岩（地元）＋砂岩・花崗岩	砂岩＋砂岩・花崗岩
５代宣維	花崗岩（三刀屋石）	花崗岩（三刀屋石）	花崗岩（三刀屋石）＋玄武岩・花崗岩	砂岩＋玄武岩・砂岩
６代宗衍	花崗岩（三刀屋石）	花崗岩（三刀屋石）	砂岩＋玄武岩・花崗岩	砂岩＋玄武岩・砂岩
７代治郷	花崗岩（三刀屋石）	花崗岩（三刀屋石）	花崗岩（三刀屋石）＋玄武岩・花崗岩	花崗岩（三刀屋石）＋玄武岩・砂岩
８代齊恒	花崗岩（三刀屋石）	花崗岩（三刀屋石）	花崗岩（三刀屋石）＋玄武岩・花崗岩	砂岩＋玄武岩・砂岩
９代齊貴	花崗岩（三刀屋石）	花崗岩（三刀屋石）	砂岩＋玄武岩・花崗岩	砂岩＋玄武岩・砂岩

寺松渓院には七代、八代、九代の墓があり、遺体がどちらに葬られているかわからない。国許大溝には歴代墓が必要であり、江戸で没した藩主墓も営まれた可能性は高い。ただし空墓ではなく、前髪や俏像を納めており単なる供養塔として造営されたのではなく、分霊ではあるが本葬墓と変わらない墓として意識されたのであろう。

また、高野山奥之院に造営された大名墓所も供養塔として墓標だけが造営されていたのではない。調査事例は極めて少ないが、弘前藩津軽家墓所では五輪塔の下に遺髪などが納められていた。

なお、高野山では大名墓の総合調査が実施された。従来一〇九家程度の大名が墓所を造営していたといわれていたが、この調査で少なくとも二〇〇家の大名墓の存在が確認された（公益財団法人元興寺文化財研究所二〇一九）。

七　史跡指定に伴う調査

現在全国には二五ヶ所の大名墓所が国史跡に指定されている。近年では史跡指定に伴う事前調査が実施されるようになり、その位置付けがおこなわれるようになった。そしてそれらの調査成果については、調査報告書が刊行さてている。最近の指定では平成二〇年（二〇〇八）度に彦根藩主井伊家墓所が、平成二一年（二〇〇九）に加賀藩主前田家墓所が、平成二六年（二〇一四）に島原藩主松平家墓所が、平成二八年（二〇一六）に土佐藩主山内家墓所が、平成二九年（二〇一七）に高島藩主諏訪家墓所が、そして薩摩藩島津家墓所指定の答申がおこなわれている。実に史跡指定を受けている二五件のうち五分の一が平成二〇年（二〇〇八）以降に指定を受けており、文化庁としても大名墓所の史跡指定に積極的な姿勢を示している。

　こうした一連の指定の画期となったのが、加賀藩主前田家墓所の調査である。前田家は金沢城の南西約三・五キロメートルに位置する野田山に墓所を営んでおり、その形態は方墳を思わせる巨大な方形土壇とその周囲には空堀がめぐらされている。報告書のなかで白石太一郎氏は、「近世大名家墓所について―前田家野田山墓所の占める位置―」という付論で、享保末年頃の段階で二〇万石以上の大名家の墓所を葬制に基づき分類を試みている。すなわちⅠ類として仏教形式のもので、石塔を基壇のうえに建てるA類、御霊屋形式のものをB類、石廟形式のC類、霊廟を伴うD類に細分化した。Ⅱ類は儒葬形式のもので、Ⅲ類は神葬形式のものとした。個別の調査事例により研究されていた大名墓所研究においてこの白石論文は全国的視野に立つものとして評価されよう（金沢市二〇〇八）。

　なお、讃岐高松藩主松平家墓所や薩摩藩主島津家墓所（福昌寺跡）、筑後久留米藩主有馬家墓所、四大名二旗本の備中松山藩主、上野安中藩主、陸奥福島藩主、備中庭瀬藩主、旗本修理家、旗本深溝家の三河長圓寺板倉家墓所なども総合調査が実施されており報告書が刊行されている（香川県立ミュージアム二〇一五、鹿児島市教育委員会二〇一七、久留米市教育委員会二〇一五・二〇一七、西尾市教育委員会二〇一六a・b）。これらの大名家墓所も近く国史跡に指定されることであろう。

　さらにこうした近年の調査は単に藩主や一族の墓標だけではなく、墓所に残された石燈籠など石造物の調査もおこなわれている点は高く評価される。例えば薩摩藩主島津家墓所（福昌寺跡）の調査では石幢と呼ばれる龕部に六面、もしくは一面の地蔵を彫り出す石柱があり、藩主、親族、家臣の戒名が柱部に刻まれている。島津家墓所の特徴であり、燈籠とともにすべてが実測調査されている。

おわりに―課題と展望―

さて、このように考古学は大名墓の研究を大きく前進させた。しかし、研究が進むと課題も数多く見出されたことも確かである。最後に今後の研究課題をいくつかあげておきたい。筆者が最も関心を持つのが墓所の整備についてである。現在見られる墓所の配置や景観は決して墓所造営当初のものではない。墓所整備は藩主権力と大きく関わっていることはまちがいない。いつ、誰の手によって現在の墓所として整備されたのか。そこにはどのような政治的背景があったのかを明らかにしなければならない。

墓標の選択はどのようにおこなわれたのであろうか。例えば彦根藩主井伊家墓所は典型的な近世大名墓で、国許で亡くなると彦根の清凉寺に、江戸で亡くなると世田谷の豪徳寺墓所に葬られる。その墓標は彦根では無縫塔、江戸では笠付位牌形となる。さらに高野山の井伊家墓所では五輪塔となり、それぞれの葬地で異なる墓標となる。萩藩主毛利家墓所では国許の萩に二ヶ所の墓所を営むが、大照院は臨済宗寺院で墓標は五輪塔となる。一方、東光寺は黄檗宗の寺院で墓標は唐破風笠石付方形柱構造である。国許と江戸のみならず、国許だけでも異なる墓標が採択されたのはなぜであろうか。

今ひとつ、大名墓所は仏式、儒式、神式のいずれによって造墓されているのかを明らかにする必要があろう。一見すると寺院に葬られ仏式によるものと見られているが、そこに儒式や神式が複合的に関わっている。そうした造墓思想を分析することによって大名家が持つ個々の思惟を明らかにすることができるのだろう。

最後に筆者が現在もっとも注目している課題が、大名墓と家臣団の墓の比較である。金沢藩前田家の墓は方墳を思わせるような巨大な墳墓である。その成立は不詳であるが、同じ野田山に構えられた加賀八家と呼ばれる重臣の墓もそれを小形にしたもので、方形マウンドを構えている。五輪塔を用いる家もあるが、マウンドの上に五輪塔を置く構造となる。ここには藩主墓を模倣する重臣たちの造墓意識を見ることができる（金沢市二〇〇八・二〇一二）。これは前述した高島藩の藩主諏訪家とその家臣団の墓所でも認められる（写真4、5）。

写真４　前田利家墓

写真５　野田山の長家墓所

和泉岸和田藩主岡部家墓所では、藩主墓は五輪塔となる。同じ泉光寺墓地内には多くの藩士墓も営まれているが、藩主一族に出自を持つ家老家の墓は藩主と同じ五輪塔と玉垣を備えるが、藩主一族に出自を持たない家老家の墓は笠付位牌形となる。家臣墓まで視野を広げることにより、より一層大名墓のもつ個性を明らかにすることができる（写真6、7）。

なお、二〇一九年（令和元）に高知城歴史

写真６　岸和田藩主岡部家墓

写真７　岸和田藩家老家墓（背後は藩主墓）

博物館において企画展『大名墓の世界―土佐藩主山内家墓所を中心に―』が開催された。墓というなかなか博物館では扱い難い展覧会が開催された。帰葬の儀礼や埋葬方法、高知に残された藩主の位牌など土佐藩主の葬儀がわかりやすく展示された。こうした展示の可能性を示すとともに今後各地の博物館でも同様の展覧会が開催されることに期待したい。

【参考文献】
香川県立ミュージアム　二〇一五『高松藩主松平家墓所調査報告書』
鹿児島市教育委員会　二〇一七『薩摩藩主島津家墓所（福昌寺跡）調査報告書』

金沢市　二〇〇八『野田山・加賀藩主前田家墓所調査報告書』
金沢市　二〇一二『野田山・加賀八家墓所調査報告書』
寛永寺谷中徳川家近世墓所調査団　二〇一二『東叡山寛永寺　徳川将軍家御裏方霊廟』吉川弘文館
久留米市教育委員会　二〇一五『久留米藩主有馬家墓所Ⅰ』
久留米市教育委員会　二〇一七『久留米藩主有馬家墓所Ⅱ』
公益財団法人元興寺文化財研究所　二〇一九『史跡金剛峯寺境内（奥院）大名墓総合調査報告書Ⅰ』高野町教育委員会
幸田町教育委員会　二〇一三『瑞雲山本光寺　松平忠雄墓所発掘調査報告』
高知県　二〇一五『土佐藩主山内家墓所調査報告書』
坂詰秀一監修　二〇一〇『考古調査ハンドブック4　近世大名墓所要覧』ニューサイエンス社
坂詰秀一監修・今野春樹　二〇一三『徳川家の墓制』北隆館
坂詰秀一・松原典明編　二〇一三『季刊考古学・別冊20　近世大名墓の世界』雄山閣
鈴木　尚・矢島恭介・山辺知行編　一九六七『増上寺　徳川将軍墓とその遺品・遺体』東京大学出版会
諏訪市教育委員会　二〇一三『高島藩主廟所―長野県諏訪市高島藩主廟所第一次発掘調査報告書―』
大名墓研究会　二〇一〇『第一回大名墓研究会資料』
大名墓研究会　二〇一一『第二回大名墓研究会資料』
大名墓研究会　二〇一一『第三回大名墓研究会資料』
大名墓研究会　二〇一二『第四回大名墓研究会資料』
大名墓研究会　二〇一三『第五回大名墓研究会資料』
大名墓研究会　二〇一四『第六回大名墓研究会資料』
大名墓研究会　二〇一五『第七回大名墓研究会資料』
大名墓研究会　二〇一六『第八回大名墓研究会資料』
大名墓研究会　二〇一七『第九回大名墓研究会資料』
大名墓研究会　二〇一八『第一〇回大名墓研究会資料』
大名墓研究会　二〇二〇『松江藩主松平家墓所―松江・月照寺に守り伝えられる近世大名墓―』

大名墓研究会編　二〇一四『近世大名墓の成立 信長・秀吉・家康の墓と各地の大名墓を探る』雄山閣
茅野市教育委員会　二〇一七『国史跡高島藩主諏訪家墓所』
西尾市教育委員会　二〇一六ａ『長圓寺境内地―近世大名板倉家菩提寺の発掘調査―』
西尾市教育委員会　二〇一六ｂ『万灯山長圓寺文化財総合調査報告書〈建造物編〉』
早島大祐編　二〇一九『中近世武家菩提寺の研究』小さ子社
彦根市教育委員会　二〇〇九『国指定史跡 清凉寺「彦根藩主井伊家墓所」調査報告書』
松原典明　二〇一二『近世大名葬制の考古学的研究』雄山閣
松原典明編著　二〇一八『近世大名葬制の基礎的研究』雄山閣
立正大学考古学フォーラム編　二〇一〇『近世大名家墓所調査の現状と課題』

第1章

各地の近世大名墓の展開

九州における大名墓の展開

美濃口 雅朗
野村 俊之

はじめに

九州における近世大名の特徴として、外様大藩が多いこと、地生え大名が複数存在すること、親藩・譜代大名の領国が比較的偏在することなどが挙げられる。本稿は、現地調査の成果をもとに、九州の大名墓、特に歴代墓の墓石形態や墓所の様相を述べるものである。

一　大名墓の成立と展開―外様大名墓の事例―

外様大名墓は原則、国元において継続的に営まれる。本項では、荘厳化等にみられる近世大名墓としての成立とその後の継続・展開について、代表的な事例を紹介する。

①福岡藩

黒田家崇福寺における慶長九年（一〇六四）没の藩祖如水孝高墓（図1）は、近世に入って新たな形態が選択された代表例として挙げられる。九州では最古の大形笠付方柱形墓石で、塔身四面に碑文を刻み

図1　福岡藩祖如水墓

図2　福岡藩2代忠之墓

顕彰碑としての性格を持つ。新体制の中で大藩に相応しい形態を模索した結果、出現したものといえる。主たる墓所は崇福寺であるが、承応三年（一六五四）没の二代忠之のほか三代・八代の墓は真言宗東長寺にある。地元産の花崗岩製有角五輪塔（図2）が採用され、これは周囲に四十九院を刻んだ石柵を巡らせるなど多分に高野山を意識したものである。

② 久留米藩

有馬家梅林寺においては、入封以前の慶長七年（一六〇二）没の藩祖則頼墓は、故地より花崗岩製関西型五輪塔を木造霊屋内に移設したもの、初代豊氏・二代忠頼墓も小形五輪塔を木造霊屋に安置したものであるが、寛文八年（一六六八）没の三代頼利以降は、五代を除いて大形の三層塔（図3）を採用、継続する。なお、三層塔建立の契機は恐らく肥前の動向を反映したものと考えられ、三層塔の墓石は、慶長一二年（一六〇七）没の龍造寺政家の初層に四十九院を刻む大形のものを初現とし（図4）、佐

図3　久留米藩3代頼利墓

図4　竜造寺政家墓

賀領内の支藩・一門等の墓所において広く展開している。

③ 柳川藩

立花家歴代墓は、城下の福厳寺と藩主の別荘地に営まれた雪峰山霊明寺跡（三・四代墓）の二箇所にあり、ともに臨済宗黄檗派寺院である。前者は二代忠茂治世期の寛永一九年～寛文四年（一六四二～一六六四）に造立された家祖道雪・初代宗茂墓（図５）を初現とする。両墓所とも、黄檗僧の墓石形態を取り入れた装飾性の高い「寿塔形式」(1)が採用される。

図５　柳川藩初代宗茂墓

図６　大村藩４代純長墓

石材は五代貞淑墓までは瀬戸内系花崗岩が用いられるが、延享三年（一七四六）没の六代貞則貞から地元産の安山岩と変化する。なお、福厳寺においては、墓石はコ字形に配された連棟式の覆屋内に納められており、これは寛政元年（一七八九）製「福厳寺廻地指図」や墓石の現状（磨耗状態）からみて、当初から企図され、順次建てられていったものと考えられる。

④ 佐賀藩

鍋島家高伝寺墓所では、佐賀平野西部で成立したとみられる有角五輪塔(2)が採用される。明暦三年（一六五七）没の初代藩主勝茂墓以降、大形化した在地系の花崗岩製有角五輪塔が用いられ、これは安山岩が多用される上級家臣墓・支藩墓との階層差を規模・石材使用において表現したものと捉えられる。この大形の花崗岩製有角五輪塔は、その後も安定的に採用、継続される。

⑤大村藩

大村家墓所は、加藤清正の勧めにより創建されたといわれる日蓮宗本経寺にあり、特殊な事例である。

キリシタン大名であった藩祖純忠墓は後に合祀されたもの、初代喜前墓は文化二年（一八〇五）に再建されたものであり、当初の形態は不明である。慶安三年（一六五〇）没の三代純信墓以降は、異様に長大化した笠付方柱形（図6）・五輪塔となり、その後、石製位牌を安置する石製霊屋に変わるなど、大略の変遷はあるものの形態は安定しない。なお、墓石の長大化は島原の乱以降に認められ、長崎街道からも良く見える。膾炙されるように、キリシタンではないことをアピールする意図と理解される。

⑥福江藩

五島家大円寺墓所では、文禄三年（一五九四）に朝鮮で陣没した伝藩祖純玄墓（図7）が注目される。寛永一一年（一六三四）造立の朝鮮瓦葺屋根を表現した瀬戸内系花崗岩製の石祠に小形の硬質砂岩製宝篋印塔を安置するものである。付近には朝鮮瓦が散布しており、本来は瓦葺きの霊屋が建立されていた可能性が極めて高い(3)。その後、寛永一九年（一六四二）没の二代盛利墓が関西型五輪塔(4)、三代盛次～五代盛暢墓が大形の笠付方柱形を採り、これらはいずれも瀬戸内系花崗岩製の搬入墓石であり、藩主としての権威を使用石材において示威したものとなっている。

図7　伝福江藩祖純玄墓

図8　福江藩８代盛運墓

本墓所には二箇所の墓域があり、享保一九年（一七三四）没の六代盛佳墓から移転し、文化六年（一八〇九）没の八代盛運墓（図８）以降は、関西型五輪塔を模倣しながらも火輪軒端の反りがより強調された砂岩岩製の独特な五輪塔が認められる。

⑦熊本藩

細川家においては二つの墓所が設定され、妙解寺跡は初代忠利とその子孫たる歴代藩主の墓所である。泰勝寺跡は本来、家祖藤孝・藩祖忠興とその室を顕彰する墓所であったが、宇土支藩からの養子である八代斉茲が初代からの血統に繋がらないことから、その正当性を藩祖に求めたために以降の歴代墓所となったと捉えられる。

歴代墓にみられる共通の特徴は、基壇の平面プランである。正方形の本体と縦長の長方形の拝殿が一体となった特異な形状で、これは京都南禅寺天授庵の家祖墓のそれから着想し、初代墓（図９）において巨大化し確立したものと考えられる。藤孝墓から、四代を除いて、延享四年（一七四七）没の五代宗孝墓までは霊屋内に定型化した五輪塔を安置する形態である。享保一七年

図９　熊本藩初代忠利墓

図10　熊本藩４代宣紀墓

図11　熊本藩６代重賢墓

（一七三二）没の四代宣紀墓（図10）は濡れ墓となり、雪見灯籠形を呈する。京都大徳寺高桐院にある藩祖忠興墓の欠け灯籠を意識したもので、熊本新田支藩からの養子であったがゆえに前代までの同一形態を憚りつつ、本藩主としての正統性を主張したものと理解される。六代墓（図11）以降も様々な異形の墓石が採られ、これは文人大名としての主張が積極的に形態へ表出した特異な事例といえる。

⑧人吉藩

相良家願成寺墓所においては、初代・二代墓までは戦国期からの形態を踏襲し、現状では平面長方形の共有基壇上に室・子女とともに五輪塔が並立している。元禄一六年（一七〇三）没の三代頼喬墓（図12）に至り、返花座を持つ基礎が付加された五輪塔が一つの基壇に単立し、さらには複数の灯籠が奉献されるようになり、以降の歴代墓に踏襲されていく。三代墓の造立をもって近世大名墓としての体裁が確立したといえ、近世化（墓よる階層表現化）が遅れて表出する事例といえる。

図12　人吉藩３代頼喬墓

相良家は、鎌倉時代以来の小領主ゆえに門葉・有力家臣の権利主張が強く、結果、一七世紀代中頃に「お下の乱」等のお家騒動があったことから、藩主権力強化の施策として家譜の編纂とともに、墓の近世化と墓所の整備が企図されたと理解される。

⑨佐伯藩

毛利家養賢寺では、初代高政墓のみは木造の霊屋内に位牌形墓石を安置した石祠を納めたものであるが、四年後の寛永九年（一六三二）没の二代高成墓以降は一貫して大形の瀬戸内系花崗岩製関西型五輪塔を採用、継続している（図13）。東九州における墓石の流通実態を示す好例といえる。

⑩岡　藩

中川家碧雲寺には、三・七・八・一〇代を除く歴代墓があり、慶長一七年（一六一二）没の初代秀成墓が花崗岩製の異形宝塔、承応二年（一六五三）没の二代久盛墓が花崗岩製の関西型五輪塔を採り、三代を除いて、寛保二年（一七四二）没の六代久忠墓（図14）まで宝塔と五輪塔が交替しながら継続する。イレギュラーはあるものの、当初から企図されたものとみられる。

図14　岡藩６代久忠墓

天和元年（一六八一）没の三代久清、寛政二年（一七九〇）没の八代久貞のみは領内の山中に一代限りの墓所を設け、岡藩型といわれる石製の馬鬣封を伴う儒式墓（図15）を採用している。

図15　岡藩３代久清墓

藩主個人の宗教観が墓所選定や形態の選択に表出したものといえる。

⑪高鍋藩

秋月家歴代墓は同一丘陵に立地する龍雲寺跡と大龍寺跡に営まれ、

図13　佐伯藩２代高成以降の墓

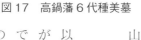

図17　高鍋藩６代種美墓　図16　高鍋藩２代種春墓

五代を除いて初代から九代まで、龍雲寺と大龍寺を交互に墓所としている。墓所の設定において規則性がうかがわれ、これは昭穆制によるものとみられる。墓石形態は、初代墓こそ宝篋印塔を採用するが、万治二年（一六五九）没の二代種春墓（図16）から五代墓までは関西型五輪塔を、天明七年（一七八七）没の六代種美墓（図17）以降、幕末までは地元産とみられる安山岩製の笠付方柱形を採用している。

⑫佐土原藩

島津家青蓮寺高月院には、慶長一五年（一六一〇）没の初代以久以降、塚状の方形基壇上に関西型五輪塔が立つ墓（図18）が形成される。なお、地元では江戸期以降の初代以久の系統を後島津、別系統の家久と関ヶ原で戦没した次代の豊久を前島津と称している。前島津墓は天昌寺跡にあって在地性の強い戦国期の伊東塔（図19）を採用しており、系統が替わった後島津初代において墓の近世化が図られたといえる。元文三年（一七三八）年没の五代惟久、及び六代の墓所のみ自得寺に移転するが、これを契機に関西型五輪塔から、その形状を模倣した砂岩製五輪塔へと変化する。これは墓所が高月院に戻った七代墓

図18　佐土原藩初代以久墓

以降も変わらず、砂岩製五輪塔を踏襲していく。

⑬ 飫肥藩

伊東家歴代墓は、城下の報恩寺跡とその末寺である領内清武の文永寺跡の二箇所にある。

報恩寺墓所では、五輪塔から変化し一六世紀に成立した在地性の強い型式である伊東塔と、その亜種とみられる異形宝塔（五・七・一二代墓）がみられる。初代祐兵墓は前代から継続する戦国期の形態であるが、寛永一三年（一六三六）没の二代祐慶墓（図20）において、これが二層化し、彩色・彫刻を施した装飾性の高い荘厳化した形態となる。藩主墓の他には認められず、その権威が表現されたものといえる。病床の初代に替わって関ヶ原の戦いにおいて東軍に与し、本領を安堵された二代の事績が反映されたものと捉えられ、この形態は以降の歴代墓にも継承される。

僑墓とされる文永寺墓所は、戦国以来の仇敵島津領に接する軍事上の拠点である清武にあり、ここに配された家臣が飫肥まで参拝に出かけなくて良いように分骨、造立したものといわれる。

図20　飫肥藩２代祐慶墓

⑭ 鹿児島藩

島津家福昌寺跡には、歴代墓の他、戦国期当主の宝篋印塔群が、江戸期以降の墓域とは別区画にまとめられている。寛永一五年（一六三八）没の初代（島津家一八代）家久墓以降も在地色の強い宝篋印塔を継続する。ただし、その形態は、島津

図19　前島津２代豊久墓

家一六代義久墓・一七代義弘墓を経て、より装飾化、大形化したもので、さらには広い基壇を築くようになり、これは以降の歴代墓にも踏襲される。なお、使用石材は、薩摩半島南部に産出する黄色で肌理の細かい凝灰岩（山川石）が用いられており、これは一門・家臣墓には認められず、藩主家のみの独占的な使用である。石材使用における階層表現と捉えられる。

二　大名墓の成立と展開―親藩・譜代大名墓の事例―

親藩・譜代藩は、東九州沿岸部に偏在する。多くは入封以降、比較的安定的に領国支配を継続しているが、唐津藩のみは転封を繰り返し不安定である。大給松平家を除いて、国元には少数の墓を築いており、多くは江戸または故地の菩提寺に墓所を造営している。

①唐津藩

唐津藩は天草島原の乱の責を負い寺沢家が改易された後、中央官僚たる譜代大名五家が転封を繰り返し、大久保家・土井家・水野家・小笠原家が市内各地に一箇所だけ一代限りの墓所を営んでいる。各家墓石は頂部の形状に差異はあるものの、いずれも在地系花崗岩製で大形の方柱形を採り、また表面の研磨調整が卓越するものである（図21）。寛永一〇年（一六三三）没の寺沢広高墓も同様で、その背景には、在地の石工集団の存在と江戸期を通した彼らの技術系譜が想定される。また、記銘において儒学の影響がみられ、藩主家は交替するものの共通の要素が認められることも注目される。

図21　唐津藩大久保忠職墓

②小倉藩

小笠原家福聚寺は、寛文七年（一六六七）没の初代忠真が臨済宗黄檗派に深く帰依し、新たに開いたものである。忠真墓（図22）は弧状笠付方柱形の四面に碑文を刻み、顕彰碑としての性格が強いものである。二代忠雄墓は黄檗派の墓石形態「寿塔形式」を採るが、その後は幕末まで造墓が途絶える。

③府内藩

大給松平家は、現在は区画整理により分散しているが、大半の墓が国元にあり九州の譜代大名墓としては特異な事例である。初代・二代墓は所在不明で、少なくとも享保一〇年（一七二五）没の三代貞禎墓以降は東日本型式の宝篋印塔を採用、継続しており、伊豆石を使用した明らかな搬入例（図23）も認められる。

三　江戸と国元の墓

江戸と国元の墓石形態について相関が認められる事例がある。福岡藩黒田家墓は、国元崇福寺の藩祖如水墓を嚆矢とする笠付方柱形を主に採用しており、これは渋谷区祥雲寺の初代長政墓をはじめ、秋月・東蓮寺両支藩墓においても共通する。久留米藩有馬家墓では、国元梅林寺において三代頼利墓以降に認められる三層塔が、渋谷区祥雲寺の七代頼徸・一〇代頼永

図22　小倉藩初代忠真墓

図23　府内藩６代近儔墓

墓においても採用されている。

熊本藩細川家妙解寺跡の七代治年墓（図24）は異形の五輪塔で、これは品川区東海寺妙解院の形態を、地元の金峰山系輝石安山岩を用いて模倣したものである。中津藩奥平家自性寺にある七代昌猷の異形五輪塔（図25）も同様で、品川区東海寺清光院の形態を在地系の花崗岩製により模倣したものである。これらは、江戸の墓所において継続的に認められ、石工の自由な創意が表現された江戸モダンとも言うべきもので、国元の石工が江戸の形態を模倣して製作したものと考えられる。

図24　熊本藩７代治年墓

図25　中津藩７代昌猷墓

四　大名墓の終焉

大名墓は、近代において最後の藩主・継嗣墓の造立をもって終焉し、これには様々な様相がみられる。主に国元の墓所を継続するもの、新たな墓所が造営されるものに大別される。

国元の墓所を継続するものでは、柳川藩立花家や佐伯藩毛利家などのように江戸期と同じ墓石形態を踏襲するものと新たな墓石形態を採用するものの二者がみられる。後者は方柱形や

図26　高鍋藩10代種殷墓

自然石に姓名とともに官位や爵位を刻むもので、福江藩五島家・府中藩宗家・熊本藩細川家・人吉藩相良家・高鍋藩秋月家（図26）・飫肥藩伊東家などが挙げられる。熊本藩泰勝寺細川家墓所では、明治九年（一八七六）没の一一代詔邦墓から尖頭方柱形となり、その後代二基の墓もこの形態を採用している。本例は廃寺後、新たな墓域を造成して営まれたものである。

新たな墓所が造営されるものでは、旧藩主が新政府に参画し東京に墓所を移転するもの、国元に新たに墓所が造営されるものの二者がみられる。前者の代表例として青山霊園所在の福岡藩黒田家墓所が挙げられる。明治以降、霊園内に広い墓域を形成し、明治二〇年（一八八七）没の一一代長溥墓（図27）を嚆矢として現代までの一族墓が営まれている。後者は、神仏分離により神道式墓となるもので、佐賀藩鍋島家春日山墓所・鹿児島藩島津家常安の峯墓所（図28）がある。円形の封土を築き、その背面や脇に墓石を設置するもので、墓域入口には鳥居が設えられる。

図 27　福岡藩 11 代長溥墓

図 28　鹿児島藩 12 代忠義墓

五　まとめ

以上、述べてきたように、九州における大名墓の様相は多様である。

成立については、佐賀藩鍋島家・鹿児島藩島津家のように幕末まで頑なに戦国期以来の墓石形態を継承するものをはじめ、福岡藩黒田家のように新しい墓石形態を創出するものがある。一方、久留米藩有馬家のように初期においては戦国期的な形態を残しながら、後に新体制に見合った形態を採用するものもある。

その後の展開については、前記例の他、柳川藩立花家のように当初期から墓石形態が安定して継続するものと、高鍋藩秋月家のように墓石形態が一回変化した後、再び安定化するものがある。一方、大村藩大村家のように時代に応じて変化し、明確な安定化が認められないものも存在する。また、熊本藩細川家四代以降のほか、岡藩中川家三・八代や日出藩木下家三代（横津神社所在）の馬鬣封を伴う儒式墓のように藩主個人の宗教観や嗜好により、一時的に異なる形態が出現するものもある。

主に東九州沿岸部や島嶼部において見られる、瀬戸内系花崗岩製の関西型五輪塔を搬入使用するものも注目すべきである。佐伯藩毛利家に代表され、福江藩五島家や佐土原藩島津家のように、後代になって恐らくは領国内の石工がそれを模倣しながら特有の形態を創出するものもある。

終焉期の様相では、明治維新・神仏分離を契機に非仏教化するものは多いが、新たに神道墓を造営するものは二例しかなく、多くは江戸末期から普遍化する方柱形の墓石に、戒名を刻むことなく姓名や官位・爵位をもって被葬者を標示する、非仏教的といえるものである。一方、江戸期以来の伝統的な形態を継続するものも少なからず認められる。

以上、九州の近世大名墓は、荘厳化・大形化や新たな形態の採用などにみる成立とその継続、さらには終焉までの大きな流れについては般布性が認められるものの、藩により様相は様々である。それは立藩から廃藩までの政治情勢、経済事情、宗教性、場合によっては藩主の嗜好性を反映したものと捉えられる。

【註】

(1)「寿塔形式」とは長崎の中国黄檗僧の寿塔を祖形とする、黄檗派寺院に見られる塔身六角形ないしは方形の墓石を指す。笠軒端に蕨手様装飾を持つ場合が多く、寺院や階層によりいくつかのバリエーションがある。

(2)野村俊之・美濃口雅朗　二〇一九「有角五輪塔考」『論集　葬送・墓・石塔　狭川真一さん還暦記念論文集』狭川真一さん還暦記念会

(3)野村俊之・美濃口雅朗　二〇一九「大名家墓所における『朝鮮瓦』の発見―長崎県五島市大円寺墓所資料の報告―」『東アジア瓦研究』第６号、東アジア瓦研究会

(4)瀬戸内系花崗岩製で、基礎に返花座もしくは請花を持ち、火軒端部が反り上がった一群の五輪塔を、筆者は「関西型五輪塔」と呼称している。

【参考文献】

秋元茂陽一　九九八『江戸大名墓総覧』金融界社

木村　礎・藤野　保・村上　直編　一九八八『藩史大辞典』第７巻・九州編、雄山閣出版

大名墓研究会編　二〇一四『近世大名墓の成立　信長・秀吉・家康の墓と各地の大名墓を探る』雄山閣

松田朝由　二〇一〇「薩摩藩島津家墓所における墓塔の展開」『立正大学考古学フォーラム　近世大名家墓所調査の現状と課題』立正大学考古学会・立正大学考古学研究会・石造文化財調査研究所

美濃口雅朗・野村俊之　二〇一八「九州における大名墓の展開」『第一〇回近世大名墓研究会発表資料』大名墓研究会

※その他、現地の案内板・リーフレット・関係市町村のホームページ等を参照した。

中国・四国の大名墓の展開

乗岡　実

はじめに

江戸時代の中国・四国には、国持大名が林立していた。国持大名は政治力や経済力が大きく、独自性の強さや動員できる技術力の高さもあいまって、家ごとに個性豊かで大規模な大名墓を造営した。一七世紀前葉までの大名墓は、個別の場所にある個人墓の色彩が強く、各家の内でも墓の場所や墓塔の型式が定まっていなかったのに対し、一七世紀第3四半期以降は、大名家ごとに墓石の形・大きさを初め多くの要素が定型化（前例踏襲化）を進め、背高い墓石を伴う歴代墓が集合して荘厳で広大な墓所が領国内に成立した。本稿では、各墓所の形成過程を確認しながら、大名墓の普遍性と個別性を考えてみたい。

一　一七世紀後半に成立・整備された大名家墓所とその展開

①岡山藩主池田家和意谷（わいだに）敦土山（あづちやま）墓所（岡山県備前市）

岡山城から北東に約三五キロも離れた山中にある広大な墓所で、初代岡山藩主（三二万石）池田光政（みつまさ）

が造営した儒教式墓所（乗岡二〇一七）である。光政は仏教には不信感をもつ一方で儒教（陽明学）に傾倒して政治・文化・教育の理念とした。墓所造営もその政策の一環である。光政は歴代墓所形成を念頭においたが、江戸時代の内での藩主埋葬は結果として光政一代限りであった。祖父輝政と父利隆を京都から改葬したのが寛文七年（一六六七）、光政自身が埋葬されたのは天和二年（一六八二）である。同世代に亡くなった一族の墓も造られたが、大名墓としては夫婦並列墓を指向し、代ごとに独立した区画（石門を前後二カ所に伴う方形玉垣）をもつ。『家礼』に忠実に従いながら『稽古定制』などを参照した状況（吾妻二〇〇八）が濃厚で、三つの墓の配置は昭穆制に倣い、炭や漆喰で固めた重層構造の棺槨の上方には墓誌を埋め、地上部には長台形で稜をもった墳丘（馬鬣封）が造られた。玉垣の外には石碑形の墓表が築かれ、業績を長大な漢文で記す。輝政の墓石は亀趺碑であるが、利隆、光政墓は上部に方形孔をもつ碑石のみで、夫婦同大・同形である。

② 鳥取藩主池田家国府山清源寺墓所（鳥取県鳥取市、図１）

因幡伯耆三二万石の初代藩主であった池田光仲は、元禄六年（一六九三）に没し清源寺（黄檗宗）に埋葬され、以後の歴代藩主の墓が営まれた（史跡鳥取藩主池田家墓所保存会二〇〇四）。藩主の単独墓が整然と集合した形をとり、夫人が合葬されたのは近代の改修による。各藩主墓は玉垣を廻らせたほぼ同大の正方形区画の中央の墓塔は、三段土台上に亀趺が乗り（但し二代墓にはなく三代墓で復活）、円頭型（位牌形）の本体が乗る形で統一され、総高も約四・八メートルで揃っている。各区画の参道脇に数多くの灯籠が奉献されている。

③ 松江藩主松平家月照寺墓所（島根県松江市、図２）

出雲・隠岐二〇万石の松平直政は寛文六年（一六六六）に江戸で亡くなったが、松江城下の月照寺

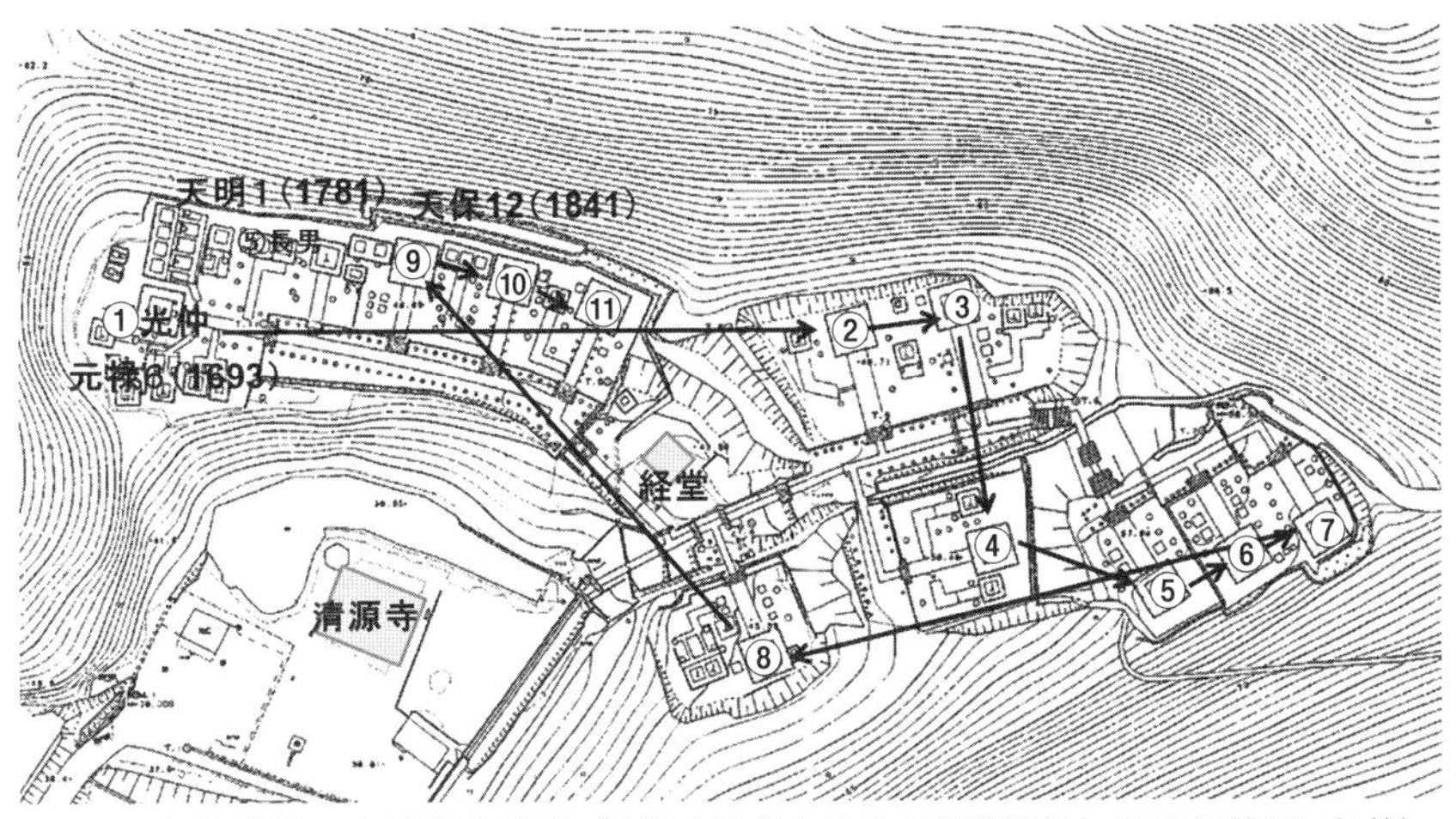

図１　鳥取藩池田家清源寺墓所（史跡鳥取藩主池田家墓所保存会 2004 掲載図に加筆）

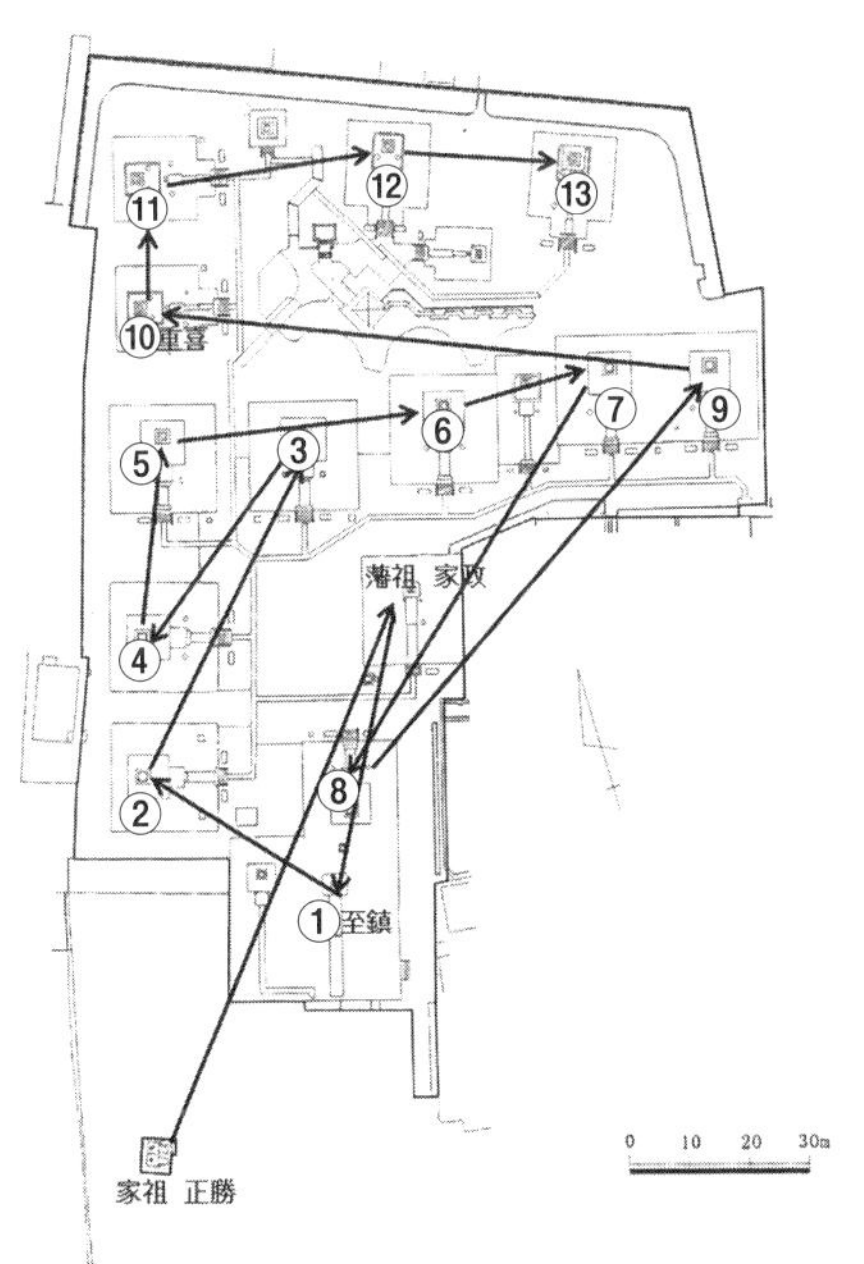

図３　徳島藩蜂須賀家興源寺墓所
（徳島市教委 2005 掲載図に加筆）

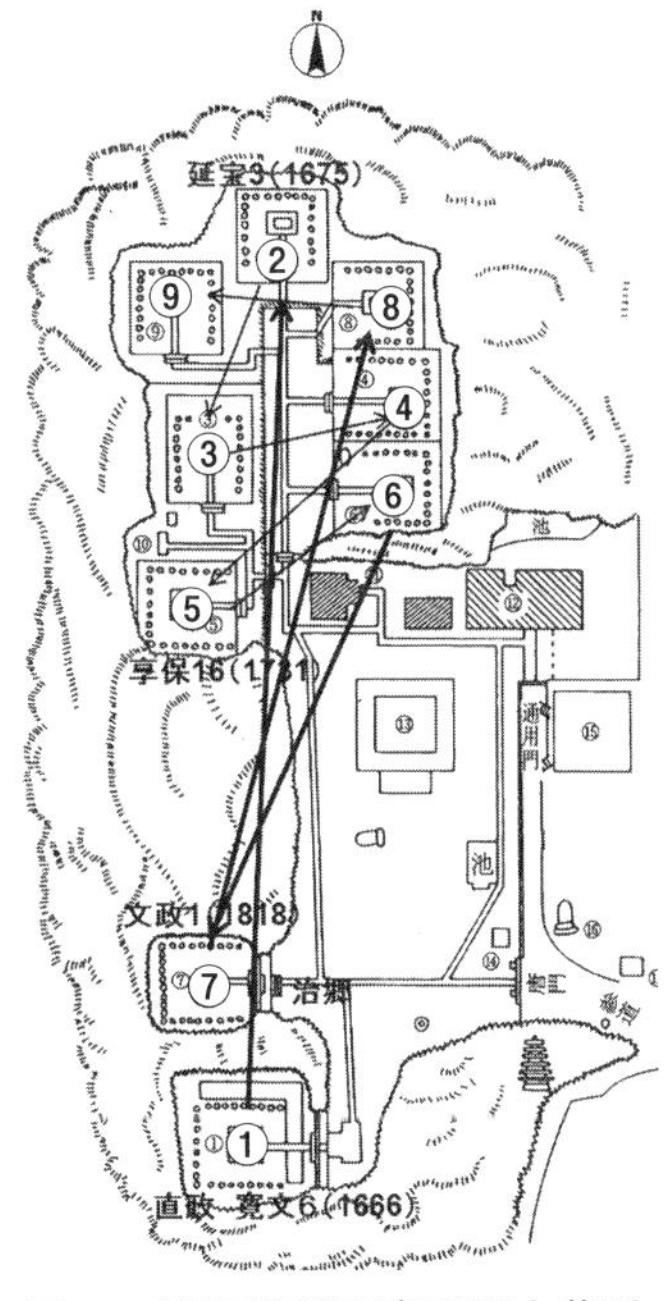

図２　松江藩松平家月照寺墓所
（松江市教委 2000 掲載図に加筆）

（浄土宗）に埋葬された。以後九代に渡る歴代単独墓が同墓所（松江市教委二〇〇〇）に営まれた（夫人合葬は近代）。直政の墓塔は独得な変形五輪塔で高さは二・五メートルである。延宝三年（一六七五）に亡くなった二代綱隆（つなたか）から四代までは通有形の五輪塔であるが、高さは三・六メートル前後で初代よりも高い。享保一六年（一七三一）に亡くなった五代宣維（のぶずみ）墓で変形五輪塔が復活し、以後七代治郷（はるさと）まで同形・ほぼ同大が続く。

④長州藩主毛利家大照院（だいしょういん）墓所（山口県萩市）

毛利家歴代墓所の形成は慶安四年（一六五一）に亡くなった秀就（ひでなり）の時からである。秀就の墓塔は高さ四・五メートルの五輪塔で、以後は同形・ほぼ同大を踏襲する。各正室の墓塔も藩主と同形・ほぼ同大で同一区画に並立させ、花立の形・大きさ・位置、各参道脇に多数の奉献灯籠（ほうけんとうろう）を配し、各工作物が整然とした隊列形の配置をとる。

⑤周防岩国吉川（きっかわ）家墓所（山口県岩国市）

毛利家からは家臣として岩国（六万石）に配された吉川家は、幕府からは独立大名格の待遇を受けた。寛永二年（一六二五）に亡くなった初代広家（ひろいえ）以降、六代目を除く歴代当主は郭内に準じる場所である洞泉寺（曹洞宗）に墓が設けられた。広家墓は山麓斜面の「山のお塔」と呼ばれる区域にあり、墓塔は板形で高さが三・一メートルある。墓所の本格整備は寛文六年（一六六六）に亡くなった二代広正の時で、墓は隣接平地部「寺谷のお塔」の中央にある。高さ三・八メートルの五輪塔で、同形ほぼ同大の正室の墓塔と並立する。以後、「寺谷」では文化三年（一八〇四）に亡くなった経賢（つねかた）まで同形ほぼ同大の五輪塔が建てられたが、天保七年（一八三六）に亡くなった経礼（つねひろ）からは、初代墓に近似した板石形となる。歴代夫人墓も築かれ、当主墓と同形・同大であるが、必ずしも当主墓とは並立しない。花生・水鉢・灯籠などはみかけない。一部親族墓も交える。

⑥讃岐高松藩主松平家法然寺墓所（香川県高松市、図4）

水戸徳川家の分家で讃岐高松一二万石に封じられた、松平頼重は寛文八年（一六六八）に高松郊外の仙生山法然寺（浄土宗）を菩提寺として整備し、伽藍背後の低丘陵の頂部に般若台と称する一族墓所（香川県ミュ二〇一五）を形成して、極楽浄土世界を体現しようとした。元禄八年（一六九五）に亡くなって最高所に埋葬された。その墓塔は高さ三メートル数十センチの無縫塔であるが、当初の姿は木像を安置した霊廟があったとみられる。般若台には、二・九代を除く歴代藩主と全正室（たとえ江戸で亡くなっても）、側室その他の一族を含め、二〇二基もの大小墓塔がひしめいている。墓塔は無縫塔が圧倒する。享保二〇年（一七三五）に亡くなった三代頼豊までは初代墓を中心に一族墓域を形成し、元文四年（一七三九）に亡くなった四代頼桓（＝入婿）以後は、北側に展開して代ごとに藩主墓と正室墓が組み合う形に変化した。

⑦徳島藩主蜂須賀家興源寺墓所（徳島県徳島市、図3）

阿波・淡路二六万石の蜂須賀家の墓所は、二代忠英が寛永一三年（一六三六）に造営した徳島城下の興源寺（臨済宗）に営まれた（徳島市教委二〇〇五）。家祖正勝墓、藩祖家政墓、初代至鎮墓も含むが、墓所形成の画期は慶安五年（一六五二）に亡くなった二代忠英の墓で、墓石は高さ四・三メートルの無縫搭である。寛文六年（一六六六）に亡くなった三代光隆は高さ約四・三メートルの五輪塔で、以後九代までは同形でほぼ同大で続くが、儒式の万年山墓所を造営し、享和元年（一八〇一）に亡くなった一〇代重喜以後は、高さ約三メートルの櫛形塔に変化する。安永九年（一七八〇）に亡くなった八代と一〇代以後の遺体は万年山に儒葬されたが、当墓所にも相当規模の遺髪墓が仏式で営まれ、両墓制をとる。藩

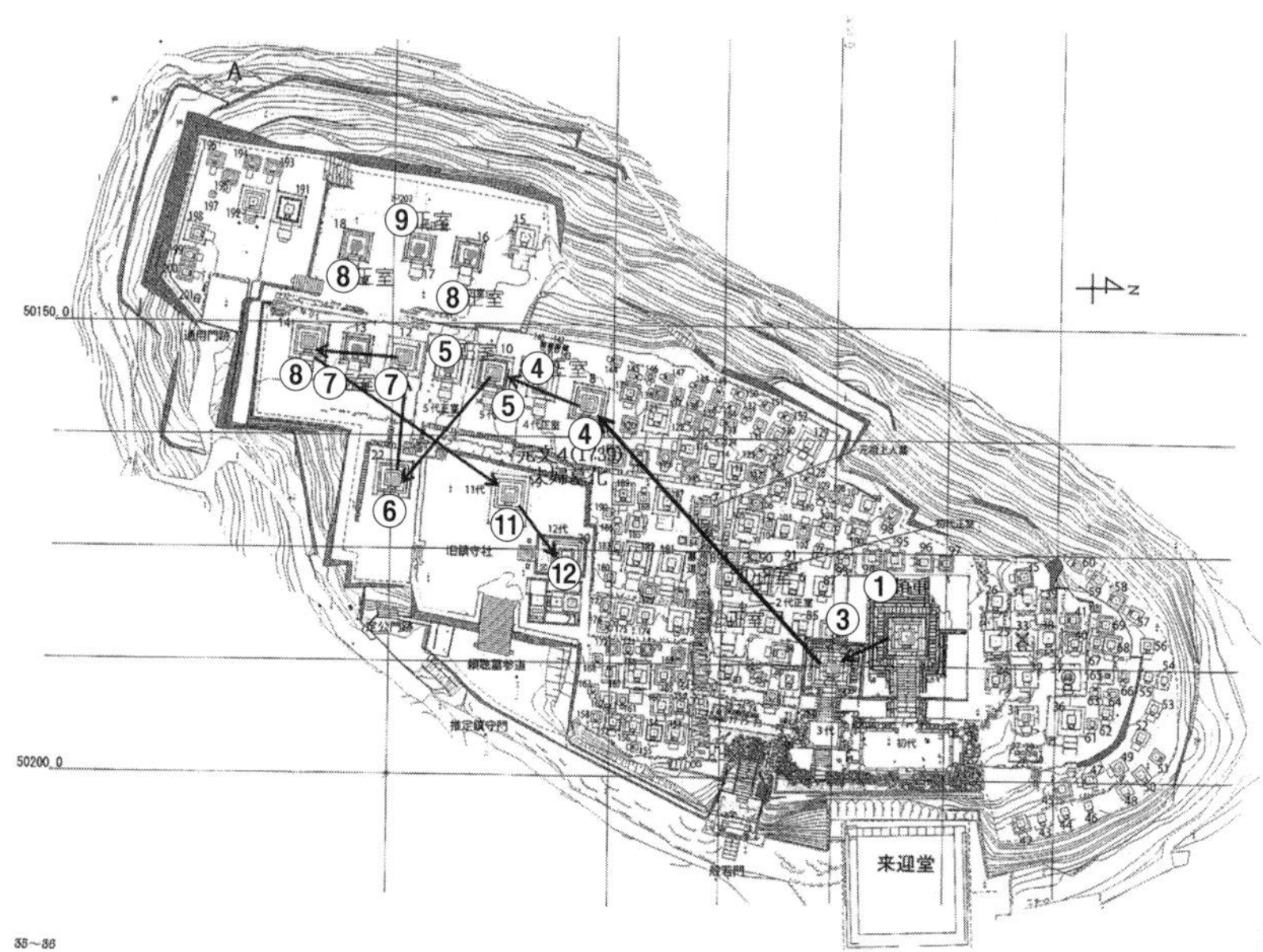

図４　高松藩松平家法然寺墓所（香川県ミュ 2015 掲載図に加筆）

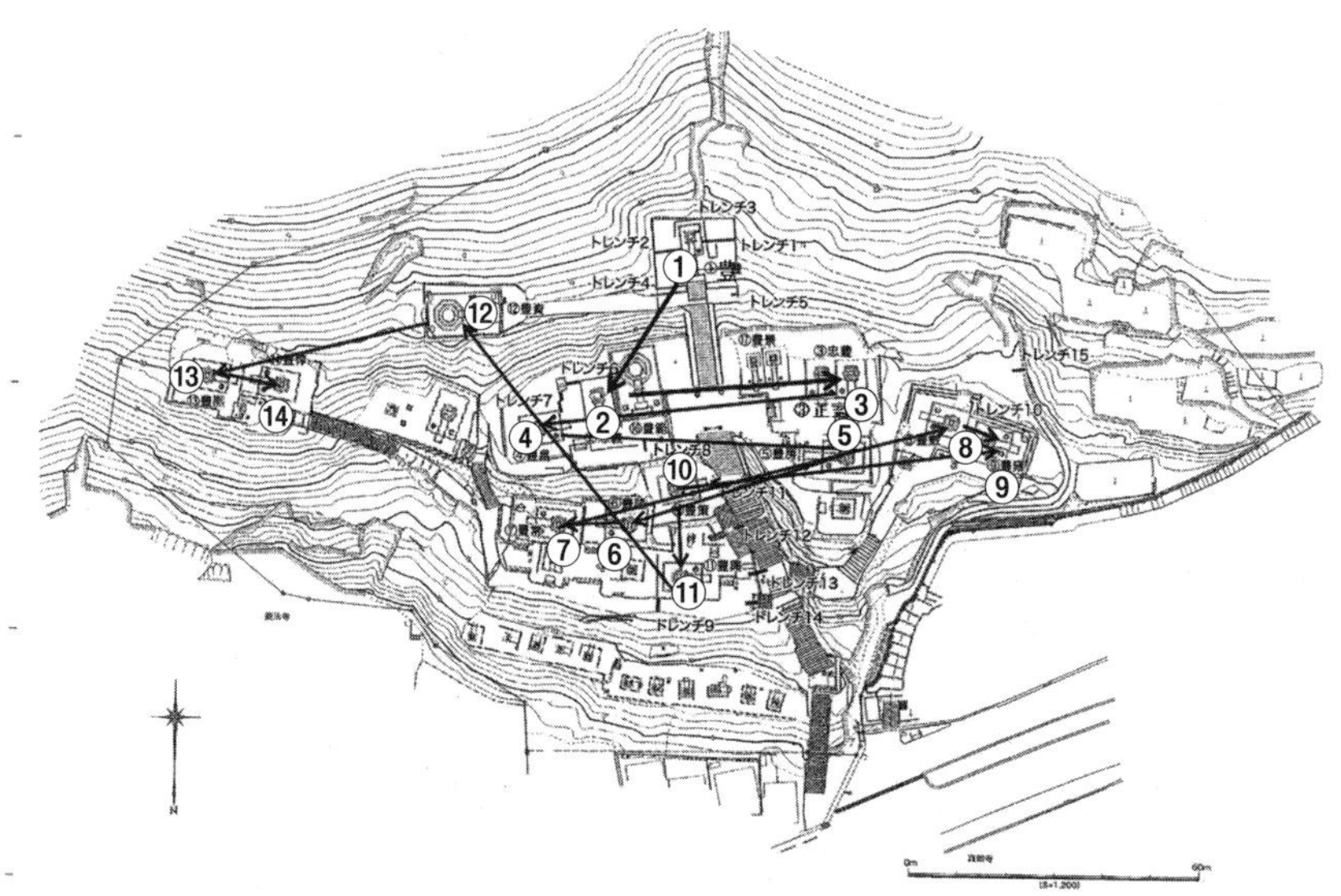

図５　土佐藩山内家筆山墓所（高知県 2015 掲載図に加筆）

主単独墓が主体で、一辺一〇メートルを越える巨大な方形基壇に墓塔が建ち、同形同大の花立・水鉢が各一対配されることも反復している。九代墓までは藩祖家政墓を取り囲むように南部に営まれたのに対し、一〇代墓以後は北部に墓域が拡大した。

⑧宇和島藩主伊達家龍華山等覚寺墓所（愛媛県宇和島市）

伊予宇和島一〇万石の藩主、伊達秀宗は明暦四年（一六五八）に江戸で亡くなったが、宇和島城下の等覚寺（臨済宗）墓所（西澤二〇一五）に埋葬された。方形基壇の上に五輪塔が建つ。以後、同所には一、三、四、六代の遺骸と八代の遺髪が埋葬された。宝永五年（一七〇八）に亡くなった二代宗利の墓塔は同じ五輪塔でありながら霊屋の中に置かれて小形化し、以後この形が四代まで続いたが、六代墓に屋外五輪塔が復活する。奉献灯籠が多い。

⑨土佐藩主山内家筆山墓所（高知県高知市、図5）

二〇万石の土佐藩主山内一豊は、慶長一〇年（一六〇五）に亡くなり、高知城下の真如寺（曹洞宗）裏の筆山墓所（土佐山内家宝物資料館二〇一二、高知県二〇一五）に埋葬された。寛文四年（一六六五）に亡くなった二代も隣接して埋葬されたが、寛文九年（一六七〇）に亡くなった三代忠豊の造墓に伴い、三つの墓は昭穆制に倣う配置に改修された。この墓所は江戸で亡くなった者も含めて全藩主が埋葬され、六代以降は一族墓も含むが、夫人墓は遺言に基づく三代正室限りである。初代一豊の墓塔は高さ一・八メートルの無縫塔、二代忠義は高さ四・三メートルの無縫塔であるが、三代忠豊は高さ四・三メートルの巨大な笠付方柱で、以後の江戸時代では同形・ほぼ同大で踏襲された。儒教の影響を部分的に受け、四、七、九、一一代墓には参道に向いて治績を記した亀趺碑が配される。

二　同一大名家が領国内に新たに造営した大名家墓所

①岡山藩主池田家正覚谷墓所（岡山県岡山市、図６）

二代池田綱政は、実父の光政とは政治理念が大きく異なり、儒教より仏教を信奉した。光政が亡くなった際には和意谷での埋葬を挙行したが、自身は元禄一一年（一六九一）の還暦を機に岡山の東方郊外四キロの丘陵裾に曹源寺（臨済宗・四つの塔頭は別宗）を建立し、本堂（仏殿）裏に埋葬用石室を伴う寿陵を造営した。先に亡くなった正室墓の横に正徳四年（一七一四）に埋葬された。以後、江戸時代の内に亡くなった歴代藩主と夫人の墓が営まれた（岡山市教委一九八三）。綱政の墓塔は丸頭の位牌形で、続く藩主も大枠では踏襲し、高さもほぼ揃うが、綱政墓の様に碑面に外周枠があるものと、ないものが混在する。藩主と同じ方形基壇に並立する正室墓塔は、藩主より明確に小さく、綱政正室と六代斉政正室は宝塔形であるが、他は藩主と同じ位牌形である。各基壇前には定型的な各一対の灯籠を配置する。墓所全体は綱政墓を核とする中心ブロックと安永五年（一七七六）に亡くなった三代継政墓を契機とするとみられる東ブロック、天保四年（一八三三）に亡くなった六代斉政墓を契機とする西ブロックに分かれる。ブロック単位に玉垣が廻り、各下段には霊屋が建てられ、各藩主の木像（現在は仏殿に集合）が安置されていた。下段最奥の石垣段に沿って、家臣などから奉献された灯籠が並ぶ。

②長州藩主毛利家東光寺墓所（山口県萩市）

天和二年（一六八二）に三代藩主となった毛利吉就は黄檗宗に帰依し、元禄四年（一六九一）に萩城下東隣に東光寺を建立し、元禄七年（一六九四）に亡くなり境内に埋葬された。以後、昭穆制に従って奇数代の藩主はこの墓所に埋葬された。歴代同形同大の墓石踏襲、正室墓並立、参道への多数の灯籠奉

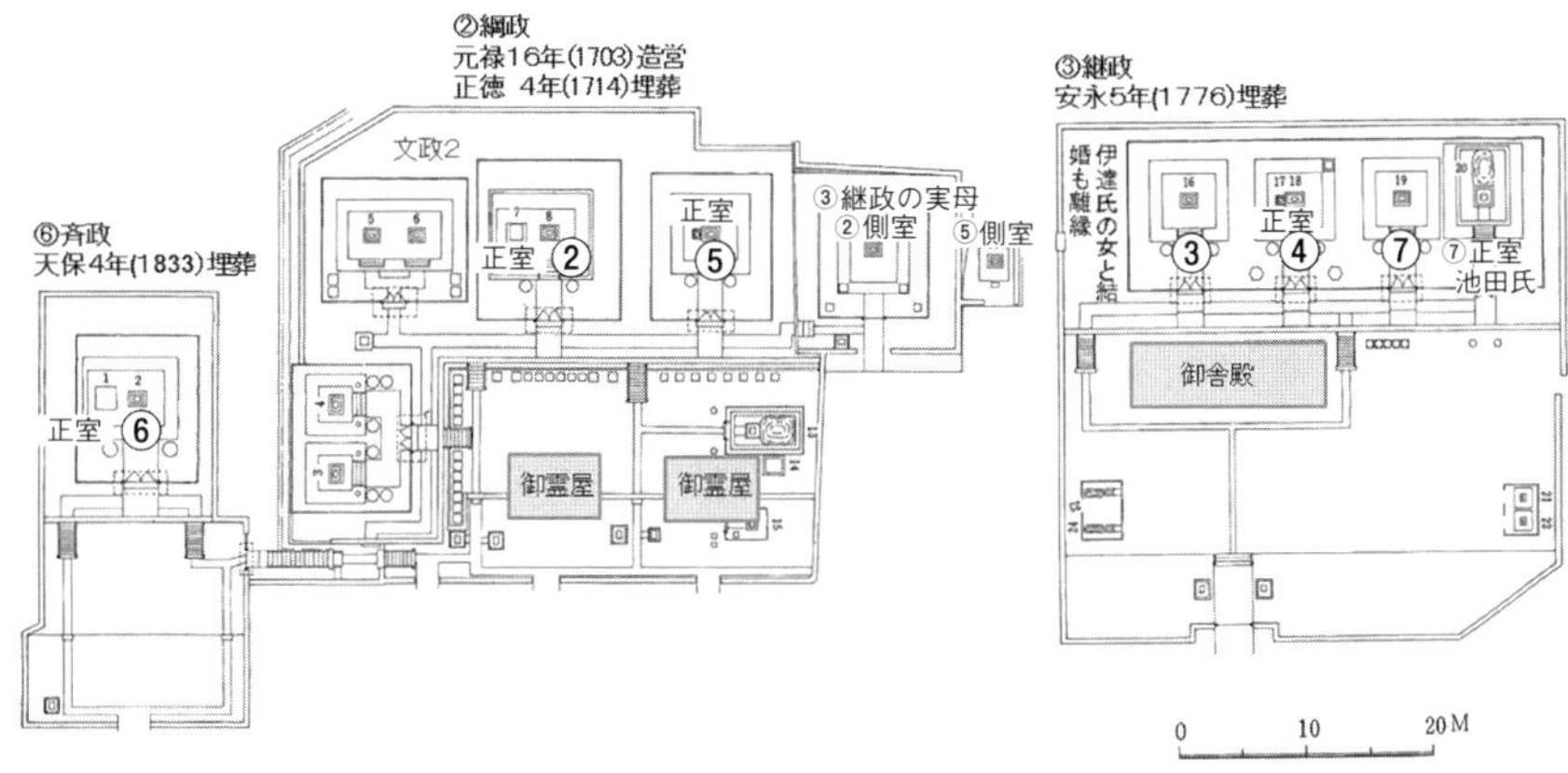

図６　岡山藩池田家正覚谷墓所（岡山市教委 1983 掲載図に加筆）

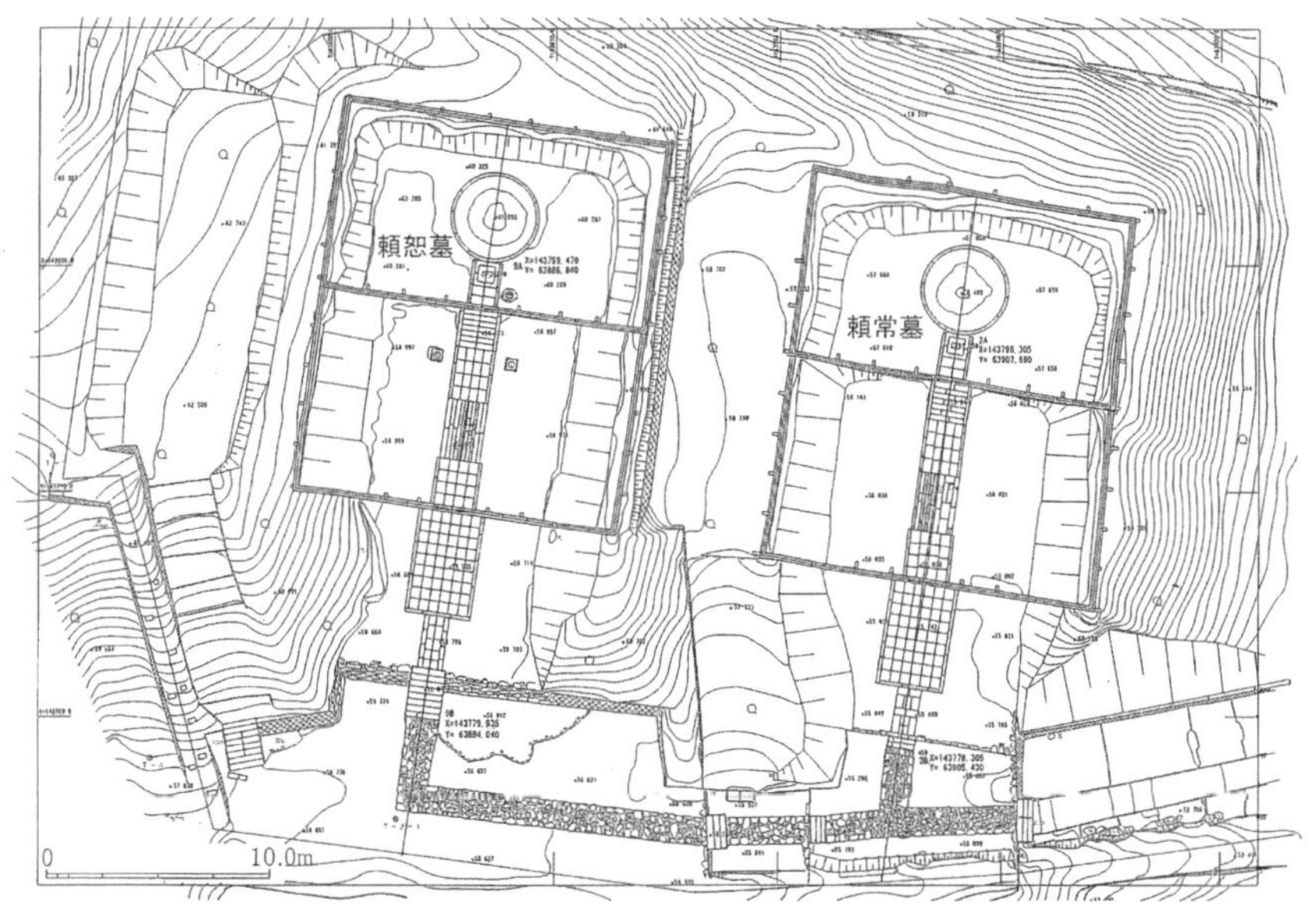

図７　高松藩松平家日内山墓所（香川県ミュ 2015 掲載図に加筆）

献、墓石・灯籠・参道などの隊列形配置は大照院墓所と同じであるが、全墓石が笠付の碑形で、各上段参道に面して亀趺碑が配されるという大きな違いがある。

③讃岐高松藩主松平家日内山墓所（香川県さぬき市、図7）

二代頼常は水戸徳川家から養子に入り、宝永元年（一七〇四）に江戸で亡くなった。水戸家の葬法に従う儒式埋葬を遺言し、義父が眠る法然寺墓所でなく、高松城の南東約一五キロ、霊芝寺（真言宗）の近接の日内山墓所（香川県ミュ二〇一五）に埋葬された。同じく水戸家からの養子に入った九代頼恕は天保一三年（一八四二）に亡くなったが、同じく遺言によって同所に儒式で埋葬された。各夫人などは法然寺に埋葬され、二基の藩主単独墓が同規格で並ぶのみである。玉垣が廻る長方形区域の上段には封があって前面に円首の碑石が建つ。碑石表には官位や名が、残り三面に事績が刻まれている。封は現状では円形であるが本来は馬鬣形であった。家より出自が優先した墓所であるが、同じ儒式でも水戸徳川家墓所との構造的な違いもある。

④徳島藩主蜂須賀家万年山墓所（徳島県徳島市）

秋田新田藩佐竹家から宝暦四年（一七五四）に末期養子として迎えられた一〇代重喜は明和三年（一七六六）、城下南西に聳える眉山の急峻斜面に儒教式の万年山墓所（徳島市教委二〇〇五）の造営を開始した。一九ヘクタール近い広大な墓域には、境界石や「阿淡二州太守族葬墓域」と題した碑も配されている。享和元年（一八〇一）に重喜自身が埋葬された。江戸時代のうちの埋葬は、藩主五人、正室一人、側室一一人、未婚の藩主子女一七人などである。これらは一三の「台地」に分かれて営まれ、各台地は藩主墓単独の興源寺墓所と異なり藩主を中心とする各世代単位の家族墓所として、計画的埋葬が行なわれた。各墓の封は男女とも直径二・三〜三・二メートルの円丘で、墓碑は方形台石の上に丸頭（円首）棹石が載る櫛形で、上部のコ字形刻みが特徴的である。墓塔・封・区画の大きさや型式、配置場所などで、一族・家族内の階層や血縁・婚姻関係を体現している。

⑤宇和島藩主伊達家金剛山大隆寺墓所（愛媛県宇和島市）

寛政六年（一七九四）に亡くなった五代村候の夫婦墓は龍華山ではなく、初代正室墓がある当地に営まれた。墓石は龍華山と同じく五輪塔である。

三　大名家墓所の成立と展開

㈠一七世紀第3四半期の画期

各大名家で歴代墓が継続的に営まれる大規模墓所が開設されたり、初埋葬が行われたのは一七世紀第3四半期、特に寛文年間に集中する。いわば前例踏襲型の大名墓の開始年代である。墓所自体の開設が古い例でも、岩国吉川家墓所の平地展開は寛文六年（一六六六）の広正墓からであるし、徳島蜂須賀家興源寺墓所は慶安五年（一六五二）の忠永墓が整備の画期とみられるし、高知山内家墓所の再編は寛文九年（一六六九）の忠豊墓が契機である。また先述外でも、福山藩主水野家が高さ五メートルの五輪塔を林立させる賢忠寺墓所を城下に造営したのは、慶安四年（一六五一）に初代勝成が亡くなったのを契機とするし、伊予松山藩主松平家で初代定行の廟が城下近隣の常信寺に建立されたのは、寛文八年（一六六八）、今治藩主松平家が今治郊外国分山の麓に墓所を造営し高さ二・六メートルの変形宝篋印塔を建て始めたのも、初代定房が延宝四年（一六七六）に亡くなったのを契機とする。伊予大洲藩主加藤家が城下如法寺に墓所を造り二代泰興を埋葬したのが延宝五年（一六七七）であった。

各大名家墓所の形成がこの期に集中するのは、武家社会を取り巻く変化に応じたものであったからに違いない。将軍家綱の治世となったこの時期は、幕府も各藩も軍事的・政治的・社会的・制度的な安定期に入り、武断政治から文治政治に移行した。幕府による大名改易もひと段落し、各藩は新田開発や治水工事、交通路の整備、城下町経済の拡充など領国経営を進展させた。戦乱に明け暮れた世代が死去して家ごとに世代交代が進み、戦功をはじめとする個人業績が個別に評価される時代が終わりをつげ、武士は「家」に応じた格と職を「世襲」し官僚化していった。主従関係は「個人」同士の関係から、「家と家」との関係に置き換わり、「我がお家」意識が一気に高まった。まちまちに個性をもって臨機応変の場所にある個人の墓から、定まった場所に歴代墓が集う「家」の墓所の形成は必然であった。墓塔の型式や大きさの画一化は、「私」が「家」に埋没し、「家」のスタイルが優先したことを如実に物語る。藩主であったという事実のみが墓を規定し、在位期間、治績、嫡子か養子か、養子でも一族からか他家からかといった出自などは反映され難い。いわば「家の建前」としての形が優先し始めたのである。

㈡　墓所の中での個性と変化

①　墓所内での初代墓の差別化と顕彰

墓所内部では没個性になりがちな大名墓とはいえ、墓塔に刻まれる戒名や俗名、碑文の治績記述以外に示される、墓＝被葬者の個性が皆無となったわけではない。家や藩を興したり、それに準じる藩主墓、あるいは墓所最初の藩主墓を特別視し、顕彰しようとする指向性は注目される。初代を中央高位置に、右に二代、左に三代を配して儒教精神に則った昭穆制として理解される、岡山池田家和意谷墓所、土佐山内家墓所の様な昭穆型があるほか、初代墓を最高所に配する岩国吉川家墓所や高松松平家法然寺墓所のような高位型、初代墓から離れた場所に二代墓以降の墓群を造る鳥取池田家墓所、松江松平家墓所のような聖域型、初代墓を中心として周囲に造墓が続く徳島蜂須賀家興源寺墓所のような求心型などの諸類型が指摘できる。

初代もしくはそれに準じる藩主墓と以降の藩主墓の墓塔の形を変え、差別化を図ることも良く行われた。具体的例の墓所名・墓塔変化・以降に続く墓塔の出現年代を順に記すと、岡山藩池田家和意谷・亀趺台座→亀趺なし・寛文九年（一六六九）、出雲松平家・変形五輪→五輪・延宝三年（一六七五）、岩国吉川家・板状→五輪・寛文六（一六六六）、徳島蜂須賀家興源寺・無縫→五輪・寛文六年（一六六六）、土佐山内家・無縫→笠付方柱・寛文九年（一六六九）、宇和島伊達家等覚寺・屋外五輪→霊屋内小五輪・宝永五（一七〇八）となる。年代論では墓所の造営そのものより、後に続く墓塔型式の出現でみた方が一七世紀第3四半期の画期がより鮮明になると言えるかもしれない。鳥取藩池田家墓所で初代墓に限り長々と治績を墓石に刻んだり、二代墓では亀趺を用いないのも初代を特別視する動きであろう。

墓塔の大きさでは、岩国藩吉川家墓所、徳島藩蜂須賀家興源寺墓所、土佐山内家墓所のように二代墓以降の方が初代ないし準じる藩主墓より大きい例も多く、これは初代の苦労と家の発展を顕彰しているともいえる。逆に言えば、墓塔は一七世紀前半のうちは大形化を歩み、特に当地方では高さ三〜五メートルを超える程に大形なものが一般化するが、その後は背が伸びずに一定化したのである。

②墓塔の祖先返りと新たな型式

続く一八世紀の展開をみると再び藩主墓において墓塔変化が行われた墓所もある。松江藩松平家墓所では、享保一六年（一七三一）に亡くなった五代宣維（のぶずみ）墓で初代に採用された変形五輪塔が復活し、暫く続く。宣維は財政危機に陥った時期に改革を行った藩主であり、中興の祖としての顕彰、また造墓経費削減の表現を込めた変化であったかも知れない。岩国藩吉川家でも、天保七年（一八三六）に亡くなった一〇代経礼墓は、少なくとも現状初代墓に近似した板状に変化し以後続くが、この藩主も財政困難期に改革を成功させた人物として知られ、同様の理由による可能性がある。宇和島藩主伊達家ではしばらく霊屋を設けて屋内に小形五輪塔を配する形が続いたのに対し、寛政六年（一七九四）に亡くなった五代村候は、壮麗を禁じ霊屋を廃止し等覚寺墓所とは近接別地の金剛山大隆寺（臨済宗）墓所で屋外五輪塔を復活するよう生前に申し付けている（西澤二〇一五）。この姿は等覚寺にある六代墓などにも踏襲されたが、村候は先行する藩主とちがって仙台伊達家からの自立を進めた改革者で、財政削減だけでなく前例踏襲を打破するといった気概も作用していたに違いない。徳島藩蜂須賀家興源寺では享和元年（一八〇一）に亡くなった一〇代重喜の遺髪墓から櫛形となるが、重喜が造営した万年山の儒式の埋葬墓に通じる形で、仏式の興源寺墓所の墓塔にも影響を与えたのであろうが、同墓所の墓域の北への拡大や基壇の縮小化と合わせて、他家から養子に入った藩主の独自性の表現とも言える。

ただ、中国・四国の大名家墓所全般とすれば一八・一九世紀は各藩とも財政困窮に陥ったにも関わらず、墓石の目立った縮小化や墓構造の省略化などは認められず、誇り高き各大名家の面子が、少なくとも見かけ上は幕末まで保たれたと総括できる。

(三) 藩主夫婦墓や一族墓のあり方の違い

藩主墓に正妻墓を伴わない非夫婦墓型は、鳥取藩池田家、松江藩松平家、徳島蜂須賀家興源寺、高知山内家（原則として）、高松藩松平家日内山の各墓所などがある。対して藩主墓と正妻墓の並列を指向する夫婦墓並列型には、岡山池田家の和意谷・正覚谷、毛利家の大照院・東光寺、高松松平家四代頼桓以降、宇和島伊達家の各墓所などがあり、大名家ごとの個性が窺える。岩国吉川家墓所では正妻墓を含むが藩主墓と必ずしも並列ではない。夫婦墓並列型の殆どは夫妻の墓石が藩主と同形でほぼ同大であるが、岡山池田家正覚谷墓所だけは、夫人墓が明確に小さく、墓石型式が異なるものを含んでいる。

また夫婦墓並列型では、向かって右が藩主、左が夫人となるものが優位で、毛利家大照院・東光寺、高松法然寺四代以降、岡山池田家正覚谷（明治は逆転か）などの各墓所に例がある。ところが、岡山池田家和意谷、土佐山内家三代忠豊の各墓所は左右が逆であり、儒式、中国式の発想によるのであろう。

藩主・正室以外の一族墓の有無も大名家ごとに独自性があるが、岡山藩池田家正覚谷では、藩主となった継政の実母である栄光院（えいこういん）は側室でありながら藩主級の独立基壇を伴う墓が営まれているし、治政（はるまさ）の側室墓も独自区画をもって営まれる。また藩主斎政の嫡子で藩主に就かずに早世した斉輝（なりてる）夫婦の墓も藩主級の基壇を伴って同墓所内にある。先の正室墓塔の藩主墓塔に対する控え目さも含めて、家の内部事情をストレートに墓所構造に反映させた例で、同型式・同大の夫婦石塔を専らに歴代墓が等質的に並ぶ毛利家大照院・東光寺の両墓所などとは対照的といえる。夫婦間の力関係では、高松藩松平家法然寺で藩主の娘を娶って入婿となった頼桓（よりたけ）墓を契機に夫婦並列をとり始めるのも注目される。

土佐藩山内家墓所は原則藩主単独墓であったのに、宝永三年（一七〇六）に藩主となった六代豊隆（とよたか）の時には複数の男女子墓がやがて自身も眠る藩主墓域に営まれた。豊隆は分家から山内家に養子に入った人物で暴君とされるが、その個性で無理やりに行った墓所原則変更の現れであるのかも知れない。

徳島藩須賀家興源寺墓所も原則藩主単独墓の累積であるが、五代綱矩（つなのり）次男の吉武（よしたけ）、六代宗員（むねかず）次男の充矩のように嫡子でありながら藩主就任前に早世した人物も、藩主とは墓塔や基壇の大きさで差別化を図りながら墓所内に墓が造られた。同じ蜂須賀家の万年山墓所は、正妻墓は殆ど含まないが台地ごとに藩主単位で側室や子息子女の墓が造営され、規模・型式・位置などで家内部の人間関係を最も直接的で大量に表出した事例である。家族を重んじ一族墓所を造った一〇代重喜の思惑通りの姿であろう。

高松松平家法然寺墓所も一族墓が形成され、墓石や区画の大きさ・構造などで家内の階層構造を体現するが、般若台は過密で藩主夫婦を除けば個別の人間関係は視覚面では混沌としてしまっている。

なお一七世紀中葉までは藩主墓に殉死者墓を伴う例も多いが、武家諸法度寛文令で殉死は禁止された。

四　墓所による大名のプレゼンテーション―まとめにかえて―

現に形があり反復して見ることができる大名家墓所は、家の歴史、家の自立性・独自性を示すプレゼンテーションツールであった。墓所の造営や墓所を含めて行われる一連の儀式は、大名家内部だけでなく多くの家臣、時には幕府・他藩の武家、そして領民にも関わるものであった。亡き藩主や亡き藩主一族の供養を名目に掲げながら、家を継ぎ造営工事や葬儀・墓参を取り仕切る現役藩主と家臣との主従関係の確認の場としての意味をもち、合せて家臣の序列が葬儀での席次や遺品配布、そして奉献者名を刻んだ灯籠の配置などで可視化して示される。

大名家墓所では、家を興した初代や準じる祖先の顕彰が行なわれる場合が多い。墓塔・治績碑などに刻まれた文字による表示もあるが、最も効果的であるのは墓所内での位置や墓塔型式などによる差別化である。家の力量は墓塔の大きさや墓所の広大さによって示されるし、合わせて巨大墓塔の林立は家の存続期間の長さと繁栄を示している。墓石をはじめとする諸構造の歴代に及ぶ前例踏襲の累積は、荘厳で統一観のある景観を生み出し、家格の高さと家の持続的な安泰を演出する。

初代やそれに準じる藩主以外の特定藩主の存在も、墓塔型式や位置で可視化されることもあった。中興の祖的な藩主の顕彰、質素倹約の宣言的な意味のほか、偶発的・趣味的なものをも含めた個別藩主の強い個性の主張など、意味は様々であった。特に新規の領国墓地の開設は、時の主流であった前例踏襲の否定で、内容的にも同家の従前の墓所原理を根本的に変更する新機軸であり、それを実行した藩主の強い意志表現に他ならない。さらに、墓所内における夫婦墓のあり方や一族墓の有無や含みかた・展開状況なども、個別具体的な大名家内部の人間関係や力関係を可視化して示す役割を果たしたのである。

大名家にとって墓所造営は築城にも匹敵する一大イベントで、その形成過程は家の歴史を体現した。

【参考文献】

吾妻重二　二〇〇八「池田光政と儒教喪祭儀礼」『東アジア文化交渉研究』創刊号、関西大学
岡山市教育委員会　一九八三『岡山市有形文化財資料集成』
香川県ミュージアム　二〇一五『高松藩主松平家墓所調査報告書』
高知県　二〇一五『土佐藩主山内家墓所調査報告書』
史跡鳥取藩主池田家墓所保存会　二〇〇四『国史跡鳥取藩池田家墓所保存整備計画』
徳島市教育委員会　二〇〇五『史跡徳島藩主蜂須賀家墓所保存整備計画書』
土佐山内家宝物資料館　二〇一二『土佐藩主山内家墓所調査報告書』
西澤昌平　二〇一五「宇和島藩主伊達家墓所」『第7回大名墓研究会』大名墓研究会
乘岡　実　二〇一七「中国・四国の儒教と近世大名墓」『第9回大名墓研究会』大名墓研究会
松江市教育委員会　二〇〇〇『史跡松江藩主松平家墓所保存管理計画書』

近畿の近世大名墓の展開

中井　均

はじめに

　近世大名の墓所の基本形態は国許と江戸、そして高野山奥之院という三ヶ所に営まれた。ところが藩祖の墓が京都に営まれる場合が少なからず認められる。これまでこうした藩祖の墓を検討することはほとんどなかった。そうしたなかで美濃口雅朗、野村俊之氏は九州の大名墓を考えるうえで京都における墓のあり方に注目し、それらが江戸初期に目立つとし、家祖・藩主が京都に在住または死没する、菩提所である塔頭の開基・大檀越となるなどの関係によるものと指摘する（美濃口・野村二〇一八）。ここでは近畿の諸藩の藩主墓ではなく、京都における近世大名墓の成立と、高野山奥之院の墓所を近畿の大名墓の展開として述べてみたい。

　鎌倉、室町時代の守護職家の大名墓は大半が単独で営まれており、家代々の墓所という造墓意識はなかった。それが近世になるとすべての大名家が代々の墓所を営むようになる。その背景には様々な要因が存在するが、そのひとつとして織田、豊臣大名という守護や戦国大名とはまったく異質の出自を持つ大名の出現が考えられる。彼らは中世的な家格や身分ではなく、そのためにステイタスとしての見せる城とともに荘厳で巨大な墓を持ち、それが血統として続く姿を墓所に求めたものと考えられる。

一　豊臣秀吉廟と寺院

荘厳で巨大な墓の頂点に位置するのが、京都東山に造営された豊臣秀吉の墓である。慶長三年（一五九八）八月一八日に伏見城内で死去した秀吉の遺体は密かに東山方広寺背後の阿弥陀ヶ峰に運ばれた。その後に神廟の造営工事が開始された。これが豊国社である。阿弥陀ヶ峰は当時鳥辺山と呼ばれ、葬送の地であった。一方で『戸田左門覚書』に「慶長四年八月十八日　内府公を始天下の大名参詣、豊国大明神と勅願下され、正一位太政大臣の贈号を給り、将軍塚のならひ阿弥陀峯に被死骸を壺に入朱ニつめ棺槨ニ納ム」とあり、異変に際して鳴動する将軍塚を意識した選地であった。また摂関家の葬られた場所であったことも意識されたのであろう。そうした意識は秀吉の嫡男で夭折した鶴松の菩提寺として建立された祥雲寺（現智積院）の建立段階から意識されていたのであろう。東山は豊臣家の墓所や菩提寺の場として選ばれた地となった。秀吉存命中の最大の作事が方広寺の建立であろう。天正一四年（一五八六）に奈良東大寺に倣って建立された。芦原義行氏はこの方広寺の性格を三鬼清一郎氏が「豊臣家の氏寺として、国家鎮護とともに、先祖の供養と子孫の繁栄を祈願する場」、河内将芳氏が「秀吉やその政権にとってのプロパガンダ施設」と紹介している（芦原二〇一四）。

こうして完成した祥雲寺、方広寺、豊国社を描いた奈良県立美術館所蔵の「洛中洛外図屏風」には豊国社に続く参道の両側に寺院や屋敷が軒を連ねている景観が描かれている。参道は豊国馬場と呼ばれ、『義演准后日記』には「同十二坊被建之」（慶長三年九月一一日条）とあり、坊院の作事が行われていた。

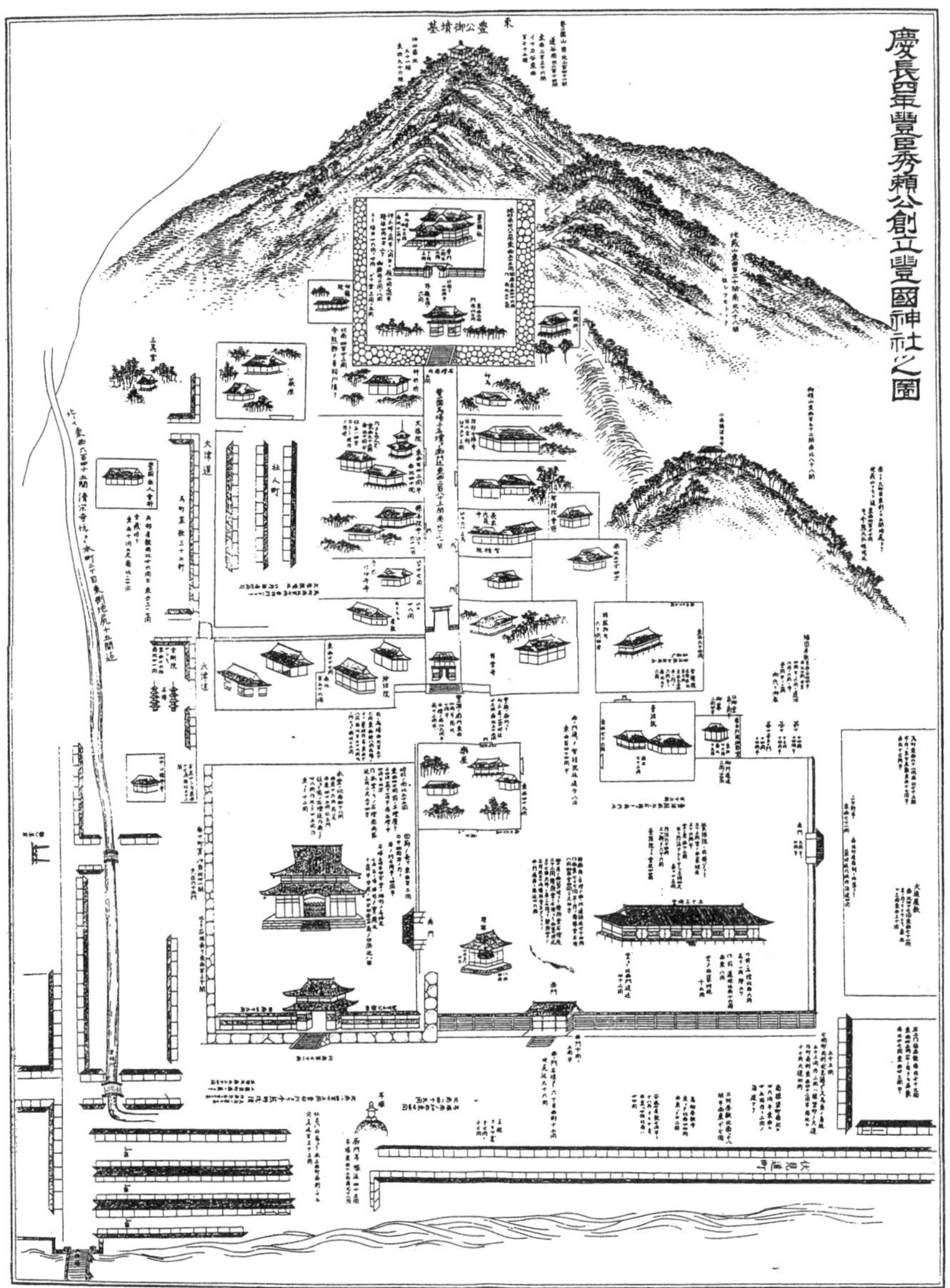

図１　慶長４年豊臣秀頼公創立豊国神社之図
（津田三郎氏所蔵、長浜城歴史博物館 2004）

また『伊達成實記』には「御門前は諸大名衆寺へ御建立、思々の御普請」とあり、大名がそれぞれ寺院の普請をしていたことがうかがえる。

こうした構造は城郭の周囲に家臣団が屋敷を構える構造と同じであり、注目してよい。新日吉神社所蔵の『京都東山豊国神社古図』には治部少輔（石田三成）寺、長束大蔵（正家）寺、徳善院（前田玄以）屋敷、青木紀伊守（重吉・一矩）寺、堀監物（直政か）寺、摂津守（小西行長）寺、山中山城守（山中長俊建立の慈芳院か）などが描かれている（図1）。これらの大名寺は豊国之内、豊国之寺と呼ばれていた。豊臣家を元和元年（一六一五）に滅ぼした徳川家康は、豊国社破却の命を下す。これに対しては北政所の嘆願により中止され、「崩れ次第」として放置されることとなる。これらの大名寺はその前後に解体されてしまったのであろう。『舜旧記』によると、黒田如水の寺は慶長一〇年（一六〇五）に、青木紀伊守屋敷は慶長一三年（一六〇八）にそれぞれ豊国社の社僧神龍院梵舜へ譲渡されている。秀吉没後、関ヶ原合戦後に早くも豊国之寺を閉鎖する動きが見られる。豊臣之寺がいかに政治的なものであったかがうかがえる。豊臣政権が継続していればそれぞれの大名の菩提寺として墓所が建立されたものと考えられる。

現在これら豊臣之寺一帯は京都女子学園の敷地となって

写真１　豊国社跡の現状

いるが、旧豊国社の平坦面や大名寺跡とみられる平坦面が残存しているが、詳細な分布調査等は実施されておらず、測量図の作成が急務であろう（写真1）。

二　京都における藩祖の墓所

秀吉政権による京都の政庁として天正一三年（一五八五）に築かれた聚楽第の周囲には大名たちの屋敷が構えられた。さらに文禄元年（一五九二）に秀吉の隠居所として築かれた伏見城にも大名屋敷が構えられ、多くの諸大名が京都に在住するようになり、京都と強い関係を持つこととなった。そのひとつとして父祖の菩提を弔う寺院の開基があげられよう。特に大徳寺や妙心寺という禅宗の大寺院の塔頭の建立に大きく関わっている。

大徳寺黄梅院は永禄五年（一五六二）に織田信長が父信秀の追善供養のために創建したものである。ここには毛利家、織田家の墓所と小早川隆景、蒲生氏郷の墓がある。三玄院は石田三成、浅野幸長、森忠政によって建立され、古田織部の墓がある。また、三条河原で処刑された石田三成の首塚も営まれている。芳春院は加賀藩主前田家の菩提寺として利家の妻まつ（芳春院）によって建立され、前田家の菩提寺となる。まつ、利長、利常の霊屋がある。龍光院は筑前福岡藩主黒田長政が父孝高の三回忌に建立した。長政、孝高・光の霊屋がある。

天正一〇年（一五八二）一〇月一〇日、織田信長の葬儀が大徳寺で執り行われた。その一周忌に豊臣秀吉によって建立されたのが総見院である。墓地には織田信長の五輪塔を中心に、左側に信雄、秀雄の五輪塔が、右側に信忠、秀勝、信高、信好の五輪塔が、さらに左脇に養華院（濃姫か）の五輪塔と、側室お鍋の自然石を用いた墓標が並んでいる。また、秀吉の命により七条大仏師康清が制作した木造織田信長坐像が安置されている。

なお、織田家の墓所としては大和宇陀松山藩主墓が安土城跡の三の丸に営まれている。信長の居城である安土城は天正一〇年（一五八二）の本能寺の変後に天主等の中心部が焼失する。その後一時三法師秀信の居城として修築されるもののすぐに廃城となる。廃城後の安土城跡には二の丸に信長廟が造営され、城跡は信長の墓所となる。この信長廟の一段下の三の丸に五輪塔が四基並んでいる。右より信雄、信武、長頼、高長の墓である。信雄は信長の次男で宇陀松山藩の初代藩主となり、二代高長、三代長頼、四代信武と続く。信雄系の織田家の正当性を主張するために信長の城跡に墓所を構えたものと考えられる（写真２）。

高桐院は、細川忠興が父藤孝の菩提を弔うために慶長七年（一六〇二）に建立した。開山の玉甫紹琮は藤孝の弟にあたる。正保二年（一六四五）に没した忠興はその遺言により遺歯が高桐院に埋葬された。忠興とガラシャ夫人の墓標となるのは春日燈籠である。もとは千利休が愛用していた燈籠で、天下一と名付けられていた。豊臣秀吉が所望したため、利休は笠の一隅を自ら欠いて申し出を断ったとの逸話が残されている。利休切腹の際に忠興に譲られた。忠興はこの燈籠を墓標とするよう遺言し、高桐院に移した。

林晃弘氏は忠興から度々茶会に招かれた奈良の町人松屋

写真２　安土城跡三の丸宇陀松山藩織田家墓

写真３　細川忠興・ガラシャの墓標春日燈籠

久重の『三斎公伝書』に記された「利休天下一と誉たる石燈籠、則易（千利休）自身打カキ色々ニ直し、無双とて気ニ入候石燈籠を三斎御所持有て、丹後国へ取寄、又小倉へ被下、又肥後ノ八代へ下し、今京へ上るなり、是を大徳寺高桐院ニ立置て、三斎シルシニ名ヲ掘付べきとナリ」と紹介している（林二〇一九）（写真３）。

ところで細川家は国許の熊本に二ヶ所の墓所を造営している。妙解寺跡には初代藩主忠利とその子孫が埋葬されている。一方の泰勝寺跡には八代斉茲以下の藩主墓が造営されている。二ヶ所の墓所は昭穆制と考えられなくもないが、泰勝寺跡墓所の造営が八代斉茲からであることを見ると、宇土支藩から養子として本藩を継いだ斉茲がその正当性を主張するための新たな造墓と見てよい。その墓のあり方は初代墓から二、三、五代が霊屋内に五輪塔を置くものであるが、四代宣紀の墓標は雪見燈籠形となっている。これは大徳寺高桐院の忠興・ガラシャ夫人墓とした燈籠を意識したものに他ならない（写真４）。支藩である熊本新田藩から養子として四代となった宣紀が藩祖の墓である石燈籠を模して正当性を主張したものである。細川家では六代以降の藩主墓でも異形の墓標が見受けられるが、その根底には忠興・ガラシャ夫人墓の影響が認められる。

なお、初代以降歴代藩主墓の基壇の平面プランが正方形の本体と縦長の長方形の拝殿が一体となっているのは京都南禅寺天授庵の家祖墓からの系譜であると考えられている（美濃口・野村二〇一八）。

高桐院で今ひとつ注目されるのが、細川家歴代の墓所が営まれていることであろう。家祖藤孝墓を正面に右側に三、四、八、九、一二代の墓が、左側に五、六、七、一〇、一一代の墓がまとめられている。京都に葬られた藩主墓は大半が藩祖ひとりの単独墓となっているなかで、熊本藩では歴代藩主墓を京都にも建立していた。墓は笠付方柱形となる。

写真４　熊本藩四代藩主細川宣紀の墓標

妙心寺では長興院が滝川一益、東海庵が石川頼明、雑華院が牧村利貞、海福院が福島正則、蟠桃院が前田玄以、隣華院が脇坂安治、大通院が一柳直末、寿聖院が石田三成らと豊臣大名による開基が目立つ。

大通院には土佐藩主山内一豊夫妻の霊屋が残る。霊屋は夫人の一七回忌にあたる寛永一〇年（一六三三）に湘南国師によって建立されたもので、内部には夫婦二基の無縫塔が安置され、その背後には画像と位牌が安置される。夫人の遺骸はこの無縫塔の下に、一豊は高知の筆山に葬られており、大通院には分骨されている。なお、山門には山内家の家紋三柏紋軒丸瓦と滴水瓦の軒平瓦が葺かれている（写真５）。墓所のある塔頭寺院の軒瓦にはそれぞれの大名家の家紋瓦が用いられており、居城と同様の瓦が葺かれている点も注目される。

智勝院は慶長二年（一五九七）に稲葉貞通によって開基される。

貞通は豊後臼杵藩初代藩主であり、智勝院には宝篋印塔の墓が造営されている。

出雲の大名である堀尾家の墓所を見ておきたい。堀尾家は吉晴が秀吉の家臣として近江佐和山城主、遠江浜松城主となり、関ヶ原合戦では嫡男忠氏が東軍に与した戦功により出雲・隠岐二ヶ国の太守として富田城に入城する。その墓所は富田城跡の巌倉寺、忠光寺と江戸養源寺と高野山奥之院という典型的な近世大名墓所のあり方を示している。堀尾吉晴は長男金助の菩提を弔うため妙心寺に俊巌院を建立した。さらに堀尾家は京都妙心寺春光院も造営している。春光院には吉晴の父泰晴、吉晴、忠氏、さらに忠氏の嫡子で三代藩主忠晴の墓が営まれている。これらの墓は忠晴の娘の嫁ぎ先である伊勢亀山藩主石川家によって出雲より移された来待石製の宝篋印塔や石廟である。絶家となった堀尾家の菩提を石川家が引き続きおこなうため京都に墓所を設けたものと考えられる。

写真５　妙心寺大通院の三柏紋軒瓦

三　高野山奥之院の大名墓の成立

近畿での大名墓の特徴に高野山奥之院の墓所がある。ここではその出現について考えてみたい。奥之院の近世大名墓については日野西眞定氏の調査で一〇九家が確認されていたが、最近の調査で二〇〇

写真６　高野山奥之院崇源院の墓標

を超える大名家関連墓所の存在が明らかとなった（公益財団法人興寺文化財研究所二〇一九）。その最大の特徴は巨大な五輪塔である。木下浩良氏によるとそれまで六〇センチメートル程度の石塔しか立てられなかったものが天正一四年（一五八六）以降になると総高一・五メートル以上もの大きな石塔が有力者により造立されていることが明らかにされている。その画期を豊臣秀吉による天下統一の過程で、巨大近世墓塔出現の胎動とした（木下二〇一八）。これは京都における豊国社門前の豊臣之寺と同じ現象とみてよい。つまり豊臣大名たちが高野山奥之院に墓所を求め、それは大名のステイタスとしての造墓であった。

豊臣秀吉が用いる書状の大高壇紙という和紙が巨大化することや、城郭の総石垣化と軌を一にするものである。

元和から寛永年間になると総高四メートル以上の巨大近世墓が出現する（写真６）。この巨大化は単純な発展形としてのみ捉えるのではなく、豊臣政権の崩壊から徳川政権への樹立という政治的変化によるものと見なければならない。天正期の巨大化よりも隔絶した巨大な石塔を造立することにより政権の交代を見せたものと考えられる。

おわりに

拙文では近畿の大名墓ではなく、少し視点を変えて京都と高野山の大名墓所のあり方を見た。近世大名は豊臣秀吉の聚楽第造営に伴い京都に屋敷を構え居住するようになる。そこで大徳寺や妙心寺といった禅宗寺院に父祖の菩提を弔う寺院を挙って建立し墓所を造営した。それらの大半は個人の単独墓であり、国許や江戸、さらには高野山に見られるような歴代墓を造営する意識は認められない。さらに秀吉没後の豊国社造営に伴いその社前に大名寺を建立する。これは守護や国人などに出自を持たない豊臣大名のステイタスと捉えてよい現象である。秀吉に見出され大名となった彼らにとって豊国社に寺院を建立することにより秀吉への恩義を表すとともに、京の人たちに権威を見せたのである。

高野山では巨大な石塔が出現する。奥之院の大名墓群を見るとその巨大さに目を見張る。造立の意識はまさにその点にあった。奥之院で石塔が大規模化するのは江戸時代初期である。織豊期ではまだ大きくはならない。つまり徳川幕府成立後の徳川大名たちによる新たな造墓意識を読み取ることができよう。

大名墓はそれぞれの大名の「イエ」の意識によって造営されるだけではなく、極めて政治的なものであったことが豊臣時代の京都や、徳川初期の高野山奥之院から読み解くことができる。

【参考文献】

芦原義行　二〇一四「史料紹介『御開帳御宝録帳』について～方広寺大仏に関する二・三の考察～」『しろあとだより』第8号、高槻市立しろあと歴史館

木下浩良　二〇一八「高野山における巨大近世墓塔の展開」『第一〇回大名墓研究会～近世大名墓研究の到達点～』大名墓研究会

公益財団法人元興寺文化財研究所　二〇一九『史跡金剛峯寺境内（奥院地区）大名墓総合調査報告書Ⅰ』高野町教育委員会

長浜城歴史博物館　二〇〇四『神になった秀吉』

林　晃弘　二〇一九「近世細川家の菩提寺」『中近世武家菩提寺の研究』小さ子社

美濃口雅朗・野村俊之　二〇一八「九州における大名墓の展開」『第一〇回大名墓研究会～近世大名墓研究の到達点～』大名墓研究会

東海・北陸・甲信の近世大名墓の展開

溝口　彰啓

はじめに

東海・北陸・甲信地域は、転封を繰り返す大名が親藩や譜代大名が多いためか、西国の大藩で営まれるような壮大な大名墓を造営する例は少なく、国元にあっては、当地を領した数代の藩主墓所が営まれる場合も多い。一方で、徳川御三家である尾張徳川家や加賀能登一〇〇万石を有する前田家のような大大名の代々の墓所は、当該地区内では際立った存在といえる。また、東海地域、とりわけ三河地域は将軍徳川家の出身地であり、のちに大名家に連なる徳川家臣団の本貫地の所在地でもあったことから、転封を繰り返しがちな譜代大名家の墓所が藩領内ではなく、先祖伝来の地に墓所を営む事例もある。

このような地域的な特徴を踏まえ、ここでは一七世紀代前半を中心とした大名家墓所成立期の状況、また一七世紀中～後葉頃の幕藩体制の安定化に伴って大名家墓所が展開していく状況を概観し、主に国元における大名家墓所の様々な在り方を確認したい。

一　藩祖・初代墓所と代々の墓所

幕藩体制の成立期である一七世紀前半までの大名家墓所では、大名家の藩祖あるいは初代の藩主が特別な場として造営される事例がある。元和三年（一六一七）に造営された久能山東照宮の徳川家康廟が最たるものであり、当該地域でも壮大な墓所や廟所の造営により、藩祖・初代を顕彰の対象としているものがあり、それを近世大名墓所造営の契機のひとつとして捉えることができよう。

尾張徳川家では、慶安三年（一六五〇）に没した藩祖義直の墓所（図1）が瀬戸市定光寺に単独で造営されている。儒式を取り入れた壮大な墓所であり、帰化人陳元贇の設計により承応元年（一六五二）に完成した。広大な墓域内には木造拝殿が建てられており、拝殿背後には盛土によるマウンドの上に漢碑系の硬質砂岩製弧頭板碑形墓塔が建てられる。元禄一三年（一七〇〇）に没した二代光友以降の墓所は名古屋市建中寺に営まれる（図2）。霊屋は現在一棟が残るのみであるが、当初は光友らの霊屋が四棟建てられていた。唯一現存する光友墓所は、切石積み基壇の周囲に石

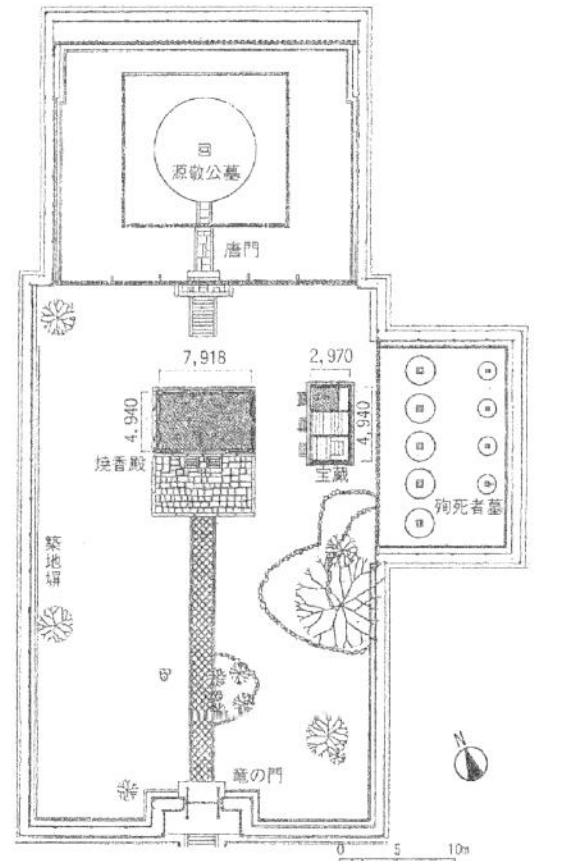

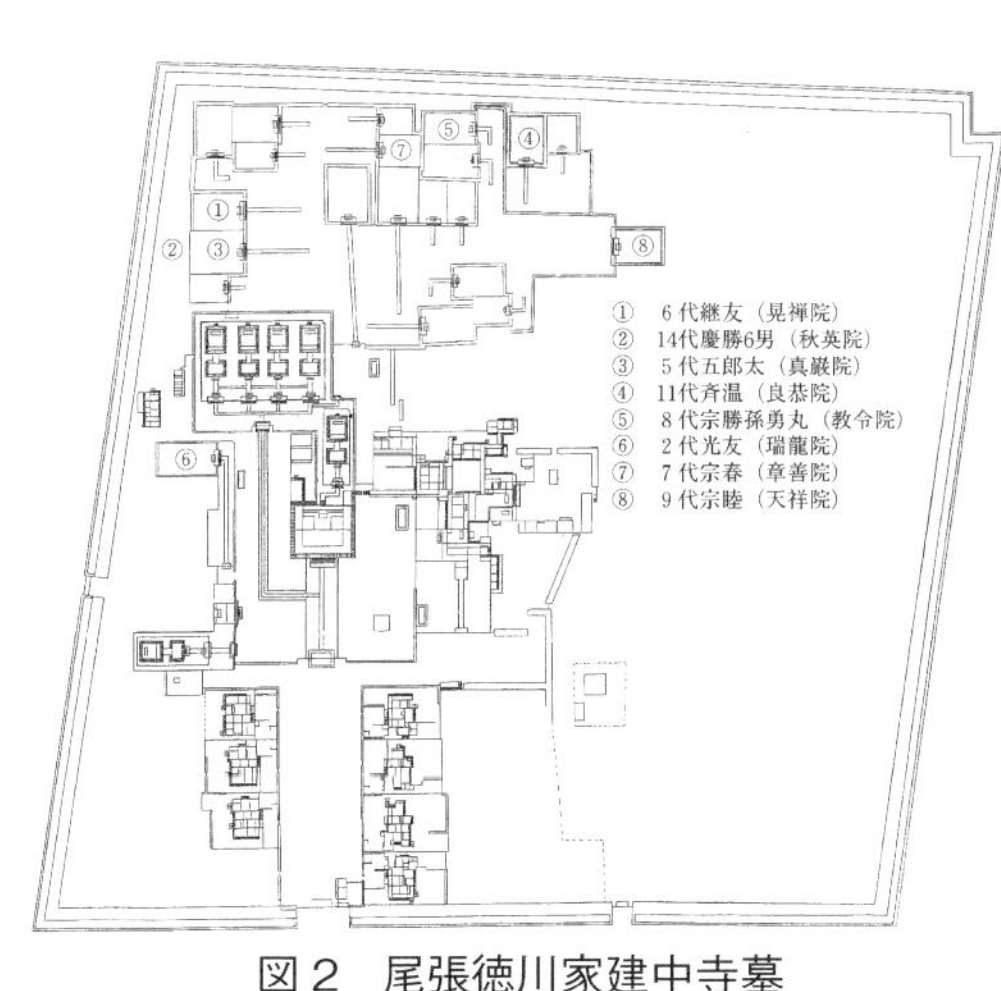

図2　尾張徳川家建中寺墓所配置図（野澤 2008）

図1　徳川義直（源敬公）墓所配置図（愛知県 2006）

柵を巡らせたうえ、墓域を土塀で囲み、墓塔は硬質砂岩製の弧頭板碑形石塔となる。地下構造については、一一代斉温の墓所とみられる主体部が発掘調査され、極めて堅牢かつ丁寧な埋葬施設を持つことが明らかとなった（野澤二〇〇八）。墓域が空襲によって失われたため不明瞭ながら、上部構造、地下構造ともに基本的な墓所形態は二代以降踏襲されていったものとみられる。

高島藩諏訪家では、初代頼水と、藩祖ともいえるその父頼忠と母の墓所が茅野市頼岳寺に所在する（図３）。頼水の霊屋内には、安山岩製石廟に納められた五輪塔板碑が安置され、頼忠夫妻の霊屋内には石造五輪塔と宝篋印塔が対になって納められている。頼水墓所は寛永一八年（一六四一）に二代忠恒によって建立され、頼忠夫妻の霊屋は寛永四年（一六二七）に頼水が造営したものと考えられる。五輪塔と宝篋印塔が対になる供養塔は甲斐における中世的墓制にもつながる可能性が指摘される（茅野市二〇一七）。二代藩主忠恒以降は菩提寺として創建された諏訪市温泉寺に営まれ、藩主墓所には二代忠恒から八代忠恕までの七基の墓碑がある。忠恒墓碑のみは霊屋を伴っており、忠常没後一六年後の寛文一三年（一六七三）に造営されている。藩主墓所は忠恒墓を中心に造営され、基台上に建てられた墓碑は、頂部が丸く、正面のみが平坦となる独特の形状をしている。二代忠恒以降の藩主墓碑はすべて

図３　諏訪家頼岳寺墓所霊屋

この形式を継承しており、二代忠恒、三代忠晴墓碑が花崗岩、その他は安山岩とみられる石材が使用されている（諏訪市二〇一三）。

岩村藩主であった**松平（大給）家**と、**丹羽家**の墓所は、恵那市乗政寺山に築かれている。松平家墓所は慶長一九年（一六一四）没した初代松平家乗の墓所のみが当地に残る。基壇上に霊屋が建てられていたが、上屋が荒廃したため除去されている。丹羽家墓所は、初代氏信から四代氏明までの墓所が乗政寺山内に散在する。正保三年（一六四六）に没した氏信と氏信母、また二代氏定墓所は基壇上に霊屋が建てられていたが、こちらも上屋の荒廃により除去された。延宝二年（一六七四）に没した三代氏純と、四代氏明の墓所は、花崗岩製の板碑形石塔を建てた形態となり、氏純以降は石塔墓となる。氏純墓は墓塔背後に墳丘を思わせる土盛、氏明墓は石塔背後に石組の施設を持つなど、儒葬の影響が窺える。

松代藩真田家では、初代信之、二代信政、三代幸道、四代信弘、三代幸道母松寿院の霊屋が国元の長野市長国寺墓所に建てられている。万治元年（一六五七）没の初代信之、元文元年（一七三六）没の四代信弘の霊屋は現存し、他は寺院建築として移築されている。初代信之の霊屋は万治三年（一六六〇）に建立されており、それぞれの霊屋は堀と塀によって区画される。墓所東側奥には土塀を巡らせた歴代墓所があり、内部には初代信之以下一二代幸治までの藩主及び子女などの墓塔二七基が建てられているが、室の墓塔は建てられてない。藩主をはじめとする墓塔の大半は宝篋印塔で、宝暦二年（一七五二）没の五代信安以降は石塔墓のみとなる。墓所の形成は絵図や発掘調査成果の検討などから、三代幸道の代に造営された初代と二代霊屋の墓域を拡大する形でなされていったことが想定されている（長野市二〇一一）。

金沢市野田山丘陵に所在する**前田家**墓所は方形の墳丘を持つ独特の墓制を持ち、藩主・当主墓一六基を中心に室や子女墓などを含む八〇基もの墳墓が営まれている（図４）。墳墓の基本形状は方形の墳丘の周囲を溝で囲むもので、藩祖利家の墳墓形態を継承しつつも、二代以降の藩主墳墓はそれよりもやや小さくなるなど、明確な階層差があることがわかる。藩主を中心とした墳墓は、その特徴から三期に造営時期を区分することが可能とされる（栗山二〇一〇）。

Ⅰ期は一六世紀末～一七世紀初頭の藩祖利家夫妻、二代利長夫妻らの墳墓などが該当し、前田利家の家族墓的な色彩が強いという。墳墓の前面には元々笏谷石製の宝篋印塔が納められた石廟が設置されていたが、明治期に撤去されたという。

Ⅱ期は、三代利常（万治元〈一六五八〉没）の墳墓以降にあたる。Ⅰ期段階の墳墓に比して藩主墓の規模が突出し、家族墓的なあり方から、大名墓としての体裁が確

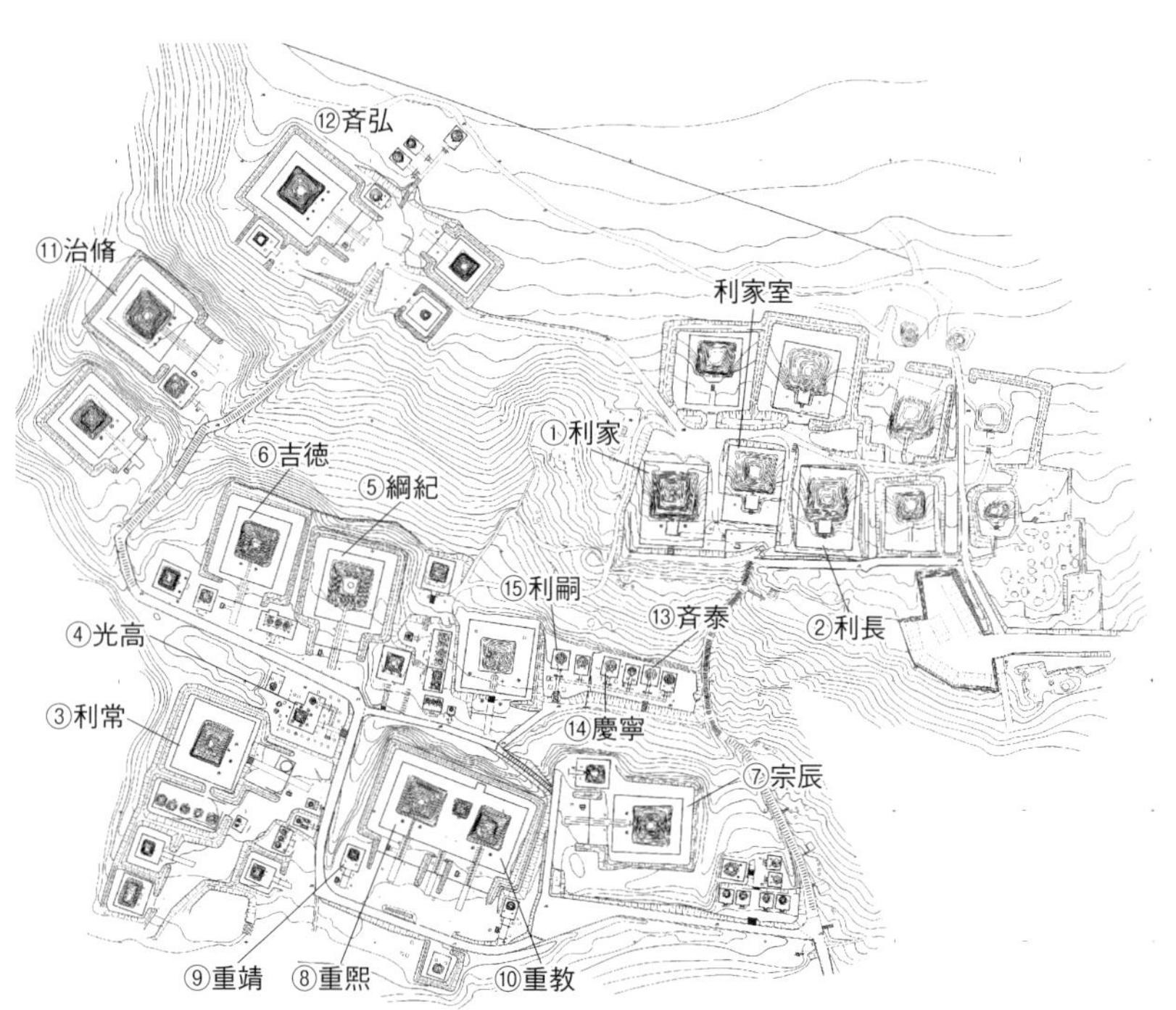

図４　前田家野田山墓所全体図（金沢市 2008 に加筆）

立した時期と考えられる。墳墓には石廟を設置せずに墳墓前面に前庭部を設けて墓域を拡大するようになる。Ⅲ期は明治に前田家が東京に移住し、墓域が官有となったことから大名家墓所としての造営が行われなくなった時期にあたる。一方、二代前田利長墓所（高岡市）は、慶長一四年（一六〇九）に没した利長のため、三代利常が三三回忌に造営した個人墓である。墳墓は戸室石製石版で覆われるが、野田山墓所の形態規格を踏襲しているという（栗山二〇一〇）。

基本的な墓所形式は同一ながら、初代の墓塔のみを別として建てている事例もある。**奥殿藩松平家**は奥殿陣屋の南側の山上に墓所を営み、二代乗成の代に墓所を定め、正徳四年（一七一六）没の三代乗真が陣屋を移した際に墓所を整備されたものとみられる。墓塔は初代乗次のみは花崗岩製五輪塔で、その他はすべて岡崎産花崗岩製の笠付方柱形塔である。当初下段に大給藩初代～三代の墓所が奥殿藩成立以降に整備され、順次上段に墓所が追加されていったようである。また、尾張徳川家御連枝の親藩であった**高須藩松平家**は、菩提寺である海津市行基寺本堂背後の高台に代々の墓所が営まれる。墓塔は初代義行のみは地元養老山系産とみられる砂岩製自然石を使用した石塔、他はすべて板碑形石塔となり、二代義孝・四代義敏は花崗岩、それ以外は砂岩製石塔となる。正徳五年（一七一五）没の初代義行から順次整備されていったものとみられる。

二　先祖伝来地など遠隔地での墓所造営

徳川家家臣団の出身地である三河地域を擁する当該地域特有のあり方として、藩領とは関係なく、先祖伝来の本貫地に墓所を造営する大名家も存在する。堂宇に肖像を祀る肖影堂を中心に墓所が形成されるなど、藩祖はやはり別格の扱いとなり、各家のルーツを土地と結び付けて顕彰するものであろう。

板倉家は板倉勝重を祖として、江戸期において大名四家（備中松山・上野安中・陸奥福島・備中庭瀬）と旗本二家（深溝・修理家）が創出されている。慶長年間に勝重が西尾市長圓寺を板倉氏の菩提寺と定め、寛永七年（一六三〇）に重宗が現在地に移したもので、板倉家すべての当主がここを葬地としている（松井直樹二〇一六、西尾市二〇一六）（図5）。近世板倉一族の祖である勝重の像が納められた肖影堂を中心に、本堂の南東の山上に板倉諸家の墓所が造営されている。宗家は明暦二年（一六五六）に没した重宗以降、切石積の基礎上に夫婦の花崗岩製駒形石塔を建て、その周囲に石製玉垣を巡らせる形式となり、歴代墓に踏襲される。

松平（深溝）家は島原藩主などに封ぜられた三河出身の譜代大名家で、藩主墓所は領地を問わず、菩提寺である幸田町本光寺に営まれ、一族近親者の多くは江戸や島原に墓所が分化されていた（幸田町二〇一三）。本光寺の墓所は西廟所

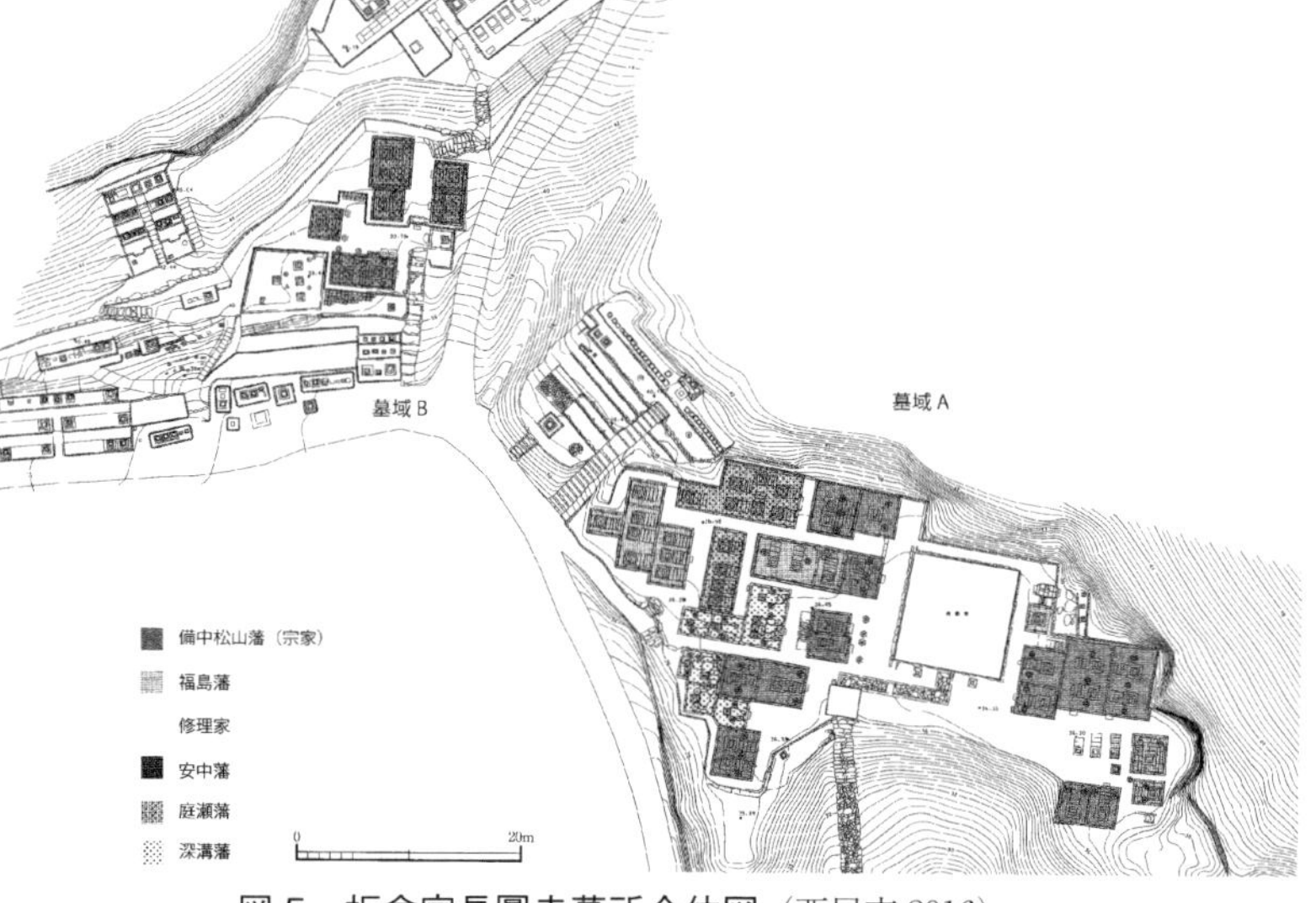

図５　板倉家長圓寺墓所全体図（西尾市 2016）

と東廟所からなり、西廟所は五代忠利の木像を祀った肖影堂を中心に、松平家祖先の供養塔や万治三年（一六六〇）建立の亀趺碑（祖宗紀功碑）が所在する。東廟所は島原藩初代となる六代忠房夫妻の墓所をはじめとして、歴代藩主の墓所が営まれる（図6）。歴代藩主の墓塔は切石積の基壇上に、神社の一間社流造を模した花崗岩製の石殿を建てる形式で、以降の藩主墓塔はこれを踏襲している。墓所は六代忠房が父忠利の肖影堂や亀趺碑を含む西廟所を整備し、東廟所は元禄一三年（一七〇〇）没の忠房夫妻の墓所を中心として、石殿形式の墓塔を整然と並べる定型化した墓所形態となっている。

図6　深溝松平家本光寺墓所東廟所

紀州田辺藩安藤家は徳川家譜代の家臣であったが、元和五年（一六一九）に安藤直次が紀州徳川家の附家老に任じられ、紀州田辺を領した。初代直次は父家重らの墓所のある岡崎市妙源寺を墓所とし、以後歴代の藩主墓所となった（図7）。寛永一二年（一六三五）没の初代直次から三代義門までは和泉もしくは紀州産とみられる砂岩製の大型五輪塔を領内周辺から当地に搬入して建て、元禄五年（一六九二）没の四代直清以降は五輪塔の形態を踏襲しながら、地元の岡崎産花崗岩製品へ変化するようである。五輪塔の規模は初代墓が四メートルを超えるが、以後の藩主墓はそれよりもやや小型になるようで、初代を別格としていたことが窺える。

横須賀藩本多家でも遠隔地から墓塔を搬入している。正保二年（一六四五）に横須賀藩に入封した本多利長は、祖父・父らの墓塔を前任地の岡崎から海路によって運び、掛川市撰要寺に墓所を整備したとされる。撰要寺本堂裏山には本多家の墓所が整備され、大型の五輪塔が三基並ぶ。慶長一六年（一六一一）没の康重をはじめ、康紀、忠利の墓塔であり、いずれも岡崎産花崗岩製五輪塔である。五輪塔の型式からほぼ没年と合致するため、移転整備された状況が裏付けられる（大須賀町一九八一）。

また、**太田家**は浜松藩・掛川藩などの藩主であったが墓所は領国ではなく、菩提寺であった三島市妙法華寺に営まれている。墓所は藩祖重正らの墓塔の区画と、初代資宗以降の藩主及び室の墓塔の区画が石柵で囲われた形で配される。重正は題目塔型の笠付方柱形塔だが、延宝八年（一六八〇）に没した資宗以降は蓮華座を伴う安山岩製笠付方柱形塔となる。笠塔婆形墓塔は以後の藩主墓に踏襲され、安山岩製線香立や花瓶、灯篭を伴っている。資宗の没後に墓所が整備され、資宗墓所造営以降に墓塔形式が定まっていったものであろう。

図７　安藤家妙源寺墓所初代直次他墓塔

三　定型化する大名家墓所

歴代墓所で定められた当初の形式をそのまま代々の墓として継承する大名家もしばしば見受けられ

る。その背景についてはそれぞれの大名家の事情によって異なるが、前述した藩祖や初代を特に顕彰する一七世紀前～中葉頃のバラエティに富んだ墓所のあり方とは異なり、画一化し、定型化する傾向がみられる。

伊勢・伊賀を領した**藤堂家**は国元の津市寒松院、伊賀市上行寺、また江戸には上野寒松院に歴代墓所が営まれるが（竹田二〇一六）、いずれの墓所でも初代高虎以降、一七世紀前葉の比較的早い段階で代々の墓所形式が定まっているようである。津寒松院には藤堂宗家とともに分家である久居藤堂家の墓所も所在し、墓所には初代高虎と、その室松寿院（高次生母）（図８）から一〇代までの墓塔が立ち並ぶ。墓塔は初代高虎（寛永七年〈一六三〇〉没）から五代高敏までと、八代高悠は規模がほぼ同程度の花崗岩製五輪塔で、七代高朗以降は花崗岩製駒形塔となる。伊賀上行寺には初代高虎父の虎高、初代高虎以降一〇代までの墓塔が建てられる。櫛形塔が一時的に導入されるが、基本的には花崗岩製の駒形塔が踏襲されている。なお、元禄一六年（一七〇三）没の三代高久は、上記墓所に墓塔はあるが、遺命により伊賀市長田山に葬られており、霊屋を持つ墓所が別に造営されている。

越前松平家の墓所は大安寺裏山の山中に所在する。墓所全域を笏谷石で敷き詰めていることから「千畳敷」とも呼

図８　藤堂家伊勢寒松院墓所高虎夫妻墓塔

ばれる。墓所は藩祖結城秀康の墓塔を中心に、三代忠昌夫妻以降一一代重昌までの墓塔が向い合わせに配置される。墓塔はすべて笏谷石製の切妻屋根を持つ笠付方柱形塔で、法量、形態はほぼ同一である。墓所は四代光通が万治三年（一六六〇）に造営したとされ、以後墓塔の形式を踏襲し、歴代墓となった。この墓所以外の藩主墓は、福井市運正寺などにあったとされるが多くは失われたという。

小浜藩酒井家は江戸と国元に墓所を持ち、いずれかの死没地が本葬墓となり、もう一方が分霊墓となる（関根二〇一八）。国元の墓所は小浜市空印寺にあり、墓塔が整然と墓域に立ち並んでいる（図９）。寛文二年（一六六二）に没した二代忠勝の墓塔以降、歴代墓所として整備されていったものとみられる。藩主墓塔は基本的に駒形塔であり、これは江戸の墓所である長安寺においても同様で、歴代の墓塔として継承される。藩主墓塔の石材は花崗岩製であり、地元産日引石も使用される一部の子女とは一線を画すようである。なお、江戸長安寺墓所は大正一三年（一九二四）に改葬され、空印寺に合祀されている。

図９　酒井家空印寺墓所

横須賀藩西尾家は、掛川市平等山龍眠寺に代々の墓所があり、切石積基壇に石柵を巡らせた墓所には、忠成の父祖及び初代忠成から七代忠受までの墓塔九基が建ち並ぶ。墓塔は唐破風付笠付方柱形塔で統一されているが、石材は忠需・忠善塔が凝灰岩、忠利塔が砂岩、それ以外は伊豆安山岩製となっている。墓塔の配置や形状から横須賀藩初代忠成の死後、二代忠尚が現在のような墓所の整備を行ったものとみられる。墓所の中心である忠尚が没した宝暦一〇年（一七六〇）以降、定型化した墓塔を墓域内に整然と配置した歴代墓となった。

江戸期を通じて苗木藩主であった**苗木藩遠山家**の墓所は少し違ったあり方を示す。菩提寺の中津川市雲林寺（廃寺）墓所内には、初代友政から最後の藩主友禄とその室らの石塔がロの字状に整然と建てられている。初代友政は元和五年（一六一九）に没しているが、銘文によれば石塔は享保三年（一七一八）に一〇〇回忌として五代友由によって建立されたものである。歴代の墓塔は花崗岩製笠付方柱形塔で統一され、以後の藩主も同様に数代をまとめて整備しているが、藩主は没後一〇〇年間御霊屋に入り、その後に石塔が建てることが代々の決まりであったとされる（千早二〇一一）。

四　大名墓の成立と展開

以上、東海・北陸・甲信の代表的な大名墓所の様相を概観した。一七世紀前～中葉にかけて、各藩の墓所が整備されるようになるが、墓所形式についてみれば、当初は藩祖や初代の顕彰を主たる目的としていることで、霊屋建築や壮大な墓域などモニュメントの側面が強い墓所といえよう。尾張徳川家のように別格を造営する場合もあれば、板倉家や深溝松平家のように初代を中心に墓所が形成される場合、また前田家のように初代の墓形式をそのまま歴代墓として継承するなど多様ではあるが、藩祖・初代がイエの結束の中核であったことを墓所の在り方が示すものであろう。また、三河の大名家墓所にみられる父祖伝来の地での墓所造営は、譜代である家柄を誇示し、出自の確かさを示すものでもあったのだろう。

一七世紀後半期に入ろうかという万治・寛文・延宝年間頃より、その後の歴代墓に継承される、石塔を主体とした墓所形式へと変化し定型化する傾向がみられる。これは大名個人の墓から大名家としての墓所形式の確立ともいえるものであり、前田家でみられたような家族墓的様相から藩主墓としての形式の変化も、同じベクトルの中で把握できることと思われる。政治的には将軍家光までの武断政治から、将軍家綱の代にはじまる文治政治への転換点にもあたっており、社会的制度の確立期ということで将軍と大名、大名と家臣団の関係性が個人的なものから明確な主従関係へと変化していったことと無関係ではないと思われる。前述のように、藩祖・初代を顕彰することで大名家としての正当性を主張するとともに、その継続性を示すために、斉一性の高い墓所形式がその役割を果たしたものであろう。ただし、大名墓所として現れる現象は、その変化の時期とともに政治・経済・宗教などの背景によって様々であり、それを読み解くためにはそれぞれを多視点から捉える必要がある。

最後に大名墓の終末について言及すると、大名墓の成立・定型化の背景が幕藩体制という枠の中で必要とされたため、その体制自体が消失するとその役割を終え、廃仏毀釈という宗教的な要因も絡み大名家墓所としては終焉を迎え、再び家族墓的な墓所に回帰するものであったのだろう。各大名家墓所では、墓所が定型化した以後は粛々と墓所の造営を継続する家が大半であり、上記のような権力体制の正当性を主張するために幕藩体制下の中では万難を排しても自家の墓所の造営に努めていたのである。大名家にとっては、墓所の造営はイエの存続に関わる重要な命題であったことが窺える。

謝辞　本稿執筆にあたり、荒井信貴・松井直樹・松井一明の各氏より、様々なご教示をいただいた。記して感謝申し上げる。

【参考文献】

愛知県　二〇〇六『愛知県史』別編・文化財一・建造物・史跡
恵那市教育委員会　二〇一五『岩村城跡総合整備調査報告書』
大須賀町教育委員会　一九八一『撰要寺墓塔群』
金沢市　二〇〇八『野田山・加賀藩主前田家墓所調査報告書』
栗山雅夫　二〇一〇「加賀藩主前田家墓所における造墓原理」『近世大名墓調査の現状と課題』立正大学考古学会
幸田町教育委員会　二〇一三『瑞雲山本光寺文化財調査総合報告』
静岡県　二〇一九『静岡県の中近世墓』基礎資料編
諏訪市教育委員会　二〇一三『高島藩主廟所』
関根達人　二〇一八「大名墓における本葬・分霊・改葬」『第十回　大名墓研究会～大名墓研究の到達点～』
竹田憲治　二〇一六「三重県の近世大名墓」『第八回　大名墓研究会』
茅野市教育委員会　二〇一七『国史跡高島藩主諏訪家墓所』
千早保之　二〇一一『苗木城　墓からみた歴史』苗木遠山資料館
長野市教育委員会　二〇一一『史跡松代藩主真田家墓所』
西尾市教育委員会　二〇一六『長圓寺境内地』
野澤則幸　二〇〇八「建中寺における大名墓の上部構造について」『名古屋市見晴台考古資料館研究紀要』第八号
松井一明　二〇一六「静岡県の近世大名墓」『第八回　大名墓研究会』
松井直樹　二〇一六「板倉家と菩提寺長圓寺」『万灯山長圓寺文化財総合調査報告書（解説編）』西尾市教育委員会
松原典明　二〇一二「近世大名墓所の構造様式」『近世大名墓制の考古学的研究』雄山閣
溝口彰啓　二〇一六「岐阜・愛知県東部の近世大名墓」『第八回　大名墓研究会』
溝口彰啓　二〇一八「東海・北陸・甲信の大名墓の展開」『第十回　大名墓研究会～大名墓研究の到達点～』

関東・東北の大名墓の展開

関口 慶久

はじめに—分析の方法—

東北地方の大名墓については、松前藩松前家墓所・弘前藩津軽家墓所・盛岡藩南部重直墓所・新庄藩戸沢家墓所・米沢藩上杉家墓所・仙台藩伊達家三代の霊廟・会津藩松平家墓所等の調査が実施されるとともに、関根達人による総括（関根二〇一四）が提示されている。こうした状況から、東北諸藩の大名墓について概ねのイメージを描き出すことは比較的容易な環境となっている。

関東地方の大名墓については、江戸御府内を包含している点で、取扱に注意を要する。大名家は御府内（御府内近郊を含む）と国元の2か所に墓所を持つのが一般的である。そのため、御府内は全国最大の大名墓集積地帯という特性を有している。増上寺徳川将軍家墓所、長岡藩牧野家墓所、米沢藩上杉家・熊本藩細川家墓所、彦根藩井伊家墓所、鳥取藩池田家墓所、松山藩久松松平家墓所等、調査事例も多い。また江戸大名墓所の悉皆調査を行った秋元茂陽による労作（秋元一九九八）もある。しかし御府内の大名墓を総括した研究は、成立期に焦点を当てた論考（今野二〇一四）や御府内大名墓における墓標型式編年のまとめ（関口二〇一九ａ）等が散見される程度である。

また、御府内以外の関東諸藩の主な大名墓調査については、水戸藩水戸徳川家墓所、水戸藩附家老中山信吉墓、館林藩榊原康政墓等の調査や、松原典明による調査（松原二〇一八）があるものの、御府内における調査数に比べて少ない状況にある。

こうした調査・研究の現状を踏まえ、本稿では次に掲げる条件を付し、叙述を進めることとする。

①東北・関東地方ではなく、東北・関東諸藩の大名墓を分析の対象とすること。

②東北諸藩と関東諸藩の様相を分けて整理すること。

③個別調査の成果を踏まえつつも、数量的把握により通史的分析を試みること。

まず①の理由として、第一に関東地方には御府内が含まれており、御府内の大名墓すなわち全国の大名家の墓制すべてを分析の対象とすることは本稿の趣旨に沿わないことがある。第二に、基本的に大名墓は地域的影響よりも血縁的影響、すなわち「家」意識に強く支配される傾向にあることがある。後述するように大名家によっては、拝領地ではなく本貫地などの有縁の地に墓所を営む例がしばしば見られる。こうした事例はいずれも「家」意識の反映と認識してよい。祖先祭祀と「家」意識は不可分の関係にあることから、本稿では家ないし藩を軸として、その動態を分析することとする。

次に②の理由として、東北諸藩と関東諸藩とでは、封じられた大名家に大きな偏差が認められることがある。すなわち東北諸藩は戦国大名から近世大名へと転換を図った外様大名家が多く、また転封を経験しなかった大名家も多い。対して関東諸藩は、親藩・譜代大名家が多く、また転封を経験した大名家が多い。言うなれば東北諸藩と関東諸藩の大名配置は両極の様相を呈しているのである。こうした地域差を踏まえ、関東諸藩と東北諸藩の大名墓造営の動態は一括で論ずるより、別個に整理したほうが理解しやすいと判断した。

次に③の理由として、大名墓の成立、安定、変化、終末という四つの段階を通覧するためには、数量的把握が最も有効であるという判断がある。近世において東北地方は五六藩、関東地方は一三八藩の藩が立藩し、各藩において数多の藩主が二世紀半の長きにわたり相続を繰り返した。その数は一〇〇〇人を超える（後述）。こうした一〇〇〇人規模の大名墓の動態を把握するうえで、いかに東北諸藩や御府内の調査事例の蓄積が豊富といえどもその数は一割にも満たず、それだけでは客観的なデータにはなり難いのではあるまいか。そこで本稿では、調査例を踏まえつつ、『藩史大事典』（木村ほか編一九八八・一九八九）に収録された各藩主とその菩提所の記載を基礎資料とし、数量的把握を試みることにより、大名墓の展開を整理していくこととしたい。

以上①～③の条件に基づき作成したのが、次ページの表1である。抽出した藩主は東北諸藩で三四九名、関東諸藩で六七六名の計一〇二五名を数えた。なお、この中には一代～数代程度、東北または関東諸藩に封じられた後、他地域に転封となった藩主もカウントしている。他地域に転封となった藩主は、転封先で新たに菩提寺を定める例、東北・関東諸藩内にある元々の菩提寺に葬る例、御府内に葬る例など多様であり、大名墓の選地のあり方を把握する上でも、こうしたカウント方法を採った。

本稿では本表を分析の基軸に据え、半世紀ごとの東北諸藩・関東諸藩の様相を整理するとともに、関東・東北大名墓の成立・安定・変化・終末の各段階をまとめることとしたい。

一　一六世紀末の大名墓の様相

東北・関東諸藩ではこの時期に所領が安堵され、近世大名としての萌芽を迎えた例が多い。大名家に

表１　関東・東北諸藩における大名墓の変遷

一次葬地＼年代		16世紀末	17世紀前半	17世紀後半	18世紀前半	18世紀後半	19世紀前半	19世紀後半	合計
蝦夷	東北諸藩		3	1	2	1	2	1	10
	関東諸藩								0
陸奥	東北諸藩	1	12	15	18	17	19	9	90
	関東諸藩		1						1
出羽	東北諸藩		10	4	14	8	6	15	57
	関東諸藩		1		1				2
御府内	東北諸藩		8	9	15	24	36	45	137
	関東諸藩		20	55	78	72	72	54	351
常陸	東北諸藩			1	1	1	2	3	8
	関東諸藩		3	9	10	4	7	7	40
上野	東北諸藩								0
	関東諸藩		6	5	11	4	2	1	29
下野	東北諸藩								0
	関東諸藩	1	3	8	12	9	12	18	62
下総	東北諸藩								0
	関東諸藩		4	1	3	2	1	6	17
上総	東北諸藩								0
	関東諸藩		1	3				3	7
安房	東北諸藩								0
	関東諸藩		1						1
武蔵	東北諸藩								0
	関東諸藩		7	11	18	15	25	22	98
相模	東北諸藩		1	4	3	4	2	3	17
	関東諸藩	1	3	2					5
高野山	東北諸藩			1	1				2
	関東諸藩		2						2
他国	東北諸藩		2	6	9	6	2	3	28
	関東諸藩	1	22	17	10	6	5	1	61
合計	東北諸藩	1	36	41	63	61	69	79	349
	関東諸藩	3	74	111	143	112	124	112	676
	総計	4	110	152	206	173	193	191	1025

よっては、こうした近世的な領国経営の基礎を築いた当主について、初代藩主とは区分して「藩祖」などと呼称し、「家」の基盤を築いた始祖として祖先祭祀の象徴とするなど、近世大名墓の枠組の中に意図的に位置づける例も少なくない。

本時期に葬られた藩主は、東北諸藩の藩主が一名、関東諸藩の藩主が三名の計四名である。東北諸藩では盛岡藩祖の南部信直（一五九九年没・南部町三光寺）が該当する。また関東諸藩では、喜連川藩祖の喜連川国朝（一五九三年没・さくら市瑾光院）、佐貫藩祖の内藤家長（一六〇〇年没・大津市大練寺）、小田原藩祖の大久保忠世（一五九四年没・小田原市大久寺）が該当する。

南部信直は東北大名の中でいち早く豊臣秀吉に臣従し、本拠を三戸から盛岡に定め、盛岡藩の礎を築いた。一方、墓は南部家累代の葬地である三戸聖寿寺に定め、宝篋印塔を墓標とした。続く初代利直墓（一六三二年没）が霊屋という近世大名墓に特徴的な形態を採用したのに対し、信直墓は中世的系譜をよくした形態であり、藩祖墓と初代墓の間には断絶性が認められる。

大久保忠世は家康譜代の重臣で、小田原合戦後に小田原領四万五〇〇〇石を拝領・入封した。大久保家本貫の地は三河であるが、忠世以下の菩提寺は小田原城下の法華宗寺院である大久寺に定めている。本貫の地に代わり、新たな拝領地に菩提所を営もうとする近世的な選地のあり方が認められる。

しかし初代忠隣は慶長一九（一六一四）年に改易となり、前期大久保時代の墓所は断絶した。貞享三（一六八六）年に五代忠朝が佐倉藩から小田原藩に移封となり、後期大久保時代が明治まで続いたが、後期大久保時代の大久保家墓所は国元の大久寺ではなく御府内教学院（世田谷区）に定めた。藩祖忠世をはじめとする一族墓所の祖先祭祀を維持しつつも（忠隣墓も大久寺に改葬）、復領後の藩主は別所に菩提寺を営むという、明確な墓所の分離が認められる。

二　一七世紀の大名墓の様相

㈠一七世紀前半の東北諸藩

本時期の内訳は、東北地方（蝦夷を含む。以下同じ）が二五名、御府内が八名、その他三名である。国元に菩提所を営む傾向が強いが、御府内にも菩提所を定める藩主が四分の一程度認められる。

国元の例としては、松前藩松前家、仙台藩伊達家が著名である。松前家については、初代慶廣〜三代公廣が国元に葬られる一方、四代氏廣は御府内吉祥寺（文京区）に葬られた。国元の松前家墓所（松前町）は公廣の代になって本格的に墓所が整備されたと考えられている（関根二〇一二）。御府内墓所は簡素な角柱形である一方、国元墓所は石廟型式が踏襲され、氏廣ら御府内に本葬された藩主についても国元墓所に石廟が立てられるなど、明らかに国元中心の祖先崇拝である。

仙台藩初代藩主伊達政宗の霊廟・瑞鳳殿（仙台市）は寛永一三（一六三六）年に営まれた。内部構造は石室内中央に安置された駕籠内に桶を置くものである。桶棺は中世から禅宗の尊宿葬法に採用されており、こうした葬法が初期の大名墓に援用されていたものと考えられる（関口二〇一九b）。

このほか、久保田藩佐竹家が天徳寺（秋田市）に、庄内藩酒井家が大督寺（鶴岡市）に、中村藩相馬家が同慶寺（南相馬市）にそれぞれ墓所を定めるなど、本時期に国元に墓所を定めた諸藩は多い。

御府内に墓所を営む例としては、泉藩初代藩主内藤政晴墓（一六四五年没、港区光台院）が挙げられる。政晴は磐城平藩内藤家の分家として泉藩を立藩したが、菩提寺は御府内光台院に定めた。内藤家はその後、泉藩→安中藩→三河挙母藩と移封を繰り返し明治に至るが、歴代藩主は一貫して光台院に葬られ、国元に菩提所を定めることはなく、一族墓（後述）にも入らなかった。東北諸藩において歴代墓を御府内に定めた初期の例に当たる。

㈡一七世紀前半の関東諸藩

本時期の内訳は、御府内以外の関東地方が二八名、御府内が二〇名、その他が二六名の内訳である。東北諸藩が国元に墓所を構える傾向が強いのに対し、関東諸藩ではそうした傾向は薄く、御府内及び全国に分散している。関東諸藩に封ぜられる大名は小藩が多く、特に近世初期はしばしば短期間での移封が繰り返される傾向が強いのが一因と推察される。

こうした状況をよく示す例として、常陸国笠間藩が挙げられる。笠間藩は松平康重→小笠原吉次→城番時代→戸田康長→永井直勝→浅野長重と、約二〇年間で六回もの領主交替が行われた。無論菩提寺も分散し松平康重は京都金戒光明寺、小笠原吉次は相模宗忠寺、戸田康長は信濃松本丹波塚、永井直勝は常陸古河永井寺、浅野長重は笠間藩領の伝正寺にそれぞれ葬られるといった状況である。

国元に菩提寺を定めた例としては、黒羽藩大関家、茂木藩細川家、前橋藩酒井家等が挙げられる。黒羽藩初代大関資増（一六〇七年没）は大雄寺（栃木県大田原市）に、茂木藩初代細川興元（一六一九年没）は能持院（栃木県茂木町）に葬られ、両者とも以後明治まで菩提寺として営まれた。大関氏は黒羽藩領に所縁の氏族であるが、細川氏の出自は三河で関東に所縁を持たないなど、拝領地の地縁の有無は様々である。なお能持院細川家墓所は墓標として杉を植え、没年等は杉の前に造立された石燈籠に刻すという特異な葬制を採っている。前橋藩酒井家二代藩主は徳川家譜代の重臣・酒井忠世（一六三六年没）である。忠世は酒井家菩提寺の龍海院を前橋に移転させ、新たに墓所を造営した（前橋市・口絵写真参照）。忠世墓・二代忠行墓は八角形をなす宝塔型式である。本型式は将軍家御台所の墓標に使用される型式だが、一六三六年段階で同型式を採用していたのは秀忠室崇源院墓のみであり、本型式の墓標としては古い段階のものと言える。のち酒井家は姫路藩に移封となるが、移封後も歴代藩主は前橋の地に葬られた。御府内に菩提寺を定めた例としては、牛久藩山口氏（御府内曹渓寺）が挙げられる。

㈢ 一七世紀後半の東北諸藩

本時期の内訳は、東北地方が二〇名、御府内が九名、その他が一二名である。国元に菩提所を営む傾向が引き続き強い。その他の国に墓所を営む例が多いのは、一族墓の墓域経営がこの時期に出現したことが挙げられる。鎌倉市光明寺の内藤家墓地（口絵写真参照）は、磐城平藩内藤家（のち日向延岡藩に移封）を本家とし、湯長谷藩内藤家を分家とする内藤一族の墓所である。墓所の正面には平藩初代内藤政長（一六三四年没）の墓標が立つが、これは国元からの改葬であり、本墓所に最初に葬られたのは平藩二代内藤忠長（一六七四年没）である。内藤家は三河に出自を持つ一族であり、所縁のない鎌倉の一族墓所を造営した理由は不詳だが、江戸式宝篋印塔で統一された景観は一族大名墓の原風景をとどめる貴重な事例である。

さらに本時期に造営された墓所で著名な例が、会津藩主松平家墓所である。初代藩主保科正之（一六七二年没）が葬られている見禰山墓所（猪苗代町）と、二代正経（一六八一年没）以下歴代藩主及び妻子が葬られている院内御廟（会津若松市）の二箇所の墓所で構成される。両墓地は神道と儒礼が混交した神儒一致による独特の景観をなす、国内でも類を見ない特異な大名家墓所である。

㈣ 一七世紀後半の関東諸藩

本時期の内訳は、御府内を除く関東地方が三九名、御府内が五五名、その他の国が一七名である。前代までは国元における墓所造営が最も多かったが、この時期より御府内に墓所を設ける藩主のほうが多くなる。前代に御府内に墓所を構えた大名家が継続して御府内に葬るとともに、土浦藩朽木家（芝泉岳寺）、大田原藩大田原家（芝泉岳寺）、宇都宮藩奥平家（品川東海寺）、高崎藩安藤家（麹町長福寺、品川東海寺）、結城藩水野家（三田常林寺）、古河藩土井家（浅草誓願寺）、下総高岡藩井上家（向丘浄心寺）、久留里藩土屋家（松が谷海禅寺）、忍藩阿部家（蔵前西福寺）等、新たに御府内に菩提寺を構えた大名家が一気に増加する。本時期は「国元から御府内へ」という流れが関東諸藩において加速する時期と言える。

本時期における墓所造営で注視すべき例が、水戸徳川家墓所（常陸太田市）である。本墓所の成立は、寛文元（一六六一）年、初代藩主徳川頼房の遺体を二代光圀が葬ったことに始まる。以後、水戸徳川宗家一族はもとより、三連枝と呼ばれた守山藩・府中藩・宍戸藩の三支藩の歴代藩主の墓が造営された。墓の総数は一一九基を数える。

三　一八世紀の大名墓の様相

㈠ 一八世紀前半の東北諸藩

本時期の内訳は、東北地方三四名、御府内一五名、他国一四名である。東北地方と御府内との大名墓が二対一の割合で推移するのは一七世紀後半から変化がない。

本時期には、弘前藩津軽家四代信政墓（一七一〇年没、弘前市高照神社）が独特の神葬祭を行ったが、その後津軽家は前代から引き続き御府内の上野津梁院（台東区）と弘前長勝寺（弘前市）の二か所に菩提寺を設けた。八戸藩南部家も一七世紀代に御府内の芝金地院（港区・口絵写真参照）と国元の南宗寺（八戸市）の二か所を菩提寺に定め、本時期においても安定して埋葬を行っている。

仙台藩伊達家では、四代綱村が前代までの廟所の造営を停止し、墓所を簡素化する遺命を享保四（一七一九）年に発した。それ以後、仙台藩の大名墓はもとより、一門墓についても霊廟建築の結構が停止されるという、大きな墓制上の転機となった（澁谷二〇一四）。こうした墓制の簡素化の風潮は伊達家から発したものではない。三年前の正徳六（一七一六）年に八代将軍吉宗が七代家継墓の造営に当たって実施した、新規霊廟の停止と銅製宝塔から石製宝塔への移行という、徳川将軍家における墓制の簡素化の影響を受けてのものであった。

本時期に新たに領国に封ぜられた大名家としては、一関藩田村家（御府内高輪東禅寺と国元祥雲寺）、白河藩松平家（初代は高野山、二代以降は国元の孝顕寺）、棚倉藩太田家（遠江三島の妙法華寺）、桑折藩松平家（御府内墨田弘福寺）、福島藩本多家（播磨書写山円教寺）、福島藩堀田家（御府内浅草日輪寺）、福島藩板倉家（三河長円寺）、山形藩松平家（御府内谷中天眼寺）等があり、菩提寺の選地に共通性はないが、国元のみに墓所を設ける大名家は認められない。

㈡ 一八世紀前半の関東諸藩

本時期の内訳は、御府内を除く関東地方五四名、御府内七八名、その他一一名である。国元の葬送を御府内のそれが大きく上回り、御府内における埋葬数がピークに達する状況が認められる。

本時期を中心に領国に封ぜられた大名家としては、笠間藩井上家（御府内浄心寺と御府内安養寺）、笠間藩牧野家（御府内墨田要津寺）、下館藩増山家（御府内上野勧善院）、下館藩石川家（大坂東福寺、御府内田端大久寺）、土浦藩土屋家（御府内浅草海禅寺）、烏山藩大久保家（御府内教学院）、宇都宮藩戸田家（国元の英巌寺）、壬生藩鳥居家（御府内駒込江岸寺）足利藩戸田家（御府内牛込松源寺）、沼田藩土岐家（御府内品川春雨寺）、館林藩松平家（御府内日暮里善性寺）、高崎藩大河内松平家（御府内上野明王院）、吉井藩鷹司松平家（御府内市ケ谷自證院）、関宿藩久世家（御府内巣鴨本妙寺）、小見川藩内田家（御府内浅草竜宝寺）、安房北条藩水野家（御府内小石川伝通院）、川越藩秋元家（前橋光巌寺）等が挙げられる。一七世紀の関東諸藩は頻繁に転封が行われたが、本時期になると移封は漸減し、幕末まで世襲される大名家が多く封ぜられた。しかし国元に墓域を新たに定めたのは宇都宮藩戸田家程度で、他の大名家の大半は御府内に菩提寺を設けている。大名家の新たな菩提寺は御府内に定めるという傾向は東北諸藩でも顕著であったが、関東諸藩はさらにその傾向が強い。

(三) 一八世紀後半の東北諸藩

本時期の内訳は、東北地方二六名、御府内二四名、その他七名である。御府内と国元の大名墓数がほぼ拮抗してくる。

本時期の東北諸藩は前代までに定められた菩提寺への埋葬を踏襲しており、大きな変化は少ない。本時期に新たに領国に封ぜられた大名家は前代より漸減する。主な藩としては、白河藩久松松平家（御府内白河霊巌寺）、棚倉藩小笠原家（御府内駒込龍光寺）、陸奥下村藩田沼家（御府内駒込勝林寺）等がある。いずれも菩提寺は御府内に定めており、国元への新たな菩提寺造営は見られなくなる。

㈣ 一八世紀後半の関東諸藩

本時期の内訳は、御府内を除く関東地方三四名、御府内七二名、その他六名である。御府内の埋葬数は一八世紀前半よりわずかに少ないものの、国元への埋葬数は前代に比べ大幅に減少していることから、御府内菩提寺への集中がより顕著になる状況が窺える。

本時期に領国に封ぜられた大名家としては、宇都宮藩深溝松平家（三河国本光寺）、古河藩本多家（御府内浅草誓願寺）、古河藩松井松平家（御府内天徳寺）、古河藩土井家（御府内浅草誓願寺）、上総五位藩有馬家（御府内祥雲寺）、久留里藩黒田家（武蔵飯能能仁寺）、佐貫藩阿部家（御府内浅草東光院）、館山藩稲葉家（御府内墨田弘福寺）岩槻藩永井家（武蔵上高田功運寺）、岩槻藩大岡家（国元の竜門寺・御府内湖雲寺）等が挙げられる。本時期も前代よりさらに移封は漸減し、新たに封ぜられる大名の多くは御府内または移封前の菩提寺に葬られる事例が大半である。

四　一九世紀前半の大名墓の様相

㈠ 一九世紀前半の東北諸藩

本時期の内訳は、東北地方二七名、御府内三六名、その他六名である。御府内の大名墓数が国元のそれを初めて上回る。前代以前に引き続き、国元・御府内それぞれに各大名が定めた菩提寺への埋葬が安定的に行われている。本時期に新たに領国に封ぜられた大名家は磐城平藩安藤家（御府内栖岸院）、白河藩阿部家（御府内西福寺）、下手渡藩立花家（御府内広徳寺）、高畠藩・天童藩織田家（御府内駒込高林寺）等である。いずれも菩提寺は御府内に定めており、国元への新たな菩提寺造営は見られなくなる状況は前代と同様である。御府内の菩提寺も飽和状態なのであろうか、より御府内周縁の寺院に求めるようになる傾向が認められる。

(二) 一九世紀前半の関東諸藩

本時期の内訳は、御府内を除く関東地方四七名、御府内七二名、その他五名である。一見すると前代に比べ国元の埋葬数が増加したように見えるが、実際は御府内郊外の寺院に菩提寺を定める事例が増加したものであり、国元における埋葬数の減少傾向は前代と同様である。

本時期を中心に領国に封ぜられた大名家としては、上総一宮藩加納家（御府内戒行寺）、川越藩越前松平家（国元の喜多院）等が挙げられる。

(三) 一九世紀後半の東北諸藩

本時期の内訳は、東北地方二五名、御府内（東京）四五名、その他九名である。御府内（東京）の大名墓数が国元のそれを大きく上回る。本時期は幕末明治の動乱期であり、特に東北各地は戊辰戦争の主要な戦場となったが、果たして大名家の墓制にどのような影響が生じたのであろうか。

弘前藩は七代津軽信寧（一七八四年没）を最後に国元に葬ることはなく、一一代順承（一八六五年没）まで御府内津梁院に葬っていた。最後の一二代承昭（一九一六年没）は津梁院ではなく谷中墓地に葬られた。盛岡藩は一四代南部利義（一八八八年没）まで国元の菩提寺だが、一五代利剛（一八九六年没）・一六代利恭（一九〇三年没）は東京護国寺に葬られた。仙台藩一三代伊達慶邦（一八七四年没）は神葬祭で東京に葬られた後に国元の大年寺に改葬、最後の藩主一四代宗基（一九一七年没）も大年寺に葬られた。中村藩は一二代相馬益胤（一八四五年没）まで国元の菩提寺（同慶寺）であったが、一三代充胤（一八八七年没）・

一四代誠胤（一八九二年没）は東京宝泉寺に葬られた。鎌倉光明寺に内藤一族墓を営んできた湯長谷藩内藤家は、最後の一三代政養のみ国元の龍勝寺に葬られた。久保田藩は一一代佐竹義睦（一八五七年没）まで国元の菩提寺（天徳寺）であったが、一二代義堯（一八八四年没）は東京総泉寺に葬られた。米沢藩は一一代上杉斉定（一八三九年没）まで上杉家御廟であったが、一二代斉憲（一八八九年没）、一三代茂憲（一九一九年没）は東京興禅寺に葬られた。

以上のように、近世を通じて歴代の菩提寺を定めていた名門大名の多くの藩主が、明治以降に没した場合は東京の寺院に埋葬されるようになった。周知のように明治以降は多くの藩主が華族として東京に在住するようになったためと考えられる。一方、白河藩阿部家（御府内西福寺）、会津藩松平家（国元・院内廟所）、新庄藩戸田家（御府内三田瑞雲寺）、庄内藩酒井家（国元・大督寺）は、明治以後の藩主も近世の菩提寺に引き続き葬られている。

(四) 一九世紀後半の関東諸藩

本時期の内訳は、御府内以外の関東地方五七名、御府内五四名、その他一名である。御府内（東京）の大名墓数と関東地方のそれが拮抗する状況が窺える。

東北諸藩は近世から近代への変容の中で菩提寺を東京に移した大名家が多かったが、関東諸藩でそうした移転を行った藩は、菩提寺を東京から遠い本貫の地に定めていた安中藩板倉家以外は認められない。安中藩は五代板倉勝明（一八五七年没）まで三河長円寺であったが、六代勝殷（一八七三年没）は東京吸江寺に葬られた。

その他の藩は、近世から近代の変容の中でも菩提寺を変えていない。これは関東諸藩の菩提寺が東京又は東京近郊にあるという地理的条件が大きいものと考えられる。主な事例としては、水戸徳川家（常陸瑞龍山）、土浦藩土屋家（御府内海禅寺）、麻生藩新庄家（御府内吉祥寺）、牛久藩山口家（御府内曹渓寺）、喜連川藩喜連川家（喜連川竜公院）、烏山藩大久保家（御府内教学院）、宇都宮藩戸田家（宇都宮英巌寺）、茂木藩細川家（茂木能持院）、高崎藩大河内松平家（武蔵新座平林寺）、七日市藩前田家（御府内吉祥寺）、岩槻藩大岡家（御府内湖雲寺）・小田原藩大久保家（御府内教学院）等が挙げられる。一方、従来まで御府内や本貫地に菩提寺を定めていた大名家が、近代後は国元に菩提寺を移す例も認められる。佐倉藩堀田家は従来まで御府内日輪寺が菩提寺であったが、四代正睦（一八六四年没）・五代正倫（一九一一年没）は国元の甚大寺に葬られた。久留里藩黒田家は従来まで本貫地の飯能能仁寺が菩提寺であったが、九代直養（一九一九年没）は国元の久留里真勝寺に葬られた。

五　東北・関東諸藩における近世大名墓の成立・安定・変化・終末

以上、一六世紀末～一九世紀にかかる東北・関東諸藩の近世大名墓の造営のあり方を通覧したが、最後にその展開を整理する。

①成立期

一六世紀末～一七世紀を設定する。一六世紀末については、南部信直墓のように近世との断絶性を示す事例や、大久保忠世墓のように連続性を窺わせる事例もあり、各大名家の事情により状況は異なるものの、近世大名墓への胎動を認められる時期である。一七世紀前半になると各大名家は国元・御府内・本貫地等に菩提寺を営むようになる。特に御府内への造墓のあり方は近世封建体制下の大名家の墓制の変化を象徴的に示しているものと推察される。御府内への造墓は関東諸藩が先導し、東北諸藩においても徐々にその割合が高くなっていく。一七世紀はこうした御府内への造墓が次第に増す時期で、近世大名墓の成立過程を示す時期に位置づけられる。

②安定期

一八世紀～一九世紀前半を設定する。本時期は御府内への造墓がピークに達するとともに、国元・本貫地への造墓も安定的に行われる時期である。一八世紀前半における霊廟建築の停止など、葬儀の簡素化は増加の一途を辿る造墓（維持管理を含む）を前提に行われたものであり、大名家の安定的な造墓に大きく寄与したものと思われる。

また、この時期に新たに封ぜられた大名家の大半は、御府内のみに墓所を造営するスタイルを採用した。中世以来の地縁を持つ外様の大藩が国元への造墓を志向する傾向にあるのに対し、御府内近郊で移封を繰り返す譜代の小藩は御府内への造墓を志向するという偏差が明確に生じてきたのである。

③変化・終末期

一九世紀後半、具体的には廃藩置県、知藩事廃止によって大名家が支配地を喪失した時期に設定する。大名家が東京に居住するのと同時に、父祖伝来の墓所から、管理が容易な東京又は東京近郊に墓所を構えていく状況を指す。個別の事例はともかく、大枠として変化の時期＝終末期と捉えて良いものと思われる。

おわりに

これまでの大名墓研究は、各地にある顕著な様相を示す大名墓について、考古学・文献史学それぞれの観点から分析が進められ、魅力的且つ精緻な情報が飛躍的な速度で蓄積されてきた。それは大名墓所一つ一つの個別研究がメインであったが、その一方で二世紀半にわたる近世期の膨大な造墓のあり方へのマクロ的な分析、すなわち近世墓標研究でしばしば行われる数量的把握という研究法はほぼ実践されてこなかったように思う。

本稿はこうした現状と既往の個別調査成果を踏まえつつ、数量的把握を試みたものである。特に国元・御府内・本貫地という三つの選地のあり方（高野山を除く）に、年代的、地域的偏差が存在したことが明確となった。同様の研究法は、東北・関東諸藩のみならず、各地方の諸藩における近世大名墓の展開を窺う上でも、有効な示標となり得るものと考える。大方の批評を待つとともに、大名墓研究の方法論の一つとして提示したい。

【引用・参考文献】

秋元茂明　一九九八『江戸大名墓総覧』金融界社

今野春樹　二〇一四「江戸における近世大名墓の成立」『近世大名墓の成立』大名墓研究会編、雄山閣

木村　礎・藤野　保・村上直編　一九八八『藩史大辞典』第一巻、北海道・東北編、雄山閣

木村　礎・藤野　保・村上直編　一九八九『藩史大辞典』第二巻、関東編　雄山閣

澁谷悠子　二〇一四「仙台藩御一門の墓」『第六回大名墓研究会発表資料』大名墓研究会

関口慶久　二〇一九ａ「墓標の普及と地域性　江戸（御府内）」『季刊考古学』一四九号、雄山閣

関口慶久　二〇一九ｂ「早桶成立考」『論集　葬送・墓・石塔』狭川真一さん還暦記念会

関根達人　二〇一二『松前の墓石から見た近世日本』北海道出版企画センター

関根達人　二〇一四「地域における近世大名墓の成立　四　東北」『近世大名墓の成立』大名墓研究会編、雄山閣

松原典明　二〇一八『近世大名葬制の考古学的研究』雄山閣

第2章

近世大名墓の特色を読み解く

中世武士の墓と近世大名墓を比較する

狭川　真一

表題の両者を単純に比較するのは難しいので、本稿では両者の成立背景に絞って比較し、共通する事例を見出して武士の墓の造営にはどういう意図が込められているのかを検討してみる。

一　中世武士の墓の成立事情

(一) 武士登場前夜の墓制

平安時代後期の天皇や一部の高貴な貴族は、墳墓堂に埋葬されることが多く、中には三重塔や多宝塔に埋葬される事例も登場する（関口二〇〇六）。これまで釈迦（舎利奉安）の塔であったものが、天皇といえども俗人が埋葬される存在になった訳だが、これを契機として墓所に仏塔（多くは石塔）が持ち込まれるようになる。鎌倉時代中期頃までは、墓に石塔を建てたのは僧侶が中心だったようであるが、未だ伝承の範囲を超えるものではない。しかし、高僧の遺骨（火葬骨）は舎利に見立てられる場合もあるので、仏塔内へ埋葬する初期段階の中心が、僧侶であるという点はうなずける。

また、墓への埋葬に加えて高野山奥之院（和歌山県高野町）のような霊場へ遺骨を送り、納骨する事例もある。火葬の浸透に伴って遺体を迅速に骨化させるとともに、骨は脆くなるため細分し易くなり、分骨することが可能となったことによると考えている。これらは一般的な埋葬に上積みされた行為と考えられている（藤澤一九七八）。

(二) 初期の武士の墓

源頼朝、北条義時など著名な武士は、墳墓堂に埋葬されたことが知られている（関口二〇〇六）。足利氏は自身の氏寺である鑁阿寺の奥之院に位置付けられる樺崎寺（栃木県足利市）へ墳墓堂を随時作って埋葬した。先述のとおり、当時の最上級の墓制は墳墓堂への埋葬と位置付けられるため、権力者が採用する墓制とすると当然の結果であろう。それは初期の武士の出自が、多くは貴族層であることも要因の一つであろう。

ただし、これらの墳墓は一族墓化して密集するのではなく、多くは散発的に造営されるものであった。しかし足利氏の樺崎寺は、一定のエリア内に散在的に墳墓堂が造営されており、後に一族墓化する素地があったと言える。

(三) 一族墓の初期の形態

① 墓地の改造・整備

足利氏の墓所である樺崎寺の事例（図1）をみると、墳墓堂から石塔墓へと移行する状況が把握でき、一気に墓地が改造されたことを教えてくれる。現在、近くの光得寺に移設されている石塔（五輪塔）群を図上復原して分析した結果、それらの多くがあまり時代差を感じさせないもの、つまり同時期に造営されたのではないかと思わせるものであった。また、その時期は概ね一三世紀後期と推定できた。しかも五輪塔の水輪内には、奉籠孔を穿つものと特に保有しないものの二種類があり、これは墳墓堂から

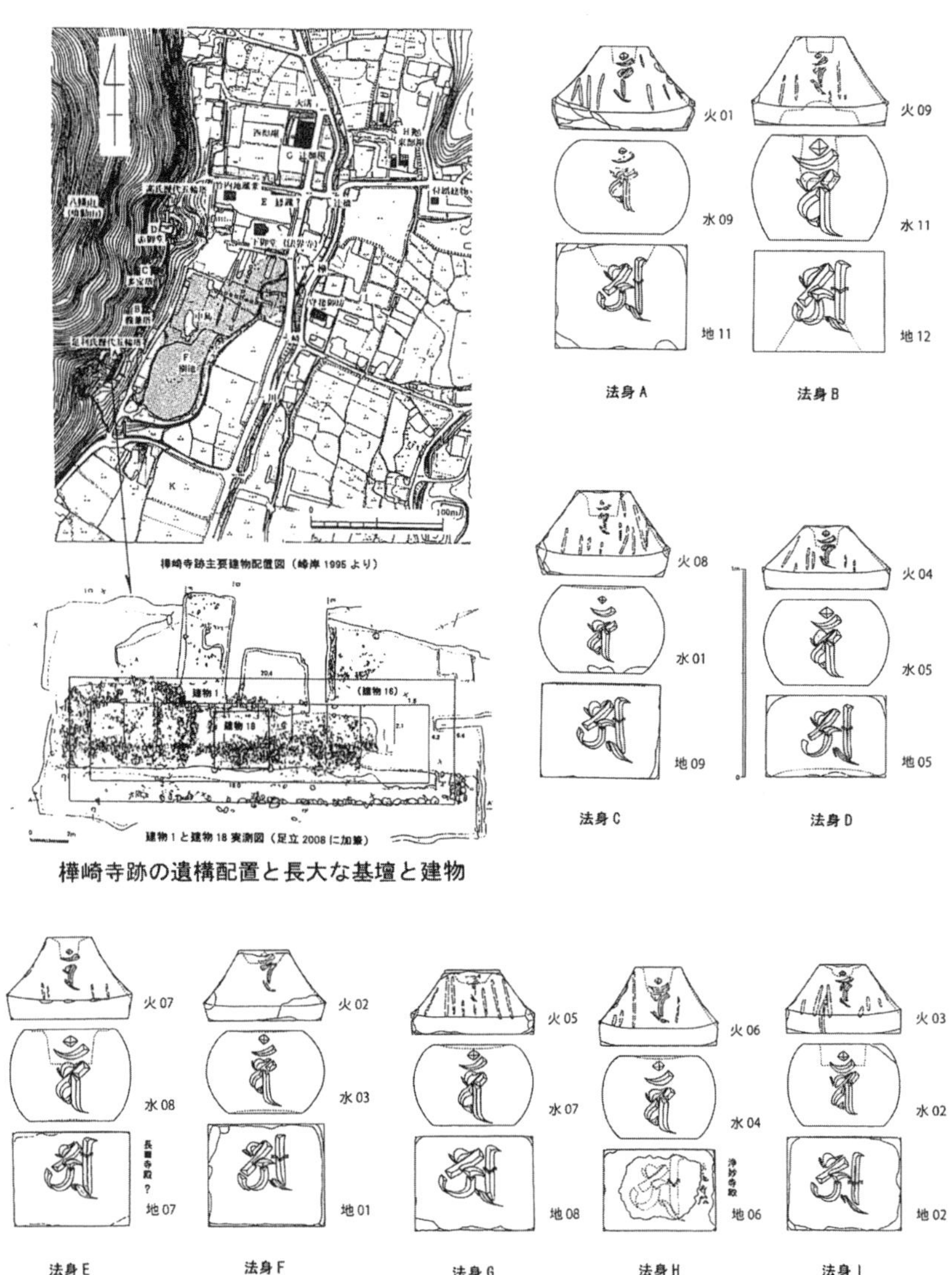

図１　足利氏の墓所（板橋 2012、狭川 2012 より作成）

遺骨を改葬できたものと、御霊だけを遷したものとがあったのではないかと推測した（狭川二〇一二）。さらに興味深いことに、発掘された遺構にもこれに呼応するかのような特徴が見いだされた。石塔の旧位置付近を調査したところ、長方形の基壇状遺構があらわれ、それらの造営は一三世紀中期～後期と推定された。室町時代に改造されて長大な覆堂を建設したようだが、それ以前には基壇上にほとんどが露座の状態で、大型の石塔を一列に並べていたと推測されている（板橋二〇一二）。

つまり、散在的に作られていた墳墓堂群から整然と並べられる石塔墓へと変化したのである。しかもその背景には改葬を思わせるものが感じられた。墳墓堂は朽ち果てると再建しないことを原則としているが、一族墓として整備する意識が芽生え始めると、恒久的で視覚的にも整備されたものを必要とするようになり、石塔墓が採用されるように変化したのではないかと考えられる。

②墓（遺骨）の改葬

足利氏の墓所で改装の可能性を指摘したが、先祖の改葬を契機として有力者の墓所を形成したものがある。宇佐一族墓（熊本県玉名市伊倉本堂山）の事例（図2）がそれで、文応元年（一二六〇）の同じ年号を刻む五輪塔地輪が三基あり、このうち最も先祖となる宇佐公満墓塔の銘には、「承久元年（一二一九）五月一六日に没した公満を、四一年後の文応元年秋の彼岸日に改葬した」ことが記されている。いま一基は念阿なる人物のもので、建久七年（一二五五）一一月一〇日に死亡した念阿を、同じく文応元年秋の彼岸日、つまり五年後に改葬している。残る一基は宇佐公長と思しき人物のもので「文応元年（一二六〇）八月の彼岸日に、臨終後には極楽に生まれることを願って自らが卒塔婆を建てた」と記している。死期の近づきを感じ取った公長が、自身の逆修供養とともに造塔したものである。

これら三基の塔は同日の造営となっていることと、形態や寸法の上でも共通するものが多いことを踏まえて、三基を同時に製作して供養しようと試みたことが分かる。この墓地には文応元年より古い銘の塔は無いので、公満と念阿を改葬し自身の逆修塔を加えて、まず三基を併存させる形で墓地の景観を整えたのである。以後、若干の石塔が継続して残されており、しばらくの間は供養も絶えず、先祖祭祀も継続されていたものと思われる。

このように別の場所にあった、あるいは統一されていない形で存在していた先祖の墓を、改造するなりして墓地の整備を実施しているのは、大型石塔の造営される墓所だけではない。方形の石組を有する地方の有力者層の墓所でも良くみられる現象である。

二　中世後期の墓所の様相

鎌倉時代を中心に成立した地方の有力者層（主に武士層）の墓所は、時代の変化とともに埋葬される人の階層が低下するとみられ、当初は領主クラスの人物が大きな石塔を建立することが続いたが、徐々

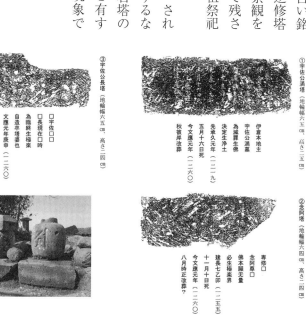

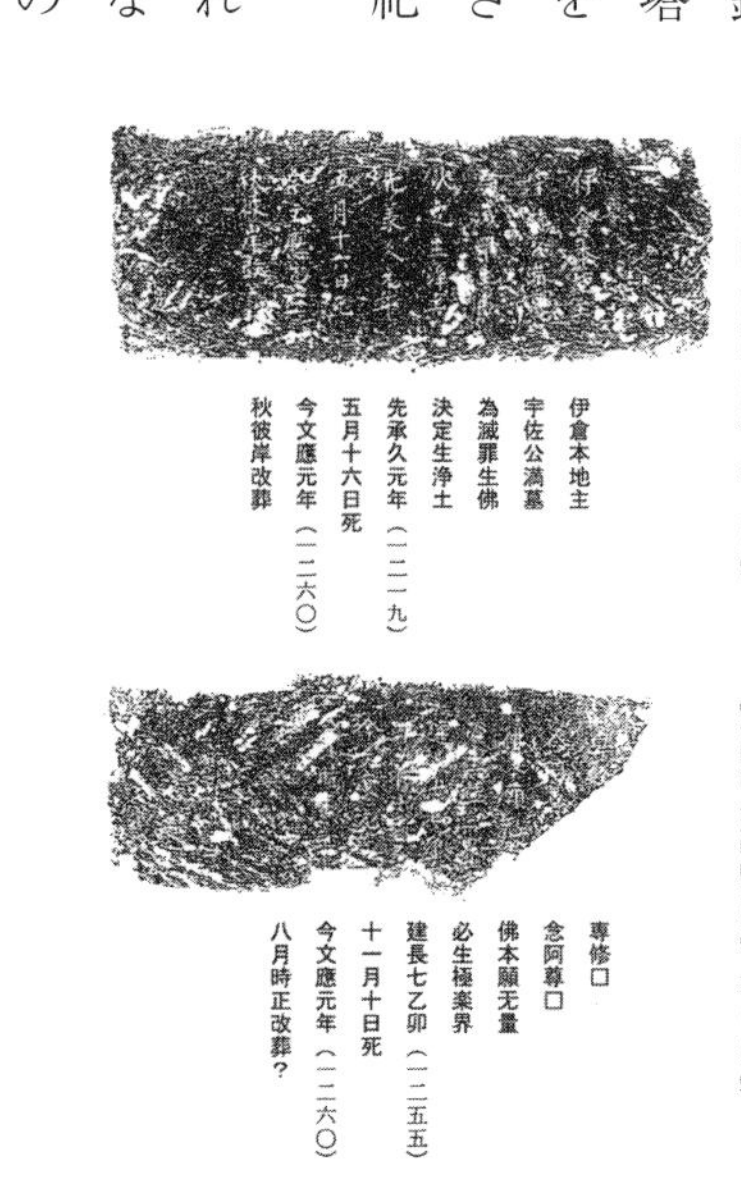

①宇佐公満塔（地輪幅六五㎝、高さ二五㎝）

伊倉本地主
宇佐公満墓
為滅罪生佛
決定生浄土
先承久元年（一二一九）
五月十六日死
今文應元年（一二六〇）
秋彼岸改葬

②念阿塔（地輪幅六四㎝、高さ二四㎝）

専修□
念阿尊□
佛本願无量
必生極楽界
建長七乙卯（一二五五）
十一月十日死
今文應元年（一二六〇）
八月時正改葬？

③宇佐公長塔（地輪幅六五㎝、高さ二四㎝）

□宇佐□□
□長現在□時
為臨終生極楽
自造卒塔婆也
文應元年庚申（一二六〇）
八月彼岸日

図２　宇佐氏三代の五輪塔地輪拓本とその銘文

に一族の成員も埋葬されるようになってくる。その現象は石塔の様相を捉えると見えてくる。つまり、石塔の小型化と量産化、そして簡素化である。墓所の中心に据えられた石塔は一三世紀～一四世紀前期頃までは五～六尺前後のものが多く、小規模な地方有力者層でも高さは同程度はあったと思われる。これらの墓地で長く継続しているものをみると、石塔類は時代の流れとともに徐々に高さを減じ、しかもその数量が増加していることに気付く。奈良県都祁村にある多田氏一族の墓所と推測されている来迎寺の石塔群は当初の配列こそ失っているものの、その傾向が顕著に認められる。

各地の有力者の墓所でも同様の動きがみえ、一五～一六世紀に近くなるにつれて石塔の小型化は進み、しかも簡略化が進んでくる。それは一石五輪塔の出現に代表される。五輪塔は空風輪を一石で彫成する他は、各部を別石で構成するのが常であり、ほぼ四石で作られるものが最も多い。それは小型化が進んでも行われてきたが、一五世紀に入るころ、おそらく大阪府南部付近をその発生地として一石五輪塔は登場し、全国に広がっていく。一六世紀には東日本を除いた多くの地域でその存在が確認されており、その広がる速度の速さが注目される。当初のものは通常の四石組み合わせの五輪塔と形状はほとんど異ならないものであったが、一石五輪塔自身が普及するとその簡素化がより一層進んでくる。同時にその数は膨大なものとなり、墓地の風景をも変化させてしまったであろうと思われる。

これは墓自体が時代の流れのなかで、権力者の象徴としての必要性を失っていったことに起因するものであろう。その背景を読み取るのは難しいが、社会が安定し、地方を治める領主にとって、巨大な墓を造立し、歴代の墓の存在を示して、領民に自身の一族の継続性を主張する必要がなくなってきたことによるのではないかと推定している。

その一例として、京都市大雲院跡で出土した豊臣秀次の石塔とその正室若政所の石塔に注目したい

（今井・兼康二〇一四）。いずれも五輪塔の地輪のみの確認だが、その規模は秀次塔が幅二三・二センチ、高さ一六・七センチ、若政所塔が幅二三・二センチ、高さ一七・一センチという小型のもので、完存したとしても塔高は二尺余りである。同時に出土している年号の近い石塔もみな同じような規模であり、この墓地において当時の一般的なサイズであったことが分かるとともに、社会的階層差が石塔の規模には繁栄されていないことを教えてくれている。

こうした事例を踏まえると、石塔の規模や形態は社会内の階層をあまり反映しているとは言えなくなっていることに気付く。石塔の造営自体はある程度の階層に限定されてはいるものの、一定以上の階層内での格差を認めることは難しくなっていると言える。墓に権力の象徴を認める必要がないような社会、つまり一定の階層内かも知れないが、平準化が進んでいることの表れではないかと考えている。それ故に、戦国時代に突入する素地、つまり下剋上を許す社会的な環境が醸成されていたのではないかと思われる。

三　近世大名墓の成立

近世大名墓の成立過程は複雑である。大名によっては転封を繰り返し、同一の領地に安住できないことが多い。また、その大名がどこで死を迎えるかによっても墓の造営場所は異なり、江戸、国元のいずれになるか、あるいはたとえ国元に埋葬するにしてもそれぞれの事情から一族の墓所を形成せず、単独で菩提寺に埋葬される大名もおり、複雑化に拍車をかけるものである。それゆえに現在見る大名墓と称されるもので、江戸初期に遡り造営当初の姿を留めている墓所はきわめて少ない。多くは一定の時間が経過した段階で墓地を改修し、歴代順に配置換えをしたりして景観を整備しているところが目立つからである。

その中で紀州徳川家墓所は、寛文六年（一六六六）に初代藩主が古刹の長保寺を菩提寺と定め、寺の東側背後の丘陵部に将軍になった人物（吉宗・家茂）を除く、初代以来の藩主をすべて埋葬している（仲野ほか一九九七）。しかもその配置は、後世に改修の手がほとんど加えられていない墓所とみられ、各地の大名墓の中でも貴重なものである。歴代藩主個々の墓所は、丘陵部西斜面中に風水的な地形造営を多少行ったうえで埋葬したとみられる程度で、代々はそれぞれが丘陵部内の適所と思われるところを任意に選択して埋葬していったようである。計画的でかつ順番に造営された形跡はなく、これが本来の藩主墓の姿ではないかと思われる。しかし現存する大名墓全体からみた場合、これは特殊な状況と言っても過言ではないだろう。

このように大名墓のうち、造営の当初の事情を窺えるものは少ないが、中世の項で指摘したような改葬を伴う事例があり、古い姿を留めていると判断しているものをここで紹介したい。すでに一文をまとめている（狭川二〇一八）ので詳細はそちらに譲り、ここではその概要のみを記しておく。

㈠ 高島藩主諏訪家（小林二〇一七、関沢・児玉二〇一三）（図3）

長野県茅野市頼岳寺と諏訪市温泉寺の二か所に藩主墓がある。このうち温泉寺は二代藩主忠恒以降の歴代を祀るところで、ほぼ同じ形をした自然石板碑状の墓碑を整然と並べているが、中心に二代藩主を祀り、以後の歴代をその左右に配置している。墓地自体を左右に拡張した形跡はあるが、早い段階からこの形式を留めている珍しい墓所である。

ここで話題にしたいのは頼岳寺にある墓所である。ここには、初代頼水の墓とその父母の石塔を祀っ

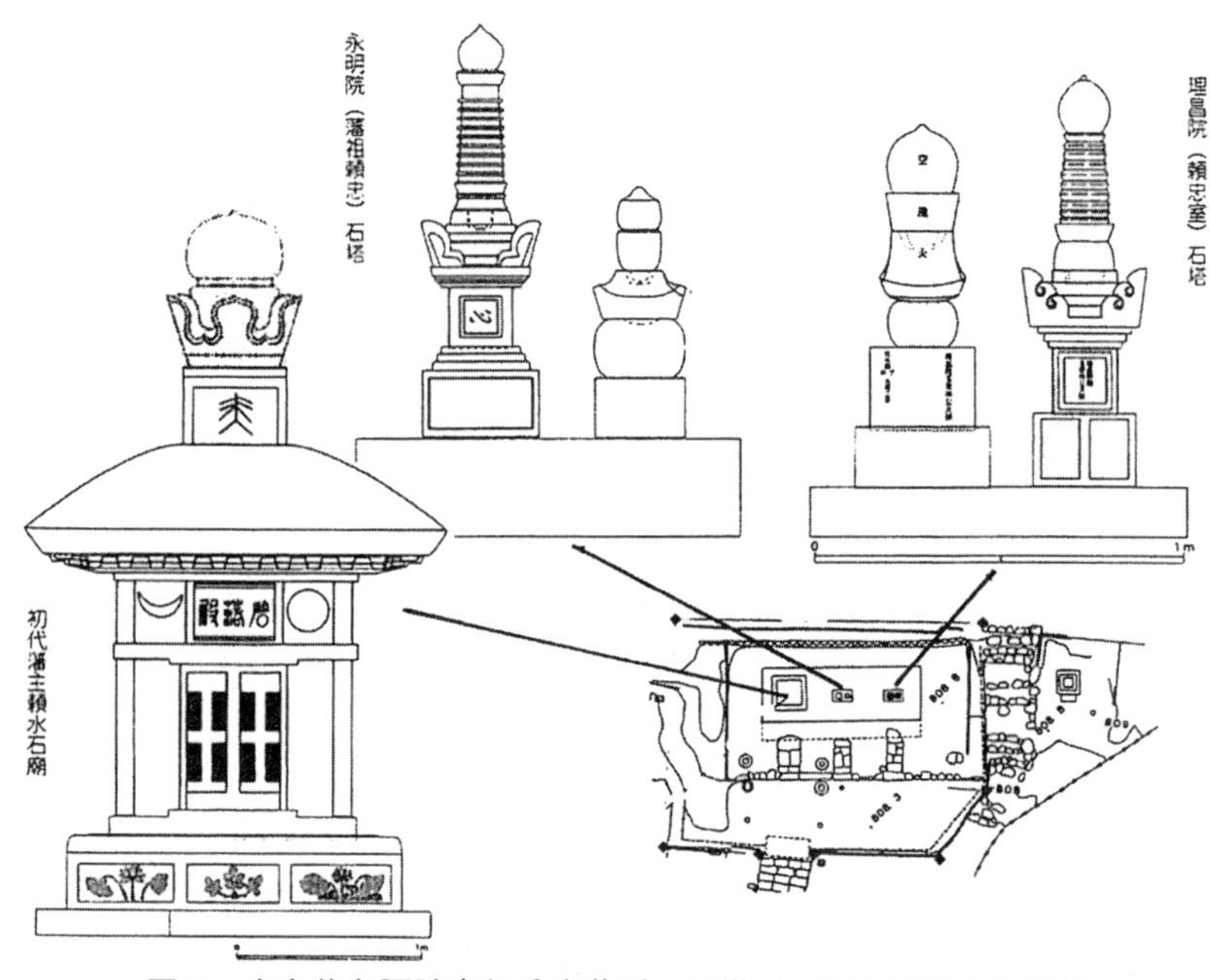

図３　高島藩主諏訪家頼岳寺墓所と石塔（小林編 2017 より作成）

ている。この父母の石塔が特徴的で、いずれも五輪塔と宝篋印塔を一対として祀るこの地域に特徴的な墓制であり、時期も武田信玄の百回忌供養を目的としたものを除いて、一六世紀代に収まるものである。つまり戦国時代の墓制をそのまま伝えるものと言える。頼水父母の石塔はいずれも小型で、戦国時代にみられた小型化した石塔の範疇に十分含まれるものである。これらの墓は当初の菩提寺であった永明寺に所在したとされるが、いつの時にか現在の頼岳寺に移転している。その正確な年次は知られないが三代忠晴の時に霊屋が建設されており、筆者の検討ではその時に永明寺の跡に残されていた頼忠夫婦の墓を改葬、移転し、初代頼水の墓に並べるようにして墓所を整備し、現在見るような三者を合祀した霊屋の建設が行われたと考えている。ちなみに初代頼水の墓は、二代忠恒が建設している。

後に継続する墓所ではないが、先祖の墓（石塔）を改葬して、初代の墓所整備を行っている点に注目しておきたい。

(二) 久留米藩主有馬家（白木二〇一五、河上二〇一七）（図4）

この墓所は、初代以来長く継続して墓所が営まれている稀有なところである。その有馬家は、元和七年（一六二一）に福知山から久留米に転封される。その後、寛永三年（一六二六）に藩祖となる有馬則頼とその室（お振）の墓を改葬し、梅林寺（福岡県久留米市京町）に墓所を形成する。石塔は石材と形態から播磨産のものとみられ、石塔も移築したことが分かる。改葬に伴って霊屋を建築し、堂内に石塔を安置するが、霊屋の規模にくらべると石塔はきわめて小型である。その後、寛永九年（一六四二）に初代豊氏が亡くなると藩祖の隣に霊屋を建設し堂内に石塔を納めるが、藩祖と同様に石塔はまだ小さなものである。ただ、初代の霊屋は藩祖の霊屋と柱筋を揃えてはおらず、一段奥まった位置に建築されている。現状では地形や寺院の敷地に制約を受けているようにも見えるが、揃えられないことはない環境であり、すこし遠慮がちに建築されたものであろうか。なお、二代藩主もまだ小さな石塔で、初代の霊屋内に同居する。

墓地の大規模な整備はこの後に行われる。藩祖と初代の霊屋より一段高い丘陵上に一連の墓所を形成する。その上段の墓所はおそらく三代藩主の段階（生前の可能性もある）に、初代位牌堂、初代室位牌堂、二代位牌堂と三代藩主の墓所または位牌堂を建築すべく、一連の設計がなされ、ほぼ同時に建築されたのであろう。それを物語るのは基壇石垣の一辺が面を揃えていることと、石畳の参道が一連で設計された形跡を示していることからである。三代藩主は江戸で死亡しているが、三代の墓所には大型の三重石

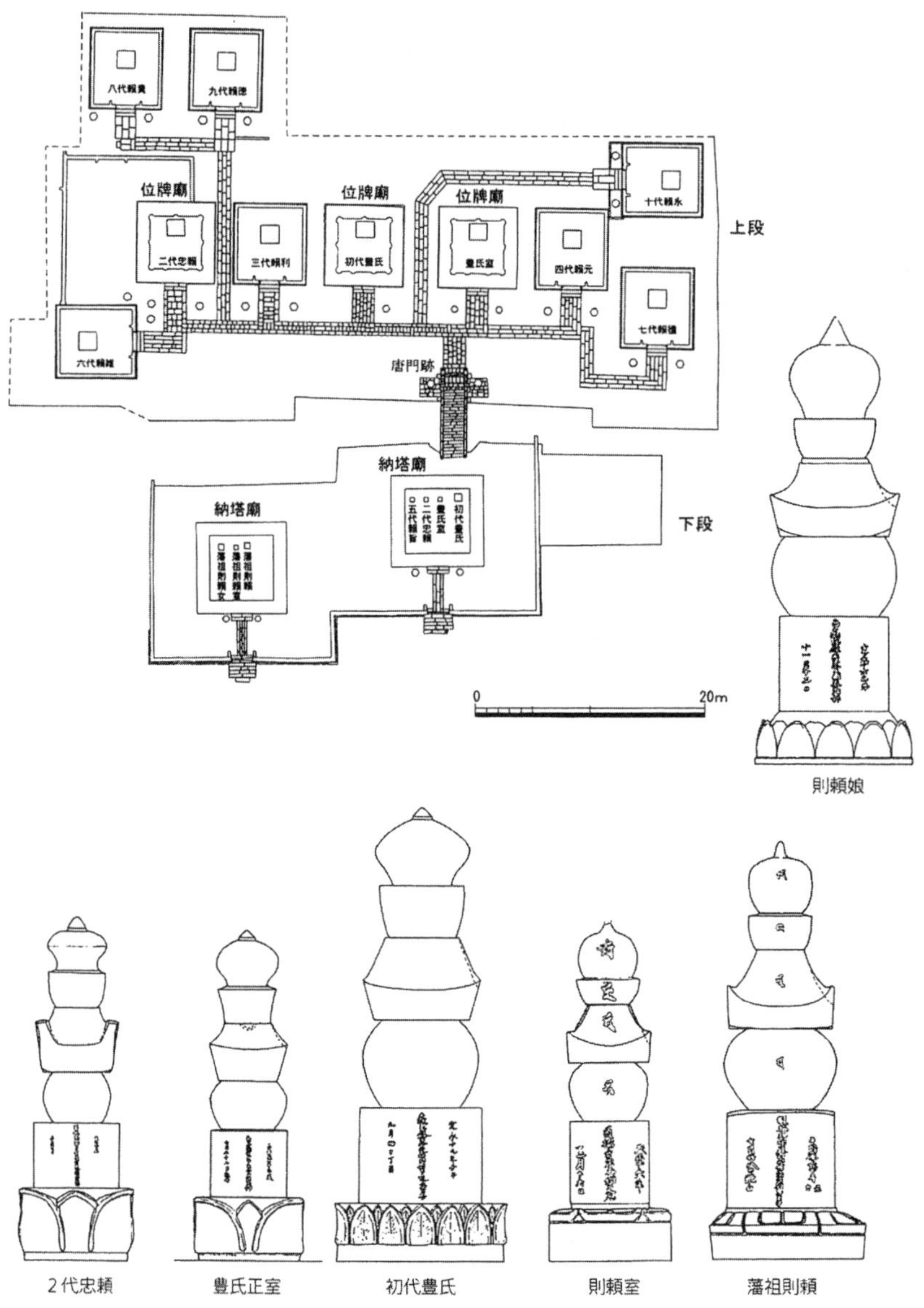

図４　久留米藩主有馬家墓所と初期の石塔（石塔は 1/25）（白木 2015 より作成）

図5　京極家墓所中世石塔群（右）、京極家墓所近世霊屋群（左）

塔が建てられている。以後、石畳を継ぎ足しながら藩祖から三代の墓所及び位牌堂の横や背後に、歴代の墓所（大型の三重石塔）を建立してゆくのである。

このほか、丸亀藩（香川県）に転封された京極氏の墓所（図5）が興味深い。京極氏は北近江を本拠地とする武将で、現在の滋賀県米原市清瀧を墳墓の地としていたが、江戸時代の万治元年（一六五八）、二一世高和の代に四国の丸亀藩に転封される。一般的には丸亀藩内に墓所を形成するはずだが、清瀧の地が始祖氏信以来京極家墳墓の地であることから自らの故地に墓地を造営、継続することを幕府に願い出て、寛文一二年（一六七二）に許されている（西村二〇一五）。おそらくこの段階に墓所を整備したようで、近世の大名墓所の背後の丘陵を造成して、そこに古い石塔のみを整理配列している。古い石塔は、永仁三年（一二九五）銘を最古とする大型の宝篋印塔が中心で総数一八基あり、もともと周辺部に存在した中世以来の一族墓地から移転したとみられる。このことで京極氏自身の出自を明らかにするとともに、永仁以来の石塔が並ぶことで京極家の歴史の古さを物語ることにつながり、それが正しく継承されてきたことを主張したものであろう。

四　おわりに

中世と近世、それぞれの武士の墓について成立段階の様相を眺めてみた。近世の大名墓の場合は少々事例に偏りがあるが、いずれも墓所を整備するにあたって、先祖（藩祖や初代）の石塔を新墓所へ移転し、同時に改葬も行ったと思われる。一族にとって重要な先祖を改葬し、墓地を整備することで一族の継続性を明確にした。このことで、その領地を長く治めてきたことを主張し、意義付ける装置に墓はなり得たことを示していよう。近世の墓地造営は中世後期に石塔が小型化し、墓所造営可能階層の中に格差がみられなくなってしまった直後に行われた。墓所は再び権力者と結びつき、庶民に威圧感を与え、その格差を主張する存在へと復権したのである。

【参考文献】

板橋　稔　二〇一二「史跡樺崎寺跡発掘調査の成果」『中世武士の墓と石塔』第三回中世葬送墓制研究会資料、中世葬送墓制研究会

今井　満・兼康保明　二〇一四「豊臣秀次塔をめぐって」『寺町旧域―貞安前之町における埋蔵文化財発掘調査報告書―』株式会社イビソク

河上信之　二〇一七「史料」『久留米主藩有馬家墓所Ⅱ』久留米市教育委員会

小林深志編　二〇一七『国史跡高島藩主諏訪家墓所』茅野市教育委員会

狭川真一　二〇一二「光得寺五輪塔（旧樺崎寺五輪塔）群の復原と旧景観」『中世武士の墓と石塔』第三回中世葬送墓制研究会資料、中世葬送墓制研究会

狭川真一　二〇一八「大名墓成立事情考―高島藩主諏訪家墓所の検討から―」『石造文化財』第一〇号、石造文化財調査研究所

白木　守　二〇一五『久留米藩主有馬家墓所Ⅰ』久留米市教育員会
関沢佳久・児玉利一　二〇一三『高島藩主廟所』諏訪市埋蔵文化財調査報告書第七三集、諏訪市教育委員会
関口慶久　二〇〇六「墳墓堂」『季刊考古学』第九七号、雄山閣
仲野　浩ほか　一九九七『史跡・和歌山藩主徳川家墓所保存管理計画書』下津町
西村清雄　二〇一五『佐々木京極氏と近江清瀧寺』淡海文庫五四、サンライズ出版
藤澤典彦　一九七八「納骨信仰の展開」『日本仏教民俗基礎資料集成』第二巻、中央公論美術出版

高野山奥之院における近世大名墓の展開

税田　脩介
佐藤　亜聖

一　高野山奥之院の概要と大名墓研究の現状

高野山奥之院は承和二年（八三五）に入定した弘法大師空海の聖地であり、一大霊場として知られている聖域である。奥之院は空海の廟所を中心とした納骨信仰の場であり、こうした信仰をもとに近世には全国の近世大名家によって巨大な大名墓地が造営される。こうした大名墓地は、近世大名家の動向を知るうえで非常に重要な存在であり、その研究は墓制の問題だけでなく、政治史・経済史など広い分野への影響が想定できる。

高野山奥之院大名墓については、著名なものや慶長年間以前のものを中心として、水原尭榮や天岸正男、巽三郎・愛甲昇寛・日野西眞定、木下浩良らによって資料紹介や資料集成的研究が行われてきた（水原一九二四、天岸一九六一、巽・愛甲一九七四、日野西一九九〇、木下二〇一四）。中でも水原尭榮は石造物に刻まれた銘文の判読もふくめた大規模な調査研究を行っており、研究の礎とも呼べる重要な成果を公表している。こうした現状観察と金石文を中心とした研究に対し、中川成夫らは弘前藩津軽家墓所の調査をもとにした考古学的な知見を提示する（中川・岡本一九八八）。この調査は下部構造の発掘を伴う調査であり、石塔と地下遺構・遺物の関係から、出土した毛髪の分析、子院に残る古文書の調査にまで至る総合的なもので、近世大名墓における考古学的研究の先鞭を担った画期的なものであった。ただし、調査対象が津軽藩墓に限られていたため奥之院大名墓総体に迫ることは課題とされた。

その後、奥之院石塔の研究は木下浩良による概要紹介（木下二〇一四）など一部のものを除き長く停滞していたが、平成三〇年（二〇一九）には高野町教育委員会により『史跡金剛峯寺境内（奥院地区）大名墓調査報告書Ⅰ』（以下『報告書』と略）が刊行され（元興寺文化財研究所編二〇一九）、被供養者・墓域の石塔の数など最低限の基礎資料が整理された。この報告書は奥之院大名墓全体を俯瞰することを目的に編まれているため、石塔の実測図や銘文は掲載されず、継続調査が行われている。また、近年、関根達人により石工銘をもとにした高野山での石塔造立についての考察が行われ、近世大名墓を取り巻く多角的な研究が展開しつつあるほか、狭川真一による中世武士の墓と高野山奥之院大名墓の関係性についての考察が行われている（狭川二〇一四、関根二〇一七）。

こうした研究現状において、奥之院近世大名墓研究の課題を提示すると、最も喫緊の課題は、膨大な資料数ゆえに個別論にとどまり、全体像を知り得る研究が僅少であることと、総体的視点での研究が文献史料に依存しがちなことが挙げられる。本稿ではこうした現状を踏まえ、本稿では石塔形態と石材、墓地造営時期などについて悉皆調査をもとにした俯瞰的な検討を行いたい。

二　奥之院大名墓における塔形選択と石材

(一) 奥之院大名墓における利用石材

奥之院大名墓で使用される石材は、石塔を納めた石廟や石門・玉垣に凝灰岩や安山岩を使用する例が少数見られるが、大名墓の墓石に関してはほぼ砂岩と花崗岩の二種類に限られる。砂岩は和泉地域で採石される和泉砂岩、花崗岩は六甲山塊で産出する、いわゆる本御影石が大半を占めると考えられる。なお、前田利長五輪塔には「此石物攝州御影村出也」と刻まれ、直接的に石材産地を知ることができる（図１）。

図１　前田利長五輪塔

（二）塔形と石材

次に、塔形・石材ごとの造立数推移を検討する。『報告書』を参照して、塔形・石材ごとの造立数変遷を示したものが図２である。逆修などにより造立年が明確なものはそれに従い、没年のみの資料や年号が明記されていないものについては、被供養者の没年を造立年とした。なお、一六世紀以前の紀年銘を持つ石塔のうち、形態と紀年銘に明らかな齟齬が認められるものについては分析対象から除外した。

まず、五輪塔の石材をみると、一七世紀前半は砂岩・花崗岩が併存するが、一六三〇年頃から砂岩製五輪塔が漸減し、これに反比例して花崗岩製五輪塔が増加する。ただし、砂岩製五輪塔は完全に消滅せず、一七世紀半ば以降も狭山藩北条家など一部の大名家において引き続き造立される。

次に宝篋印塔をみる。奥之院大名墓の石塔は、五輪塔が主で宝篋印塔は圧倒的少数派である。一六世紀末から一七世紀前葉に、越前松平家や佐竹家など特定の大名家の中で砂岩製のものが利用される。一七世紀半ば以後は一部の大名家でわずかに用いられるが、やはり砂岩製で、数量もごくわずかである。花崗岩製のものは、一九世紀以降に数基見られるのみである。

櫛形墓標や屋根付き方柱墓標等の近世墓標は砂岩製・花崗岩製ともに一七世紀後葉以降にみられるが、花崗岩製が多数を占める。砂岩製であっても、台座は花崗岩を使用しているものも存在する。一七世紀末ごろには、仙台藩伊達家などが五輪塔から墓標に塔形を変更している。

(三) 石材利用の変化と画期

奥之院大名墓における石材利用は、一六〇〇年代から一六三〇年頃は砂岩・花崗岩が併用されていたが、一六三〇年代から砂岩製石塔が減少し、一六四〇年代にはほとんど砂岩製

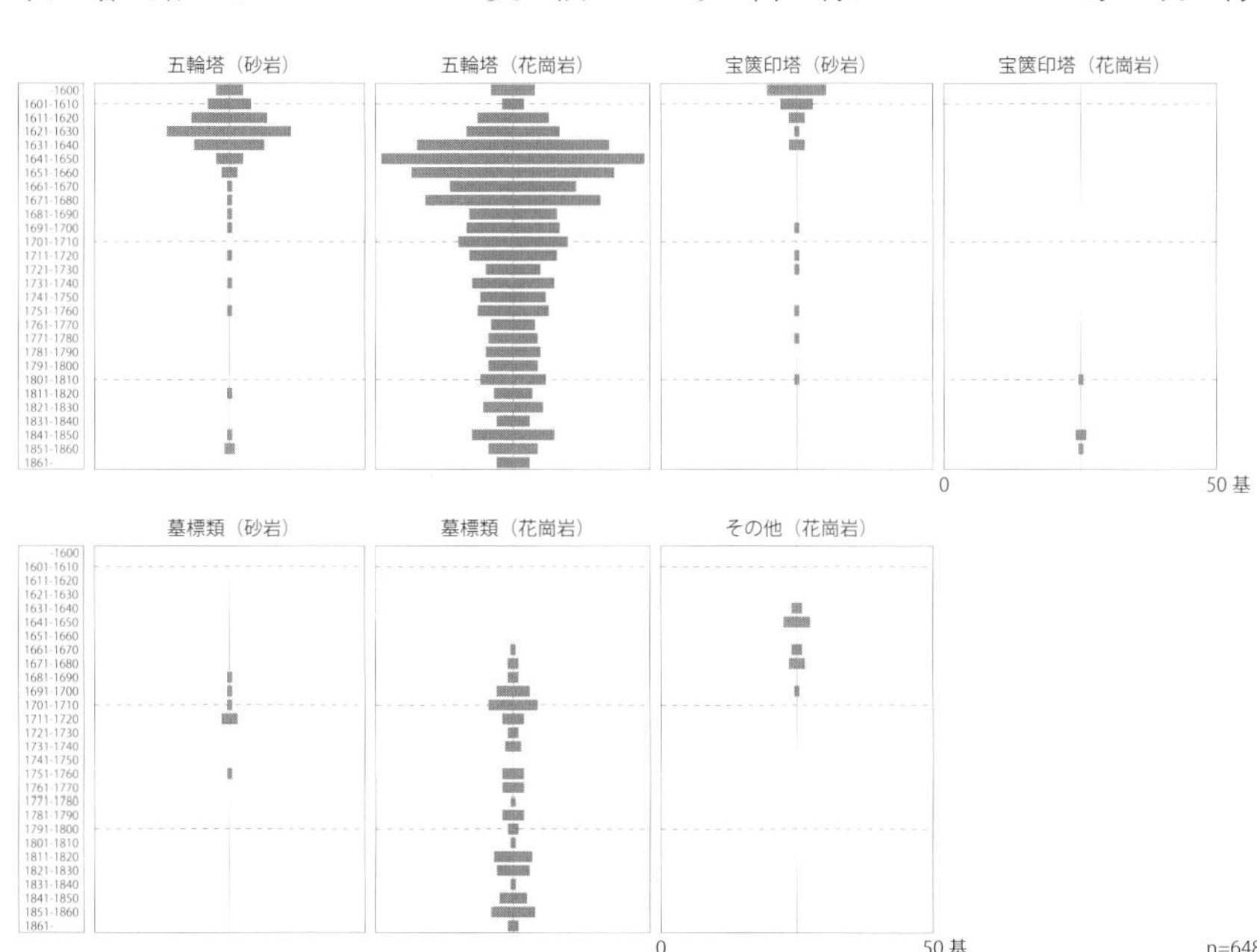

図２　石材と塔形からみた造立数の推移

石塔が造立されなくなる。そしてこれに反比例して花崗岩製石塔が増加する。こうした現象を石工銘から考えてみよう。

石材と石工銘の数量変化を示したグラフを（図3）に示す。奥之院の石工銘を検討した関根達人の研究（関根二〇一七）によると、一六四〇年以降は泉州石工の名がほとんど見られず、大坂石工の銘が大半を占めるようになる。石材利用の転換点と石工銘の転換点に相関関係が見られることから、石材の違いは、石塔造立に関わっていた石工集団の差によるものであることが考えられる。一六四〇年代の石材変化の背景として、公儀普請が下火を迎え、仕事が下火となった花崗岩を主として扱う石

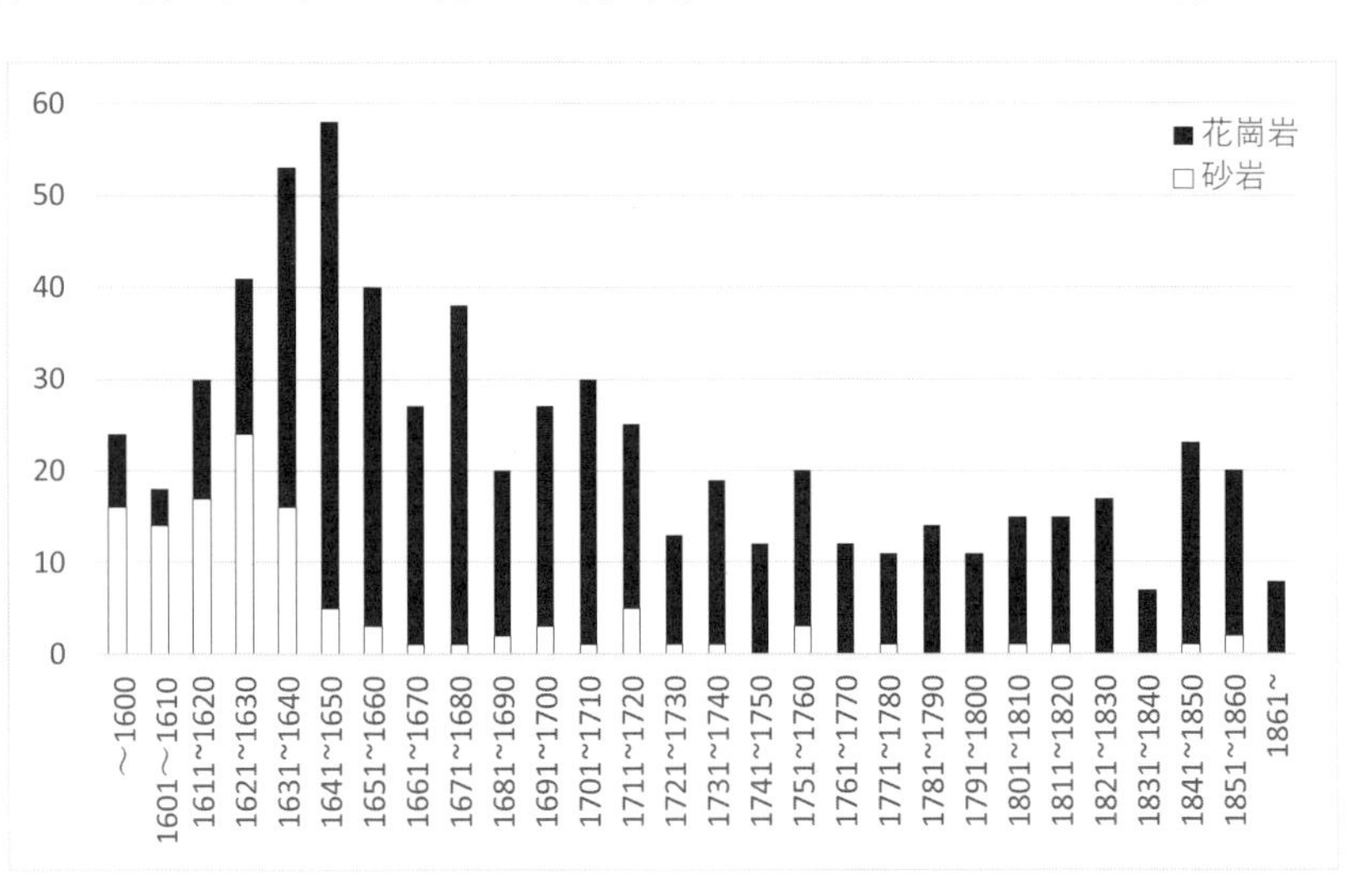

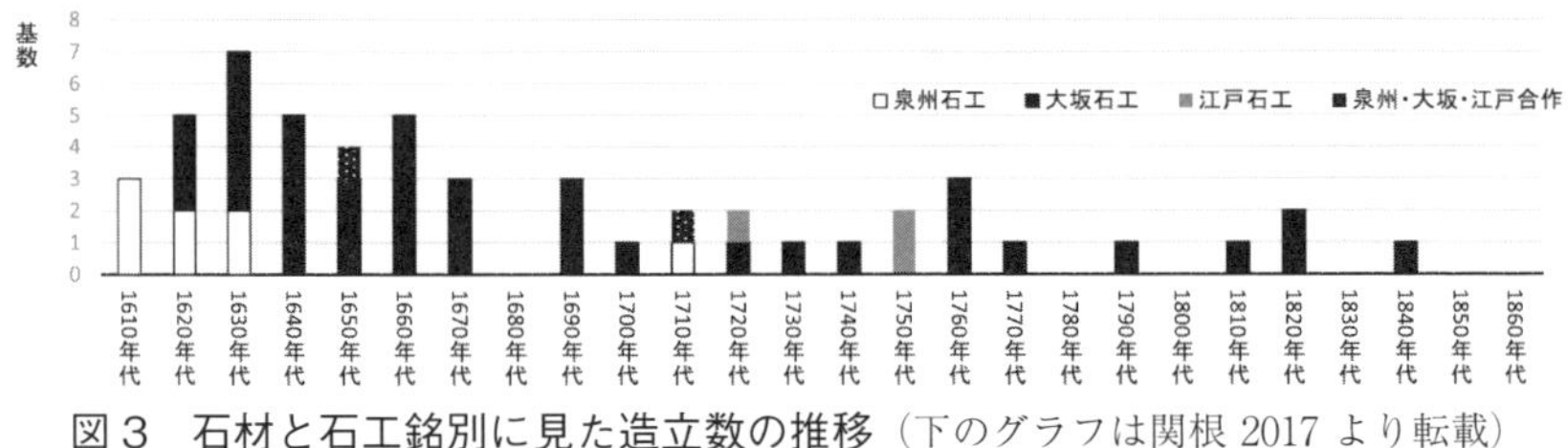

図3　石材と石工銘別に見た造立数の推移（下のグラフは関根 2017 より転載）

工・石屋が、ちょうど隆盛を迎えた高野山奥之院における大名墓造営事業に参入したことが考えられる。ただし、大坂石工に「和泉屋」という屋号が確認できる（杉本二〇一九）ことから、泉州石工が大坂で仕事をするようになり、泉州石工も花崗岩を扱うようになった可能性も考えておきたい。

(四) 五輪塔と宝篋印塔

先述のように、一七世紀前葉の大名墓石塔は砂岩製五輪塔、花崗岩製五輪塔、砂岩製宝篋印塔の三種が大半を占める。当初は砂岩製宝篋印塔が最も多かったが、一六〇〇年代以降、その数を減らしていき、元和・寛永年間以降はほとんどみられなくなる。これに反して砂岩・花崗岩の五輪塔が増加するが、この時期から五輪塔の大型化が顕著となる。石塔の大型化現象は後述する改易等の問題から、区画を造成しシンボル的役割を持つ石塔を「見せる」必要性に起因するものと考えられる。元和・寛永年間に造立される大名の宝篋印塔として秋田藩佐竹家の供養塔が挙げられるが、この塔は慶長四年（一五九九）造立とされる木造霊屋内に納められており、塔そのものを「見せる」という意思が感じられない一方で、佐竹家は霊屋の前面に区画を設け、初代藩主佐竹義宣（一五七〇～一六三三）の巨大な五輪塔を造立している（図4）。このことから、五輪塔に対して宝篋印塔

図４　秋田藩佐竹家墓所五輪塔

にはシンボル的役割が伴っていなかったことが、のちに数量を減じてゆく背景にあると考えられる。

三　高野山における祖先祭祀

(一) 特殊な形態の石塔

高野山で造立される石塔の中には、特殊な形態のものも一部存在する（図５）。

越後村松藩の初代藩主である堀直寄（一五七七〜一六三九）の石塔は、花崗岩製で塔身球形の無縫塔である。銘文から寛永二〇年（一六四三）の造立であること、大坂石工の作であることがわかる。江戸菩提寺である長泉寺に所在する直寄の墓塔も球形の無縫塔であり、塔形の共通性がみられる。球形の塔身部分は共通するが、石材・台座部分の様相が異なるため、塔身部分の形のイメージのみが重視されていたと推測される。球形無縫塔の選択背景は不明だが、直寄は臨済宗の沢庵宗彭と深く関わっており、その影響が考えられる。

下野宇都宮藩、出羽山形藩、豊後中津藩で藩主を務めた奥平家の石塔は宝塔の形状であるが、相輪に相当する部分に五輪塔の種字が刻まれた特異なものである。江戸菩提寺である清光院にも類似する石塔が存在するため、こちらでも宿坊と菩提寺の関係が想定される。高野山でこの宝

堀直寄塔（左：高野山、右：長泉寺）

中津藩奥平家墓所石塔（左：高野山、右：清光院）

図５　高野山と菩提寺の石塔形態の比較（江戸菩提寺の写真は秋元 1998 より転載）

塔形式を採用しているのは奥平忠昌、奥平忠能、奥平忠能室などであるが、別区画にある一八世紀以降の奥平家墓所の藩主石塔は五輪塔であり、イエ全体の規制ではなく個人的な塔形選択だったと考えられる。

㈡ 銘文から見た祖先祭祀・石塔造立

次に、特記すべき銘を持つ石塔を取り上げ、銘文から大名家の祖先祭祀や石塔造立について考えたい。

土井利重（一六四七〜一六七三）は、下総古河藩の三代藩主である。利重の石塔は、他の土井家の供養塔とは離れた場所に単独で置かれる（図6上段）。正面に

土井利重塔銘文

【正面】
奉爲総州古河城主前土井
大炊頭源朝臣利重公
浄運院殿願誉（清）岸
（汲）心大居士菩提也
延寶元癸丑十月十七日命□
施主御悲母清光院殿

【背面】
取次
江戸淺草誓願寺　眼誉
宿坊来迎院
御建立
延寶六戊午年十月十七日

※（　）内は異体字

土井利重塔銘

戸田家墓所

戸田氏教塔銘文

【正面】
壽徳院殿
　圓誉教山
大居士尊儀

【左側面】
文化三年丙寅四月二十
有五日従四位下行侍従
濃州大垣矦藤原朝臣氏
教以病薨于東都龍口第
享年五十有二越
　五月移柩封地葬
于城西圓通寺前
塋側又以其生時所脱落
之歯髪瘞于紀高野山
中立石為塔塔面勒其謚
號謹記其事

【右側面】
文化四年丁卯四月廿五日
従五位下濃州大垣城主
戸田采女正藤原氏庸立

【背面】
御使者
　大橋郡兵衛正世
御宿坊
　泰雲院

図6　土井家重利塔（上段）と戸田家墓所（下段）
（氏教塔銘文については狭川ほか2016を一部改変）

「奉爲総州古河城主前土井／大炊頭源朝臣利重公／浄運院殿願譽清（異体字）岸／汲（異体字）心大居士菩提也／延寶元癸丑十月十七日命□／施主御悲母清光院殿」、背面に「取次／江戸浅草の誓願寺　眼譽／宿坊来迎院／御建立／延寶六戊午年十月十七日」とある。注目すべきは江戸浅草の誓願寺が取次をしている点である。誓願寺は利重が葬られている土井家の菩提寺であり、高野山での石塔造立に菩提寺が関与していることがわかる。こうした関係は他にも多く見られ、江戸、国元、高野山の関係を示すものと考えられるが、その分析は今後の課題である。

大垣藩戸田家墓所は初代藩主である氏鉄以後、歴代藩主の石塔が継続して造立されている（図６下段）。このうち六代藩主氏教の石塔には、葬送・祭祀の詳細が刻まれている。文中に「生時所脱落之歯髪瘞于紀高野山中立石為塔塔面勒其謚號謹記其事」とあり、高野山の石塔には歯や髪が埋納されていることがわかる。「生時所脱落之歯髪」という文言は「朱子家禮」の「生時所落歯髪及所剪爪于棺角」の記述に共通する部分があり、儒教思想にもとづくものであることがわかる。高野山という真言密教の空間において、儒教的な祭祀が行われており、各家の在り方で祭祀が行われていたことが考えられる。（税田）

四　高野山奥之院大名墓における区画成立

㈠区画の構成論理

奥之院には総数一七一区画に及ぶ大名墓区画が存在する。大半の区画が巨大な藩主およびその配偶者の石塔と、家臣や縁者の中小規模石塔で構成されている。『報告書』をもとに、それぞれの区画の存在形態を見ると、一般的な大名区画一五九区画のうち、転封により所属藩が変更となっても同じ区画内に石塔を造立し続ける、つまりイエを基調として構成されている区画は二六区画（一六パーセント）に留まっている。これに対し、子息が別藩の藩主として独立すると、それまでの区画とは別のところに新しい区画を造営する事例、つまり、藩を基調として構成されている区画が一三三区画（八四パーセント）にも及んでいる。高野山奥之院大名墓の構成は、中世以来のイエ論理を残しつつも、藩論理を基調とした区画によって形成されているものが大半であるといえる。

(二) 大名墓造立の契機

まず各区画における最初の石塔の建立者が藩の何代目であったかを示したものが図7である。このグラフにおける代数とは、藩へ封ぜられた最初の藩主を初代としてカウントし、転封があった際には再び初代としてカウントしている。これを見ると半数以上の六二パーセントが、イエの初代ではなく各藩の初代、もしくは初代の父母が占めていることがわかる。つまり区画の成立は、イエ論理というよりも初代藩主就任を契機とした藩論理で形成されていることがこの点からもわかる。ただし二代、三代が最初の建立者となっている区画もあり、これは藩経営が軌道に乗ってから墓地区画が成立していると見られる。また、日向高鍋秋月家、久留米有馬家、山城淀石川家、出羽米沢上杉家、美濃加納奥平家、出羽庄内酒井家、薩摩島津家、陸奥仙台伊達家、常陸土浦土屋家、出羽新庄戸沢家、豊後岡中川家、三河

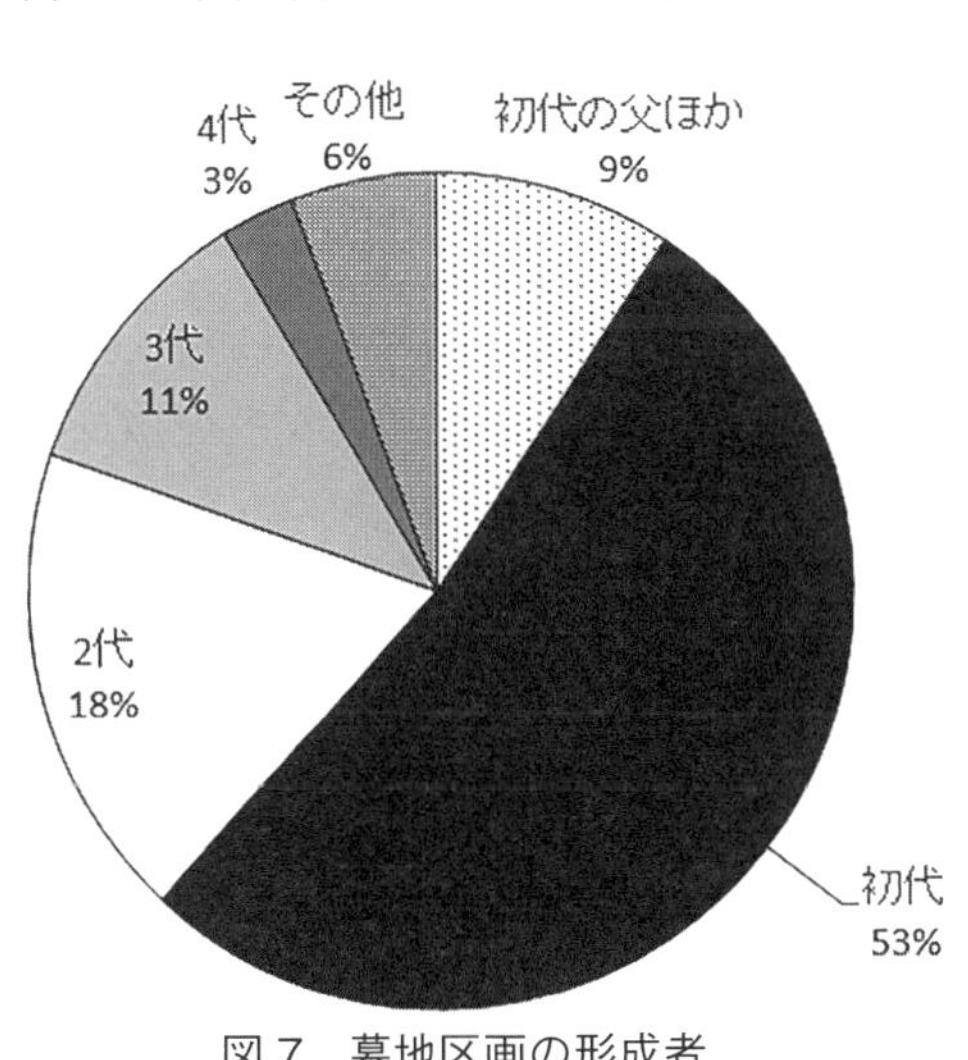

図7　墓地区画の形成者

岡崎本多家、加賀前田家、越前福井松平家、備後福山松平家、出羽山形最上家などのように一つのイエ、藩が複数の区画を持っている事例があるため、実際には藩初代によって区画が成立する比率は七〇パーセントを超えると考えられる。

初代・二代以外の代で成立する区画の事例を確認しておく。播磨赤穂浅野藩は第三代長矩の墓が単独で設置されるが、周囲には四六士の供養塔が配置され、これは、有名な赤穂事件とのかかわりで特別に設けられたものと考えられる（図８）。さらに、下総古河三代土井利重は、二代やそれ以降の区画とは別に単独で存在するが、これは二代利隆が暗愚により強制隠居させられたことにより、利隆との連続性が憚られたことに起因すると思われる。さらに、河内狭山北条家は後世建てられた戦国大名後北条氏の供養塔以外では四代氏治から区画が始まるが、氏治は三代氏宗からの家督相続が老中の反対などで順当にゆかず、新たに藩を立てる形で相続を行ったことによるものである。このように三代以降に成立する区画については、浅野は別として、その当時置かれた藩の状況によって被供養藩主が「中興」として位置づけられる事例が確認できる。以上のように、造墓契機から大名墓の成立を見た場合も、その成立契機は先にみたように藩の動向と密接に関係していることが指摘できる。

図８　赤穂藩浅野長矩と四六士の供養碑

㈢ 区画成立時期について

奥之院大名墓は江戸時代を通じて利用されているが、藩主クラスの大型石塔については、その設置時期が江戸時代前期に集中することは前節にて確認した通りである。ここでは各大名墓区画の成立時期を考えてみたい。図9は大名家区画における最古の石塔の年代分布を示したものである。明らかに後世に建てられたと考えられる一六世紀以前の紀年銘を持つものは除外している。これを見ると、ごく少数の一五八〇・九〇年代のものを除き、区画の成立は一六〇〇年代に本格的に開始し、一六三〇〜五〇年代をピークとして一六六〇年代以降急速に減少することがわかる。先にみたように一七〇〇年代以降に成立する区画については、その大半が一つのイエ・藩が複数区画に跨っていることによるものであり、ほとんどの区画が一七世紀のうちに造営を開始すると考えてよさそうである。

こうした年代分布を、江戸時代における藩の改易年代分布（図10）と比較すると、その分布がほぼ一致することがわかる。先に奥之院の大名墓区画が、一見イエを前提に造営されているように見えるが、実際には藩の論理が強く働いていることを指摘したが、改易の動向と大名墓区画成立が重複する事実は、高野山奥之院大名墓の動向が江戸幕府成立直後の、緊張した社会状況を反映していることを示している。大名墓が不必要に石塔の大きさを競い合う状況もまた、こうした社会背景を反影しているのかもしれない。

五　高野山奥之院における近世大名墓成立の意義

これまで見てきたように、高野山奥の院における近世大名墓は、中世以来のイエ論理を含みつつ、実際には幕藩体制確立を契機とした、各藩の主体性を表現する場として成立したと考えられる。葬送墓

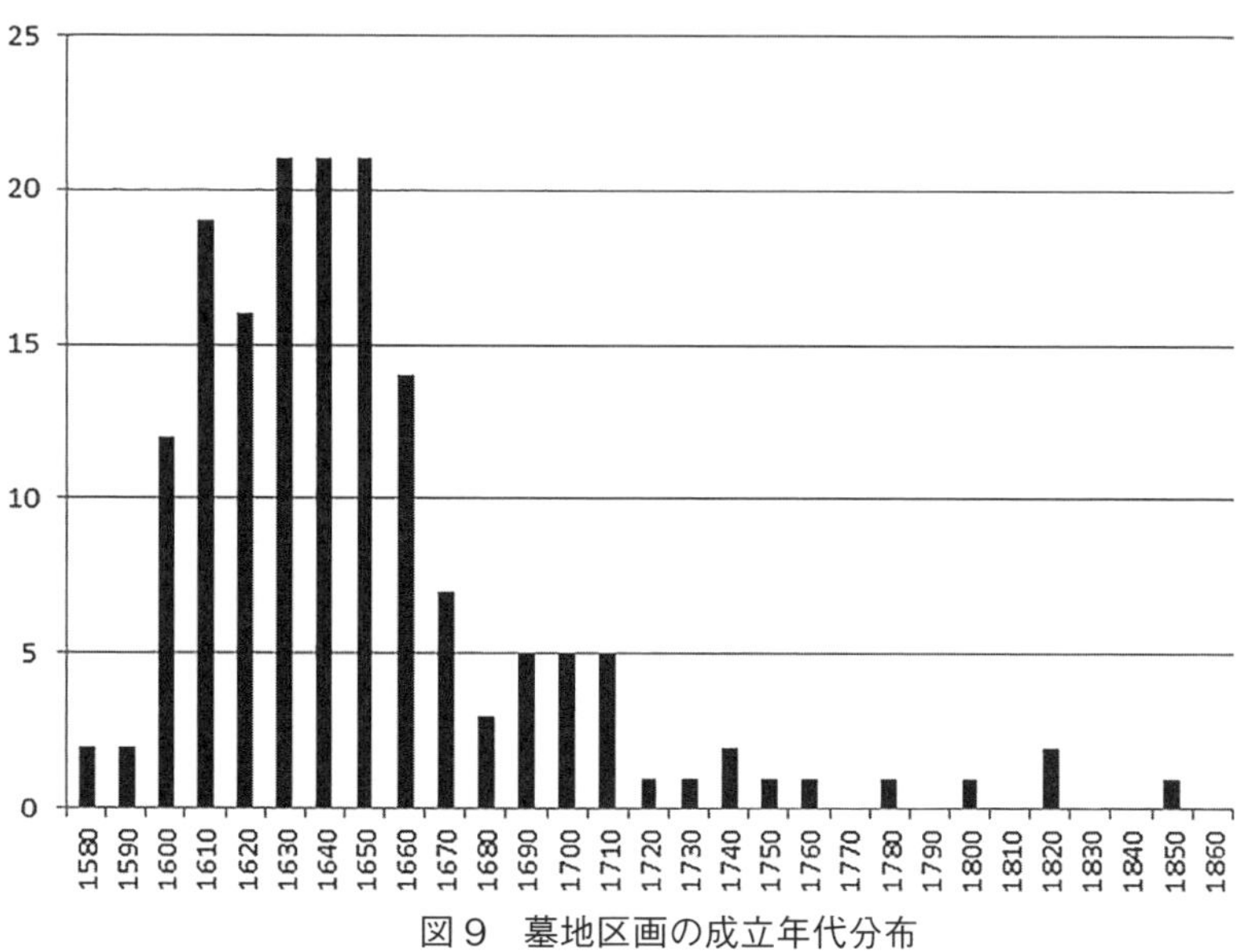

図９　墓地区画の成立年代分布

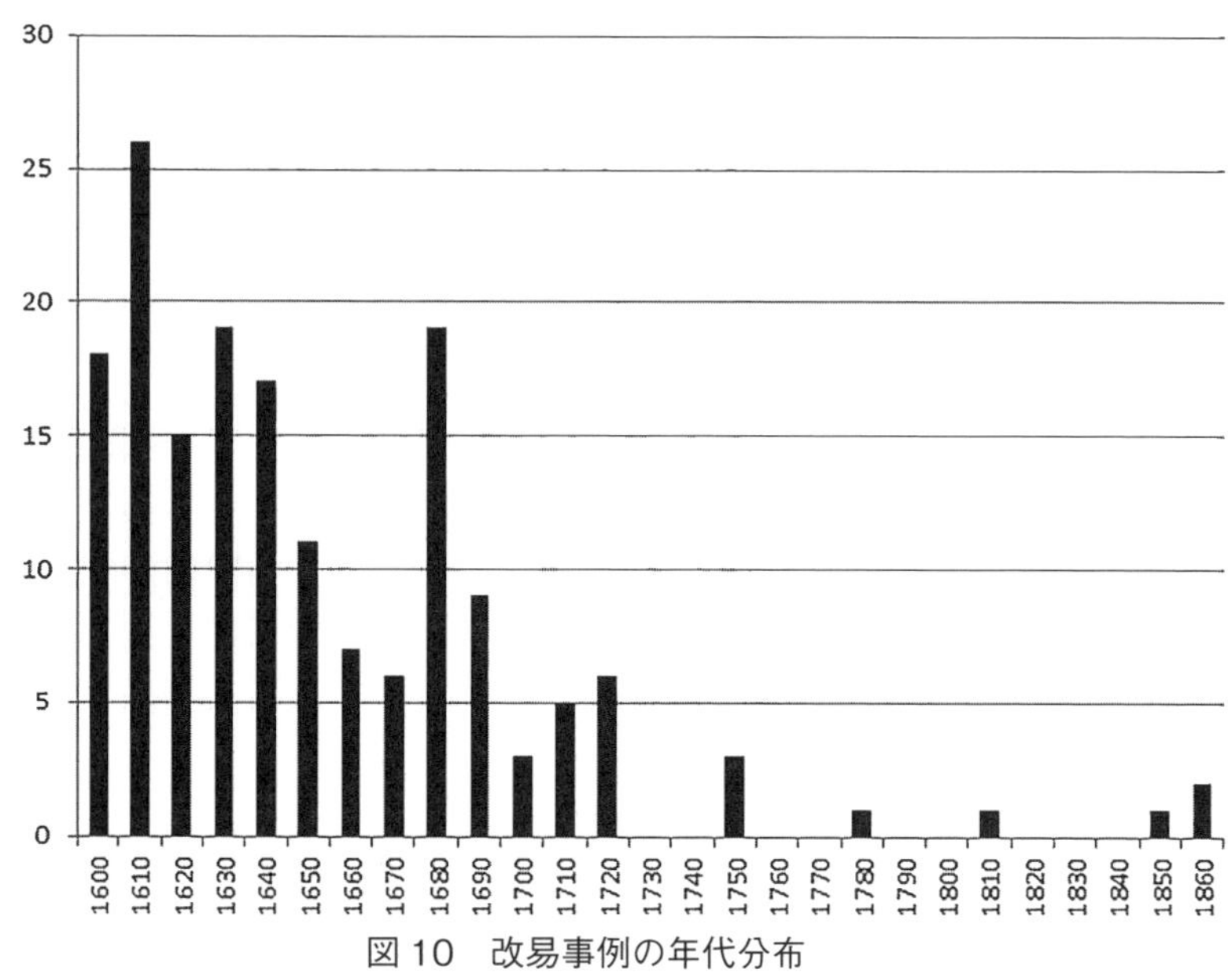

図10　改易事例の年代分布

制における中世高野山と山外勢力との関係は、瀧善成の先駆的研究をはじめとして（瀧一九四九）、圭室文雄による宿坊と在地の関係についての優れた研究など多くの研究がある（圭室一九九四）。圭室は中世領主と高野山子院（圭室は塔頭の用語を使用）の関係を整理し、高野山子院が一五二〇年代頃から、全国各地の戦国大名、あるいはその家臣と宿坊契約・菩提供養の契約を交わし始めることを明らかにしている。さらに、高野山の納骨信仰を丁寧に読み解いた坂本亮太による近年の研究では、こうした子院が供養の主体となるのは平安時代以来の伝統で、高貴な人ほど奥之院以外に供養地・納骨地を設けていたことを指摘し、一六世紀末から一七世紀初頭にかけて、納骨・供養の場が子院から奥之院に収斂されてゆくことを明らかにしている（坂本二〇一六）。近世大名家と子院の寺壇関係は大半が中世から変わっておらず、高野山奥之院大名墓の成立はこうした中世後期から顕在化する、高野山子院とイエを基調とした山外勢力の結合の延長にあることは間違いない。ただし、一七世紀以降のそれは、単なる中世的なイエと子院の単線的成長ではない。近世の奥之院大名墓は、それまでのイエ論理だけでなく、幕藩体制の成立に伴う藩論理を基調とした造墓、墓地区画造営によって成立するものであり、供養空間はそれまでの子院境内から明確に分離して、奥之院に独自の空間を形成している。子院と大名家の関係は、形こそ中世から継続しているとはいえ中世のそれとは隔絶したものであり、こうした点にこそ近世大名墓成立の意義を見出すことができると考える。

六　まとめと課題

以上、本稿では、その巨大性ゆえに全体像をとらえにくかった高野山奥之院大名墓について、悉皆調査成果をもとにした俯瞰的検討を行った。その結果、近世大名墓は中世以来のイエ論理を残しつつ、その造営論理に、近世幕藩体制の成立を背景とした、藩の論理が重要な要素を占めていることを明らかにした。そしてこうした藩論理をもとにして、子院から隔絶した新しい供養空間が成立することこそ近世大名墓の成立意義と考えた。しかしなお課題も残る。先述のように、奥之院大名墓が藩を基調とした姿を明確化させるのは一六〇〇〜一六一〇年台であるが、その萌芽期と考えられる織豊期の様相が不明である。これは当該時期の石造物に関する型式学的研究が手付かずであることに起因する。型式学にもとづく石塔編年を深化させ、石塔の年代を確立したうえで、当該期の石塔の数量、規模を議論する必要があり、そのためにも実測図の作成などの基礎作業が必要である。また、本稿ではあくまで紀年銘など表面的な銘文情報を取り扱ったに過ぎない。高野山奥之院大名墓には膨大な量の銘文が刻まれており、その悉皆調査と分析はなお課題として残されている。こうした金石文資料の分析を通じて、一つ一つの課題を解決してゆくよりほかに研究の進展はない。地道な基礎作業の継続が重要である。

（佐藤）

【参考文献】

秋元茂陽　一九九八『江戸大名墓総覧』金融界社
天岸正男　一九六一「紀伊高野山佐竹家廟とその墓碑」『史迹と美術』三一－六号
元興寺文化財研究所編　二〇一九『史跡金剛峯寺境内（奥院地区）大名墓総合調査報告書Ⅰ』高野町教育委員会発行
木下浩良　二〇一四『戦国武将と高野山奥之院―石塔の銘文を読む―』朱鷺書房
坂本亮太　二〇一六「文献史料からみる高野山への納骨」『季刊考古学』第一三四号、雄山閣
狭川真一　二〇一四「中世武士の墓の終焉と高野山大名墓の成立」大名墓研究会編『近世大名墓の成立』雄山閣
狭川真一・税田脩介　二〇一六「高野山奥之院における東海の大名墓」『第八回大名墓研究会当日資料』
杉本厚典　二〇一九「近世大阪における石工・石商」『大阪歴史博物館研究紀要』第一七号、大阪歴史博物館

関根達人　二〇〇二「近世大名墓における本葬と分霊―弘前藩主津軽家墓所を中心に―」『歴史』九九号
関根達人　二〇一七「近世石工の基礎的研究Ⅰ―高野山奥之院と住吉大社―」『人文社会科学論叢』三号
瀧　善成　一九四九「高野の宿坊」『日本歴史』第六巻第三七号、日本歴史学会
巽　三郎・愛甲昇寛編　一九七四『紀伊国金石文集成』熊野速玉大社
巽　三郎・愛甲昇寛・小賀直樹編　一九九五『紀伊国金石文集成―続編―』真陽社
圭室文雄　一九九四「中世後期から近世初期の高野山の師壇関係」『宗教史・地方史論纂』西垣晴次先生退官記念宗教史・地方史論纂編集員会
中川成夫・岡本桂典　一九八八『旧弘前藩主津軽家墓所石塔修復調査報告』遍照尊院
日野西眞定　一九九〇『高野山民俗誌［奥の院編］』佼成出版社
水原尭榮　一九二四『高野山金石図説』吉川弘文館

近世大名墓の本葬・分霊・改葬

関根　達人

一　両墓制と本葬・分霊

両墓制とは、近畿地方を中心に中国・四国、中部・関東地方の一部に見られる、死体を埋葬する墓地（埋め墓）とは別の場所に石塔を建てる墓地（詣り墓）を設ける墓制を指す民俗学の用語である。両墓制という用語を初めて用いたのは民俗学者の大間知篤三で、その後多くの関心が払われてきた（大間知一九三六、最上一九五六、原田一九五九、土井・佐藤編一九七九、新谷一九九一、前田二〇〇一ほか）。両墓制の起源について、古くは祖霊信仰に基づく日本固有の古い習俗であり、古代の改葬・風葬習慣から両墓制が発生したとする柳田國男の見方（柳田一九二九）もあったが、今日では日本の土葬墓制史のなかに石塔という新たな要素が導入された際に派生したとする説が有力である（新谷・関沢編二〇〇五）。

一般に詣り墓が集落内の寺や堂に隣接した場所に設けられるのに対して、埋め墓は集落から離れた山野や川辺・海辺などに存在する。両墓制成立の背景には、埋葬墓地を死穢の場所として忌避する観念に加え、土葬された遺体から発せられる臭気や伝染病の感染を防ぐといった現実的な問題があった。

一方、近世大名墓にも遺体が埋葬された墓と遺体を伴わない詣り墓が存在する。筆者は近世大名墓における二種類の葬制に注目し、それを「本葬」・「分霊」という概念で説明した（関根二〇〇二）。

近世大名の本葬墓と分霊墓は、表面上、現象としては両墓制における埋め墓と詣り墓と類似して見えるが、本質的には全く異なる原理に基づいている。すなわち、近世大名墓における本葬・分霊は、基本的には寛永一二年（一六三五）に三代将軍徳川家光が定めた『武家諸法度』により制度化された参勤交代と、慶長期以降に大名間に爆発的に広まった紀州高野山奥之院へ造墓ブームに起因するもので、両墓制における遺体への忌避とは真逆の、遺骨を筆頭に髪の毛や爪など故人の体の一部を尊重する思考が働いている。すなわち、参勤交代制により国元と江戸の二重生活を強いられた遠国大名の多くが、国元と江戸の両方に菩提寺を持ち、どちらか一方に遺体を納めた本葬墓を、もう一方に毛髪・爪・位牌といった遺体の代わりとなるものを納めた分霊墓を営んだ。加えて一二世紀以来全国屈指の納骨霊場として名高い紀州高野山奥之院にも慶長期以降、全国の諸大名の半数弱が墓所を営むようになった結果、一人の大名の墓が国元・江戸・高野山に複数存在する現象が生じた。

文化五年（一八〇八）版の『武鑑』により大名家の菩提寺を検討した岩淵令治は、御三卿を除く二六四家中二五六家が江戸府内に菩提寺を持ち、多くの大名が江戸に寺院を建立ないし中興することで菩提寺を確保したと指摘した上で、藩主の「葬地」を国元に限るのは旧戦国大名と一七世紀前半までに成立した譜代大名で、多くは一八世紀以降に転封を経験していない家であるとした（岩淵二〇〇四）。

以上のように、大名の本葬・分霊は、古くからの高野山への納骨信仰と徳川政権下での参勤交代制によって生じた特殊な葬墓制で、民俗事象としての両墓制とは明確に区別すべきである。よって現象面だけを捉えて本葬墓を埋め墓、分霊墓を詣り墓と呼ぶべきではない。複数存在する大名墓は、本葬墓と分霊墓に分けて考え、本葬墓については一次葬墓（狭義の本葬墓）と改葬墓に細分すべきである。

二　陸奥弘前藩主津軽家における本葬・分霊・改葬

(一) 津軽家の菩提寺と本葬・分霊

津軽家の墓所は、江戸は上野の津梁院をはじめ一五ヶ所、国元は革秀寺・長勝寺・報恩寺をはじめ一七ヶ所に分かれていた（弘前大学國史研究会編一九七七）。藩主と正室の墓に限っても、江戸上野の津梁院と浅草の常福寺、国元の革秀寺、長勝寺、報恩寺、高照神社と六ヶ所の墓所が存在する。参勤交代制確立以前に京で没した初代為信を除き、二代以降の藩主は江戸か弘前のどちらかに本葬墓を持ち、残る片方の地に分霊墓を有する。また、四代から六代藩主を除いて高野山奥之院（遍照尊院）にも分霊墓がある。藩主の正室は、初代と二代は弘前の長勝寺に、妻子の江戸在住が確立した三代以降は江戸上野の津梁院に本葬墓があるが、分霊墓は確認できない。

① 長勝寺（青森県弘前市西茂森一丁目）

曹洞宗太平山長勝寺は、弘前城の西南方向にのびる台地の端、土手と空壕とで仕切られた城の外郭（長勝寺構）の最奥部に位置する。長勝寺には、初代藩主為信の厨子を納めた御影堂、歴代の位牌を納めた位牌堂、五棟の霊屋がある（図１）。五棟の霊屋のうち本葬墓は、環月台（初代為信室戌姫墓）、明鏡台（二代信枚室満天姫墓）、凌雲台（六代信著墓）の三基で、残る碧巌台（二代信枚墓）と白雲台（三代信義墓）は分霊墓である。長勝寺の霊屋（御影堂を含む）は、初代から三代藩主までの分霊墓と、国元で死亡した歴代藩主・正室のうち、神式で葬儀が執り行われた四代藩主信政を除く三名の本葬墓に限られる。藩政の基礎を築いた初代から三代藩主が分霊された御影堂・霊屋は、亡き藩主の菩提を弔うという意味以上に、津軽家を一つに束ね、藩全体を精神面で鎮護する役割が課せられていたと推察できよう。

② 報恩寺（青森県弘前市新寺町三四）

天台宗一輪山報恩寺は、弘前城の南方の要である南溜池の南側の台地上に立地し、城の東側の防衛ラインである土淵川を眼下にのぞむ。報恩寺は、明暦二年（一六五六）、前年に江戸で没した三代藩主信義の菩提を弔うため、四代藩主信政により創建された。報恩寺には、かつて三代から一一代までの歴代藩主と、その子息の墓があったが、昭和二九年（一九五四）、隣接する弘前高等学校の施設整備に伴い、長勝寺への改葬に先立ち発掘調査が行われた（陸奥史談会一九五四）。

墓所の門の正面には三代信義と四代信政の瀬戸内産花崗岩製五輪塔が並んでおり、報恩寺が信義の死を機に跡を継いだ信政によって創建されたことを象徴している（図２）。信義・信政の墓の北側には、五代から一一代までの歴代藩主と、一一代藩主順承の後嗣承祜の計五基の地元産輝石安山岩製五輪塔が、同じく南側には、一〇代信順と一二代承昭の子息女の丘状頭角柱形墓標三基が存在した。

信義の代は、弘前藩でも藩政全体を揺るがす御家騒動が連続したが、信義の死後、信義の弟で幕府書院番の信英を後見として幼い四代藩主信政の相続が認められたことから判るように、信義の死に際して、弘前藩は未曾有の危機に直面していた。明暦二年（一六五六）には信義の遺骨を迎えて報恩寺が創建されるとともに、新寺町の寺院群の北端に位置する大円寺に、津軽平定以来の戦没者を供養するための五重塔の建設が開始された。城下町の建設に際して、長勝寺構の中心長勝寺に初代為信を分霊した御影堂が必要とされたように、藩政全体を揺るがす危機に際して、建設中の宗教的エリア新寺構においても、支配の正統性と格式序列の再確認のための装置として、信義から始まる藩主の菩提寺（報恩寺）と、津軽平定以来の戦没者の供養を目的とする五重塔が新たに必要とされたと思われる。

③ 津梁院（東京都台東区上野桜木１丁目）

天台宗東叡山寛永寺三十六坊のひとつで、昭和二八年（一九五三）まで寛永寺坂上にあった。寺名は二代藩主信枚の法名に由来し、信枚の墓所として寛永年間に三代藩主信義により創建された。『弘前藩庁日記（江戸日記）』によれば、延宝八年（一六八〇）、四代将軍家綱の廟所造営に伴い林広院跡地へ移転した。江戸で死亡した二代藩主信枚は、はじめ浅草信堀端の清滝山不動院天台宗常福寺に埋葬され、翌天和元年（一六八一）に、四代藩主信政の意向を受けて津梁院へ五輪塔とともに改葬された（篠村一九九四・一九九五）。『弘前藩庁日記（江戸日記）』の延宝八年（一六八〇）五月一二日の「一、寛海様御骨無しニ付、一丈程ほらせ見候ても無之候事」との記事から、信枚の死をうけて津梁院に造られた墓は分霊墓であり、遺体そのものは常福寺に埋葬されたことや、死後五〇年が経過し、遺体を津梁院と常福寺のどちらに本葬したか思い出せない状態になっていたことが判る。天和元年（一六八一）五月に常福寺の墓から掘り起こされた信枚の遺骨は、六月三〇日に三代藩主信義の遺骨、四代藩主室ならびに六代藩主室の棺とともに津梁院の移転先に改葬された。

「津梁院境内廟所図」によれば、最も奥まったところに信枚の遺骨を納めた本葬墓があり、その手前、墓道をはさんでその両側に、三代以降の藩主と正室の墓、および五代藩主信寿から家督を相続する前に没した信興とその正室の墓が、それぞれ並んで配置されている（図３）。国元で没した四代藩主信政と六代藩主信著の墓は分霊墓である。津梁院の津軽家墓所は、本葬・分霊の区別なく、藩主と正室の墓を一つの組として代毎に整然と配置しており、国元の墓所とは大きく異なる。

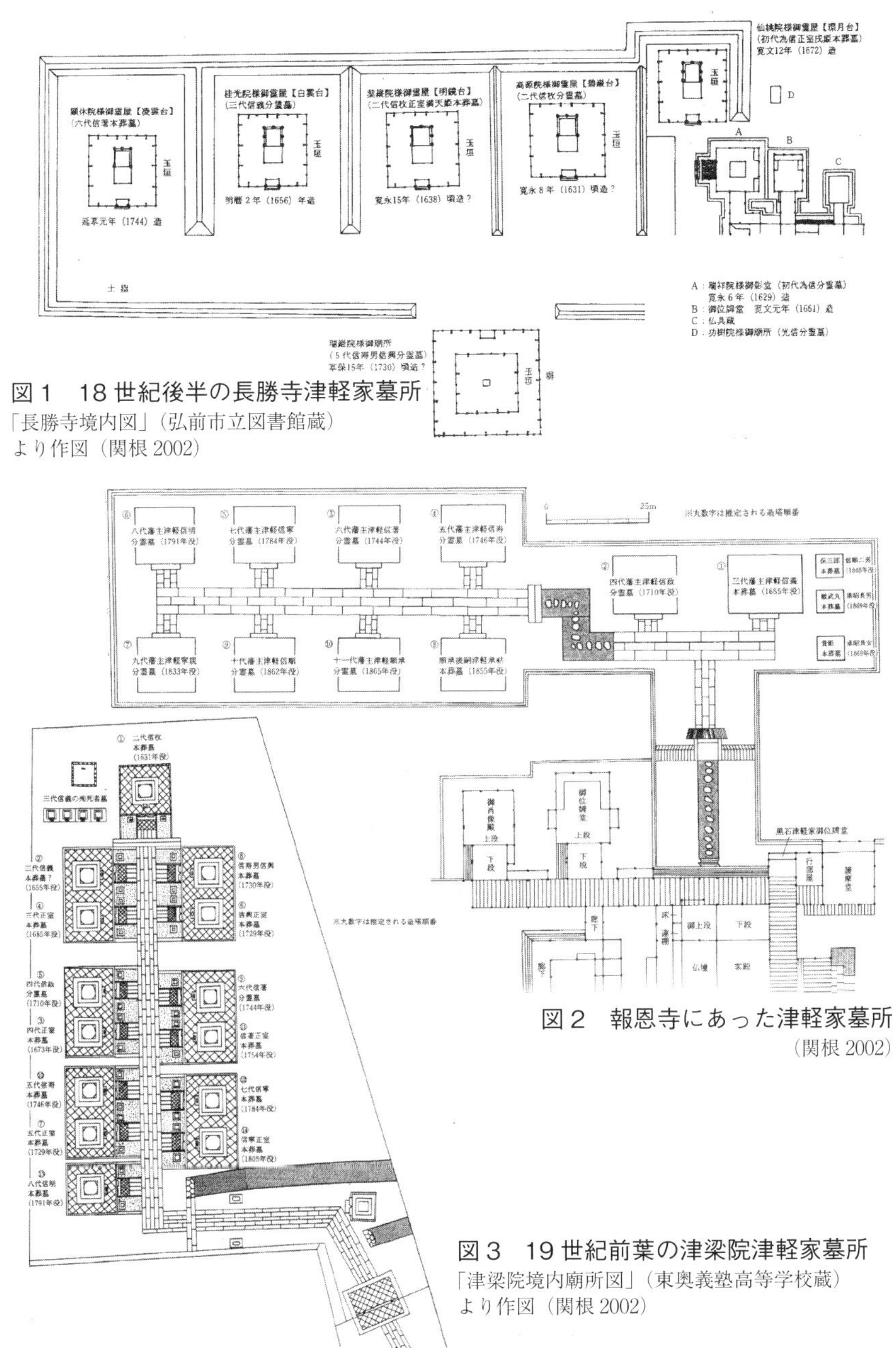

図１　18 世紀後半の長勝寺津軽家墓所
「長勝寺境内図」（弘前市立図書館蔵）
より作図（関根 2002）

図２　報恩寺にあった津軽家墓所
（関根 2002）

図３　19 世紀前葉の津梁院津軽家墓所
「津梁院境内廟所図」（東奥義塾高等学校蔵）
より作図（関根 2002）

(二) 津軽家当主の本葬墓

津軽家当主の本葬墓で発掘調査が行われたものはない（表1）。しかし弘前報恩寺の津軽家墓所にあった、一一代藩主順承の嗣養子となりながら安政二年（一八五五）に一八歳の若さで死亡した承祜の本葬墓は、藩主墓を考える上で参考となる。承祜の墓は、周りにある歴代藩主の分霊墓と同じように基壇の上に地元産の輝石安山岩製の大型五輪塔を据えている。基壇の下には深さ約五メートルもの墓壙があり、ヒバ（ヒノキアスナロ）の角材を井桁に組み墓室とした木室木炭・石灰槨墓の中心に座棺を据え、墓室の上には銅製の位牌形墓誌を納めた石櫃を埋納するための石組が存在する（図4）。承祜の墓からは太刀一振・小刀二振・喫煙具一式・烏帽子一点・扇二点・絵具一式・懐中用日時計一点・古今和歌集・伽羅・自画像・産着など多数の副葬品が出土している。なお、明治元年（一八六八）の箱館戦争の際に亡命先の弘前で死亡し、長勝寺境内に埋葬された松前藩主松前徳廣の墓は、箱館戦争終結後に棺ごと松前の法憧寺に改葬されているが、埋葬施設は承祜墓と同じ木室木炭・石灰槨墓であった（関根二〇一三）。

表1　弘前藩主の本葬墓

藩主	俗名	法名	死亡年月日	死亡地	享年	死亡時の官位	本葬地	本葬地の墓標
初代	津軽為信	瑞祥院殿天室梁棟大居士	慶長12年（1607）12月5日	京都	58歳	従五位下	弘前 曹洞宗津軽山革秀寺	霊屋内宝篋印塔（文化年間大修理）
2代	津軽信枚	津梁院殿権大僧都寛海	寛永8年（1631）3月18日	江戸	46歳	従五位下越中守	江戸 天台宗清滝山常福寺	五輪塔（天和元年に津梁院へ移動）
							江戸 天台宗東叡山津梁院	五輪塔
3代	津軽信義	桂光院殿雪峯宗瑞大居士	明暦元年（1655）11月25日	江戸	37歳	従五位下土佐守	江戸 天台宗東叡山津梁院	五輪塔（現在、世田谷区明壽寺へ）
							弘前 天台宗一輪山報恩寺	五輪塔
4代	津軽信政	妙心院殿泰潤眞覚大居士	宝永7年（1710）10月18日	弘前	65歳	従五位下越中守	高岡霊社（現岩木町高照神社）	権現造風社殿（宝永7年頃造と口伝）
5代	津軽信寿	玄圭院殿性定徹心大居士	延享3年（1746）1月19日	江戸	78歳	隠居（従五位下土佐守）	江戸 天台宗東叡山津梁院	五輪塔？（現在所在不明）
6代	津軽信著	顕休院殿眞道妙因大居士	延享元年（1744）5月25日	弘前	26歳	従五位下出羽守	弘前 曹洞宗太平山長勝寺	霊屋（凌雲台）内無縫塔（宝永3年建立）
7代	津軽信寧	戒香院殿梅溪常薫大居士	天明4年（1784）1月2日	江戸	46歳	従五位下越中守	江戸 天台宗東叡山津梁院	五輪塔？（現在所在不明）
8代	津軽信明	體孝院殿眞境普照大居士	寛政3年（1791）6月21日	江戸	30歳	従五位下土佐守	江戸 天台宗東叡山津梁院	五輪塔？（現在所在不明）
9代	津軽寧親	上仙院殿権大僧都桃翁舜詢	天保4年（1833）6月14日	江戸	69歳	隠居（従四位下前侍従）	江戸 天台宗東叡山津梁院	五輪塔？（現在所在不明）
10代	津軽信順	寛廣院殿深達了義大居士	文久2年（1862）10月14日	江戸	63歳	隠居（従四位下前侍従）	江戸 天台宗東叡山津梁院	五輪塔？（現在所在不明）
11代	津軽順承	政徳院殿修道幼光大居士	慶應元年（1865）2月5日	江戸	66歳	隠居（従四位下前侍従）	江戸 天台宗東叡山津梁院	五輪塔？（現在所在不明）
12代	津軽承昭	寛徳院殿承天有昭大居士	大正5年（1916）7月19日	東京	77歳	従一位動一勲伯爵	東京 谷中墓地	

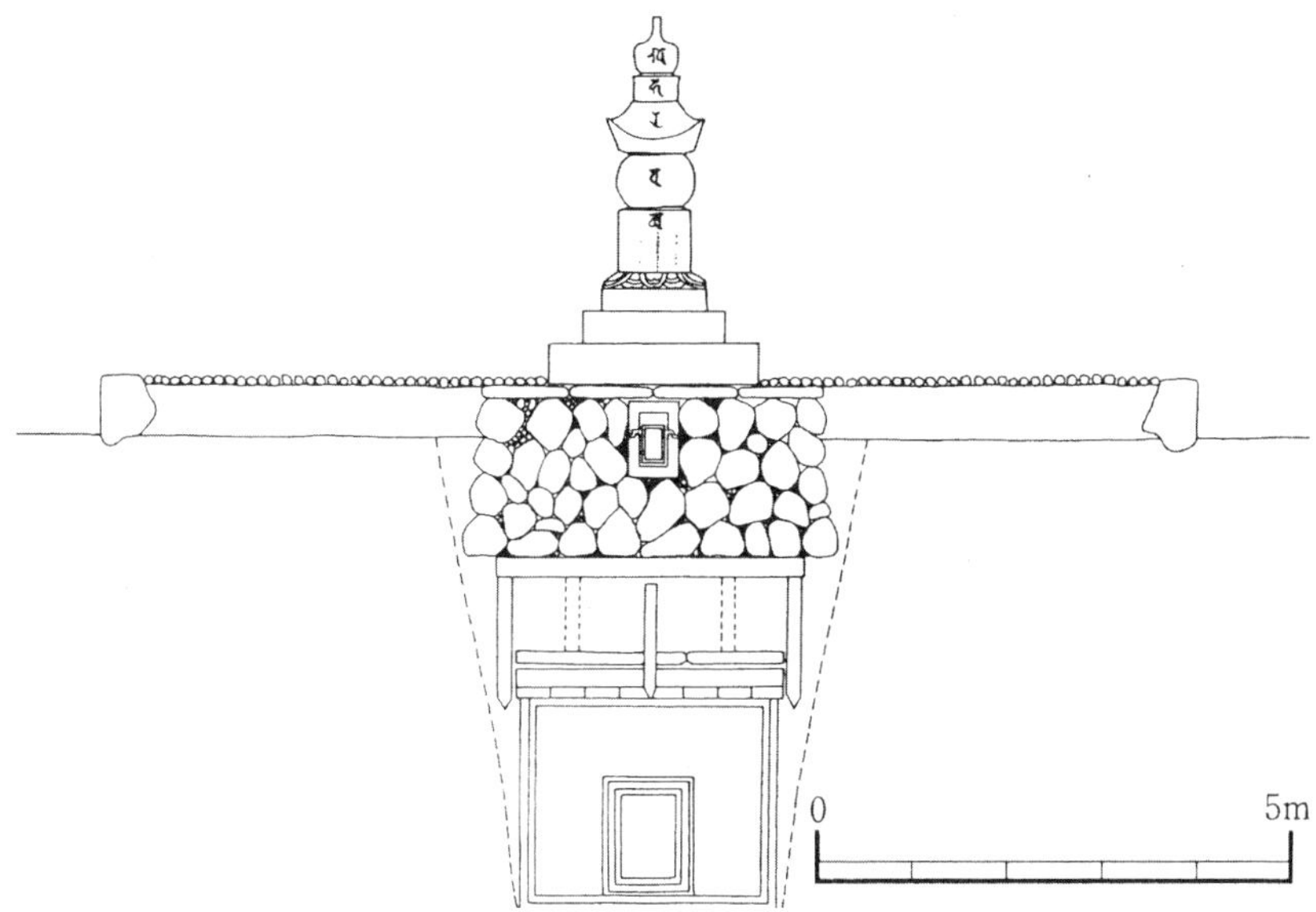

図４　報恩寺の津軽承祜の本葬墓（陸奥史談会 1954 文献掲載図を改変）

表２　弘前藩主の分霊墓

藩主	俗名	法名	分霊地	分霊地の墓標	分霊地の埋葬施設・出土品等	備考
初代	津軽為信	瑞祥院殿天室梁棟大居士	紀州 真言宗高野山遍照尊院	五輪塔（砂岩）	不明	21 回忌に五輪塔造立
			紀州 真言宗高野山遍照尊院	宝篋印塔	不明	元和年間造立 現在行方不明
2代	津軽信枚	高源院殿沢傳央壽大居士	弘前 曹洞宗太平山長勝寺	霊屋（碧巌台）内無縫塔（寛永８年建立）	霊屋内に彩色木製五輪塔と唐津壺	未発掘 唐津三耳壺に遺髪？
		津梁院殿権大僧都寛海	紀州 真言宗高野山遍照尊院	五輪塔（砂岩）	不明	他に寛永４年の逆修五輪塔あり
3代	津軽信義	桂光院殿雪峯宗瑞大居士	弘前 曹洞宗太平山長勝寺	霊屋（白雲台）内無縫塔	霊屋内に彩色木製五輪塔	未調査 霊屋は嘉永４年修復
			紀州 真言宗高野山遍照尊院	五輪塔（砂岩）	不明	27 回忌に五輪塔造立
4代	津軽信政	妙心院殿泰潤眞覚大居士	弘前 天台宗一輪山報恩寺	五輪塔	石室石槨木棺（抹香・御璽箱）	吉川神道方式による葬儀
			江戸 天台宗一輪山津梁院	五輪塔（現在、文京区南谷寺へ）	未調査	
5代	津軽信寿	玄圭院殿性定徹心大居士	弘前 天台宗一輪山報恩寺	五輪塔（昭和 29 年、長勝寺へ）	木槨三重木棺（銅製墓誌・臍帯）	
6代	津軽信著	霊雄院殿震中無等大居士	江戸 天台宗東叡山津領院	五輪塔？（現在所在不明）	未調査	
		顕休院殿眞道妙因大居士	弘前 天台宗一輪山報恩寺	五輪塔	蓋石木棺（遺物なし）	
7代	津軽信寧	戒香院殿梅渓常薫大居士	弘前 天台宗一輪山報恩寺	五輪塔（昭和 29 年、長勝寺へ）	組合式石棺（銅製位牌・木箱）	
			紀州 真言宗高野山遍照尊院	五輪塔（花崗岩）	不明	
8代	津軽信明	體孝院殿眞境普照大居士	弘前 天台宗一輪山報恩寺	五輪塔（昭和 29 年、長勝寺へ）	組合式石棺（銅製位牌・木箱）	
			紀州 真言宗高野山遍照尊院	五輪塔（花崗岩）	遺髪を納めた甕	
9代	津軽寧親	上仙院殿権大僧都桃翁舜詢	弘前 天台宗一輪山報恩寺	五輪塔（昭和 29 年、長勝寺へ）	刳抜式石棺（銅製位牌・歯３本）	
			紀州 真言宗高野山遍照尊院	五輪塔（花崗岩）	不明	1 周忌に五輪塔造立
10代	津軽信順	寛廣院殿深達了義大居士	弘前 天台宗一輪山報恩寺	五輪塔（昭和 29 年、長勝寺へ）	刳抜式石棺（銅製位牌・遺髪・義歯）	
			紀州 真言宗高野山遍照尊院	五輪塔（花崗岩）	不明	1 周忌に五輪塔造立
11代	津軽順承	政徳院殿修道幼光大居士	弘前 天台宗一輪山報恩寺	五輪塔（昭和 29 年、長勝寺へ）	刳抜式石棺（銅製位牌）	
			紀州 真言宗高野山遍照尊院	五輪塔（花崗岩）	不明	
12代	津軽承昭	寛徳院殿承天有昭大居士	東京 天台宗東叡山津梁院		未調査	正室信姫（尹子）の墓石とならぶ

(三) 津軽家当主の分霊墓

津軽家の当主の分霊墓（表2）は、弘前の報恩寺と高野山遍照尊院で発掘調査が行われている。

報恩寺では、四～一一代藩主の分霊墓から銅製位牌や歯（九代寧親墓）や遺髪・義歯（一〇代信順墓）を納めた石櫃、臍の緒や爪等を入れたと思われる木箱が出土した（七代信寧墓・八代信明墓）。高野山奥の院の津軽家墓所では、八代信明の五輪塔の基壇内から出土した甕に、長さ二〇センチ前後に切られた毛髪が、梵字「バン（大日如来）」の墨書のある木製品に巻かれた状態で納められていた（岡本・井上編一九八八）。長勝寺では二代信枚の分霊墓である碧巌台から、木箱に納められた状態で遺髪の入った唐津焼三耳壺が発見されている（関根編二〇一六）。

以上の例から見て、分霊に際しては、分骨・歯・爪・毛髪など被供養者の体の一部を、地上の霊屋や石塔もしくは地下に埋められた石櫃や甕のなかに納めることが多かったと考えられる。

(四) 三代藩主津軽信義の改葬墓

明暦元年（一六五五）に江戸で死亡した三代信義は、当初浅草の常福寺に埋葬された。翌年には弘前報恩寺の創建に際して、常福寺の僧侶が遺骨を携え、報恩寺に設けられた信義の墓所に納めた。常福寺にあった信義の墓は、津梁院の移転に伴い天和元年（一六八一）に行われた墓所整備の際に、常福寺から新たに設けられた津梁院の津軽家墓所へと移された。報恩寺の信義の墓は、ヒバ（ヒノキアスナロ）で組んだ木槨のなかに刳り抜き式の石櫃を据え、火葬骨の入った信楽焼の四耳壺（腰白茶壷）を納めていた。

三　若狭小浜藩主酒井家における本葬と分霊

㈠ 若狭小浜藩主酒井家の墓所

若狭小浜藩主酒井家は、酒井忠勝が寛永一一年（一六三四）、若狭・越前敦賀郡一一万三五〇〇石を拝領したことに始まる。酒井家の墓所としては、江戸牛込の下屋敷南端にあった長安寺と小浜の空印寺が有名である。長安寺の墓所は、大正一三年（一九二四）に改葬が行われ、空印寺に合祀された。

藩主の本葬墓は死亡地の菩提寺に営まれた。すなわち、初代小浜藩主忠勝の父忠利は小浜に転封される前の領地であった武蔵川越の源昌寺に、忠勝以降は国元で死亡した場合は小浜の空印寺に、江戸で亡くなった場合には長安寺に埋葬された。明治九年（一八七六）に死亡した一三代忠氏を除き、それ以前に死亡した藩主は例外なく分霊墓が営まれている。分霊墓は川越で死亡した忠利以外、国元で死亡した人は江戸の長安寺に、江戸で死亡した人は小浜の空印寺に営まれた。忠利の分霊墓は滋賀県守山市の源昌寺と栃木県日光市の輪王寺釈迦堂に存在する。前者は本葬墓のあった川越の源昌寺が、酒井家が小浜に転封となった後の元禄四年（一六九一）に川越から守山に移転となったことによるもので、当初からのものではない。一方日光輪王寺の分霊墓は、忠利が同所を廟所とした三代将軍家光の傅役を務めていたことと関係する可能性が高く、忠利の死後四半世紀を経たのち、大猷院霊廟が造営された承応二年（一六五三）頃に忠勝によって設けられたと考えられる。酒井家の場合、本葬墓とほぼ同時期に分霊墓を営むようになったのは、忠勝からということになる。

裏方の本葬墓も死亡地の寺院に営まれているが、忠勝の側室竹子（心光院）以外、分霊墓は造られない。裏方の墓が藩主と同じ長安寺に営まれるようになるのは、天明四年（一七八四）に死亡した九代藩主の後室治子（慈雲院）からであり、明和八年（一七七一）に亡くなった九代藩主正室愷子（天華院）以前の裏方の墓は江戸の様々な寺院に分散している。愷子の本葬墓がある江戸高輪の東禅寺は、愷子の実家である陸奥仙台藩主伊達家の菩提寺の一つであり、その関係で墓が営まれたと考えられる。また、三代藩主正室仙子（養雲院）の墓のある谷中の瑞輪寺には、仙子の実家である薩摩島津家の関係者の墓も存在する。裏方の墓所は元々、実家と縁ある寺に営まれたと考えられよう。

(二) 江戸下屋敷内長安寺の墓所

長安寺の酒井家墓所（図５）の形成には次のような画期があったと考えられる。

Ⅰ期：藩主専用墓所　初代藩主忠勝が死去した寛文二年（一六六二）〜

Ⅱ期：藩主と子女の墓所　五代藩主忠音の嫡男忠通が死去した享保五年（一七二〇）〜

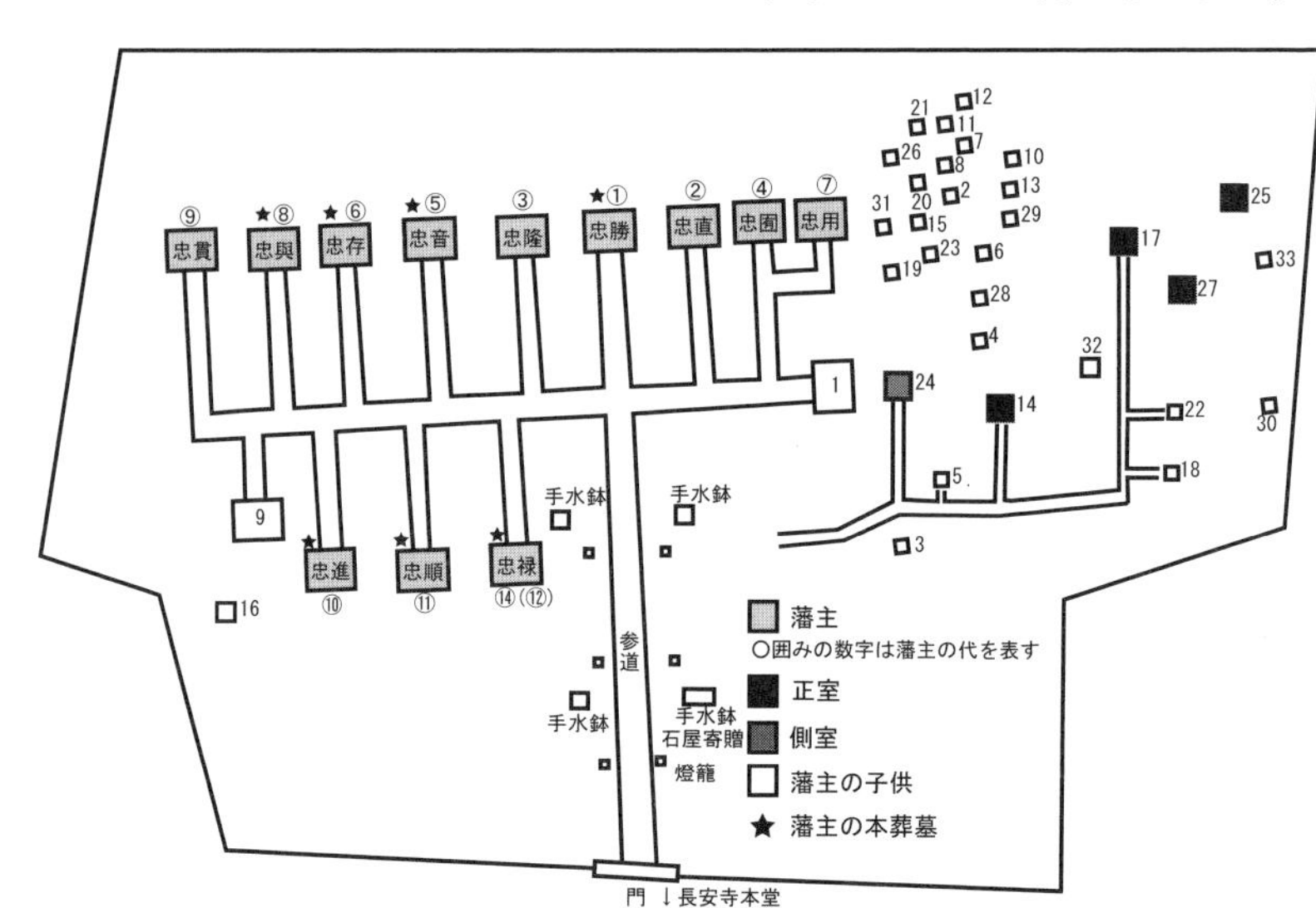

「長安寺墓所略記」と「抜萃長安寺記」（小浜市立図書館酒井家文書）をもとに作図
墓所の詳細は関根 2019 参照

図５　江戸長安寺酒井家墓所図（大正 13 年〈1924〉改葬時、番号は表３・４と対応）

表３　江戸長安寺の若狭小浜藩主酒井家墓所における本葬墓

位置	被供養者	没年月日	墓標	石灯篭等	埋葬施設等
①	初代藩主　酒井忠勝	寛文２年（1662）７月12日	板碑形	32基	火葬　蔵骨器　副葬品：茶碗・金物・巻物
⑤	５代藩主　酒井忠音	享保20年（1735）５月18日	板碑形	７基　花瓶一対	土葬　石室漆喰槨木棺（石室内木炭充填）
⑥	６代藩主　酒井忠存	元文５年（1740）８月22日	板碑形	７基　花瓶一対	土葬　石室漆喰槨木棺（石室内木炭充填）
⑧	８代藩主　酒井忠與	宝暦12年（1762）６月18日	板碑形	５基　花瓶一対	土葬　石室漆喰槨木棺（石室内木炭充填）
⑩	10代藩主　酒井忠進	文政11年（1828）１月27日	板碑形	５基　花瓶一対	土葬　石室漆喰槨木棺（石室内木炭充填）（木棺にチャン塗布）
⑪	11代藩主　酒井忠順	嘉永６年（1853）１月17日	板碑形	６基	土葬　石室漆喰槨木棺（石室内木炭充填）　寝棺
⑫ ⑭	12・14代藩主 酒井忠義（忠禄）	明治６年（1873）12月５日	板碑形	８基	土葬　石室漆喰槨木棺（石室内木炭充填）（木棺にチャン塗布）寝棺
1	５代藩主忠音の長男 酒井金十郎忠通	享保５年（1720）１月９日	板碑形	６基	土葬　石室漆喰槨木棺？
8	９代藩主忠貫の子 不明（男児）	安永８年（1779）11月26日	六角柱	０基	不明
9	９代藩主忠貫の長男 酒井千熊忠望	天明４年（1784）７月20日	板碑形	４基	土葬　石室漆喰槨木棺？
14	９代藩主忠貫の正室 久我益子	天明４年（1784）２月17日	板碑形	２基	土葬　石室漆喰槨木棺？
17	10代藩主忠進正室 練子（高子）	文政６年（1823）２月19日	板碑形	２基	土葬　石室漆喰槨木棺？
25	11代藩主忠順の正室 辰子	嘉永３年（1850）10月27日	板碑形	６基	0.5土葬　石室漆喰槨木棺（石室内木炭充填）（木棺にチャン塗布）寝棺
27	13代藩主忠氏の正室 稜子	安政５年（1858）６月28日	板碑形	６基	土葬　石室漆喰槨木棺（石室内木炭充填）寝棺

表４　江戸長安寺の若狭小浜藩主酒井家墓所における分霊墓

位置	被供養者	没年	墓標	石灯篭等	分霊装置
②	２代藩主　酒井忠直	天和２年（1682）７月10日	板碑形	17基	経石
③	３代藩主　酒井忠隆	貞享３年（1686）閏３月21日	板碑形	13基　花瓶一対	経石
④	４代藩主　酒井忠囿	宝永３年（1706）９月８日	板碑形	10基	
⑦	７代藩主　酒井忠用	安永４年（1775）９月27日	板碑形	７基　花瓶一対	石櫃（木箱に収めた衣服）
⑨	９代藩主　酒井忠貫	文化３年（1806）１月12日	板碑形	８基　花瓶一対	石櫃（木箱）

Ⅲ期：藩主・裏方・子女の墓所　九代藩主忠貫の後室歓寿院が死去した文化五年（一八〇八）～

Ⅱ期の墓所整備は五代藩主忠音、Ⅲ期の墓所整備には一〇代藩主忠進の意向が働いたと考えられる。

大正一三年（一九二四）の改葬記録から、本葬墓や分霊墓の様子がある程度判明する（表3、4）。本葬墓は、初代藩主忠勝のみ火葬され大型蔵骨壺に納められており、五代藩主忠音以降に死亡した藩主や裏方は全て土葬で、石室漆喰槨内の木棺に埋葬されている。副葬品の記録は、忠勝墓出土の「茶碗ノ小サキ一」・「金物ラシキ物二、三」・「巻物ラシキ物」だけである。一方、二代藩主忠直と三代藩主忠義の分霊墓からは経石、七代藩主忠用と九代藩主忠貫の分霊墓からは木箱を納めた石櫃が出土しており、そのうち忠用の墓から見つかった木箱内には衣服が納められていた。

四　まとめ

幕府が一八世紀末に大名・旗本の事蹟を編纂した『寛政重修諸家譜』には遺体を葬った本葬墓を指すとみられる藩主の「葬地」が記されている。それによれば江戸・国元の両方に藩主の「葬地」を持つ大名家は二〇七家あるのに対して、藩主全員の「葬地」が国元なのは五七家（外様二四家・譜代二三家・親藩一〇家）しかない。また高野山を「葬地」とするのは一七世紀までで、京都は近隣の大名四家と大坂城代などの任地での死去を除けば一八世紀半ばまでである（岩淵二〇〇四・二〇一〇）。

陸奥弘前藩主津軽家と若狭小浜藩主酒井家の墓所を例として、江戸と国元の両方に菩提寺をもつ大名墓の本葬・分霊・改葬の実態を検討した結果、以下の点が見えてきた。

①大名の本葬・分霊は、高野山への納骨信仰と参勤交代制から生じた特殊な葬墓制で、藩主権力の正統性の継承を目的としており、民俗事象としての両墓制とは明確に区別すべきである。

②江戸の菩提寺が定まる以前の段階では、裏方は実家に縁のある寺院に葬られることもあった。

③分霊墓が作られるのは、基本的には藩主か、次の藩主に就くことが決まっていた嗣子に限られ、裏方については余程特殊な事情がない限り分霊墓は営まれない。

④遠国に領地のある大名の場合、江戸で死亡した藩主は江戸に本葬墓、国元に分霊墓が作られ、反対に国元で亡くなった藩主は国元に本葬され、江戸には分霊墓が営まれる事例が多い。

⑤江戸の菩提寺では、弘前藩主津軽家のように藩主と裏方の墓が同じ墓域に代毎に対で営まれる場合と、小浜藩主酒井家のように藩主と裏方で墓域が分かれる場合とがある。

⑥江戸・国元とも本葬・分霊に関わらず、墓標や墓前の石灯篭等は全く同じように造立されており、外見上は本葬墓なのか分霊墓なのか識別できない。
⑦分霊墓では、遺骨の一部や歯・爪・臍の緒・胞衣・毛髪・着衣など遺体の代用品を、地上の霊屋や石塔もしくは地下に埋められた石櫃や甕のなかに納めるか、礫石経の埋納などが行われた。
⑧幕藩制の解体により明治以降、旧藩主の分霊墓は作られなくなった。
⑨大名家墓所を検討する際には、近代以降の改葬記録を含め、葬送関連史料の調査が不可欠である。

【参考文献】

岩淵令治　二〇〇四『江戸武家地の研究』塙書房
岩淵令治　二〇一〇「大名家の墓所・霊廟」『史跡で読む日本の歴史』九　吉川弘文館
大間知篤三　一九三六『山村生活調査第二回報告書』
岡本桂典・井上雅孝編　一九八八『旧弘前藩主津軽家墓所石塔修復調査報告』遍照尊院
篠村正雄　一九九四「浅草常福寺口上書と御屋舗江常福寺御由緒略覚」『市史ひろさき』三
篠村正雄　一九九五「津梁院境内廟所図」『市史ひろさき』四
新谷尚紀　一九九一『両墓制と他界観』日本歴史民俗叢書　吉川弘文館
新谷尚紀・関沢まゆみ編　二〇〇五『民俗小辞典 死と葬送』吉川弘文館
関根達人　二〇〇二「近世大名墓における本葬と分霊」『歴史』九九　東北史学会
関根達人　二〇一三「権力の象徴としての大名墓」『季刊考古学』別冊二〇 雄山閣
関根達人　二〇一九「若狭小浜藩主酒井家の墓制」『人文社会科学論叢』六 弘前大学人文社会科学部
関根達人編　二〇一六『弘前市革秀寺・長勝寺 津軽家霊屋内部調査報告書』弘前大学人文学部文化財論研究室
土井卓治・佐藤米司編　一九七九『葬送墓制研究集成』一（葬法）名著出版
原田敏明　一九五九「両墓制の問題」『社会と伝承』三‐三 社会と伝承の会

弘前大学國史研究会編　一九七七『津軽史事典』名著出版
前田俊一郎　二〇〇一「両墓制の再検討—近代に成立した両墓制をめぐって—」『日本民俗学』二二五　日本民俗学会
陸奥史談会　一九五四『陸奥史談』三三（報恩寺特大号）陸奥史談会
最上孝敬　一九五六『詣り墓：両墓制の研究』古今書院
柳田國男　一九二九「葬制の沿革について」『人類学雑誌』四四 - 六　日本人類学会

儒教と近世大名墓

松井一明

はじめに

中世墓から近世墓への変化を考えるうえで、最も注目されるのは大名墓における儒教のもと執り行われた葬制による儒葬墓の導入である。意外なことであるが、東アジアにおける日本の墓制のなかで、中国由来の儒葬の影響を顕著に受けたのは、近世大名墓だけであるということである。また、儒教による葬制の一部が、ほかの仏式や神式による大名墓にも導入されていることからも、儒教の葬制がかなりの近世大名墓に影響を与えていることが予測されるため、平成二九年（二〇一七）一〇月二九日、諏訪市博物館にて『儒教と近世大名墓』をテーマとした第九回大名墓研究会を開催した。本稿ではこの研究会の成果をもとにして、近世大名墓における儒葬墓と、儒教が近世大名墓に与えた影響を紹介したい。

なお、紙面の関係ですべての儒葬墓と影響を受けた大名墓を紹介することはできないので各地域の代表事例について紹介することとし、近世大名墓と儒教の関係について検討をすすめたい。

一　儒葬墓とは

儒葬墓（儒式墓）の事例を示す前に、その特徴をまず示したい。南宋の朱熹が編纂した『家礼』により、儒教の冠婚葬祭の方法についてまとめられた。この『家礼』において、儒葬の方法が規定されたことにより、広く儒教の教義に基づき葬儀が実践されるようになったと言われている。儒教の死生観は招魂再生であり、仏教の輪廻転生とは基本的な考え方が異なるため（加地二〇一七）、仏教では遺体を火葬するのに対して、儒教では招魂再生を可能とするため遺体の保存が必要となり、土葬を採用している。

日本における大名墓の儒葬と合致する埋葬方法は、発掘調査事例から示したい。地下遺構は石灰、漆喰、砂、黄土（四物）で突き固められた槨（灰隔）の中に、生前使用していた副葬品を木棺中に納め、被葬者の名前、官位や業績などを記した石製の墓誌を槨の上に添え、厳重に埋葬された。地上遺構は方形や円形の墳丘（封）が築かれ、墳丘の前面ないし傍らに被葬者の名前や官位、業績を記した亀趺碑などの墓碑が造立された。これらの墓については大名墓だけでなく、家臣や儒者の墓などにも採用されている事例が知られているが、本稿では大名墓を中心に検討する。

二　日本各地の儒葬墓

まず、典型的な全国の儒葬墓の代表事例を紹介する。九州では岡藩中川家墓所（図１）について検討する（豊田二〇一四）。中川家墓所のうち儒葬墓は大船山に葬られた三代藩主久清墓と八代藩主久貞墓で、その他の藩主は菩提寺である碧雲寺に仏式で葬られている。天和元年（一六八一）没の久清墓は、「豊之後州岡城主従五位下中川氏前城州太守源久清公碑」と刻まれた碑の背後に、石製で馬の背の形をした馬鬣封（ばりょうふう）を伴う。亀趺碑はないが、前面に建てられた碑には官位や岡城、実名などが記され単なる墓石ではなく墓碑であったと理解できる。久清の封は長方形であるが、井津墓と清八の封は台形を示し、これは『家礼図』（成立不詳）による儒葬墓の地下木槨の蓋を台形とすることと一致する。ちなみに『家礼図』では棺も頭の方を広くする台形と規定されている。井津墓所内には同型式の儒葬墓である寛文九年（一六七〇）没の久清四女井津、延宝三年（一六七五）没の六男清八、山内には寛政二年（一七九〇）没久貞墓がある。久清は儒教の信奉者で、養子の久貞は久清を尊重していたことから儒葬墓を採用した。また、保全山にも宝永三年（一七〇六）没の四・五代藩主家老の中川久豊墓、享保一五年（一七三〇）没の六代藩主家老の中川久虎墓、八代久貞の家臣井上並古、並増墓も、馬鬣封をもつ儒葬墓である。

このように岡藩の儒葬墓は、歴代藩主というより儒教に傾倒した三代久清の墓を中心として、その子弟、家臣の一部、八代久貞など一部の人々により儒葬墓が営まれた。ほかに九州では、日出藩三代藩主木下俊長、日向藩三代藩主秋月種信が一代限りの儒葬墓である（美濃口・野村二〇一七）。

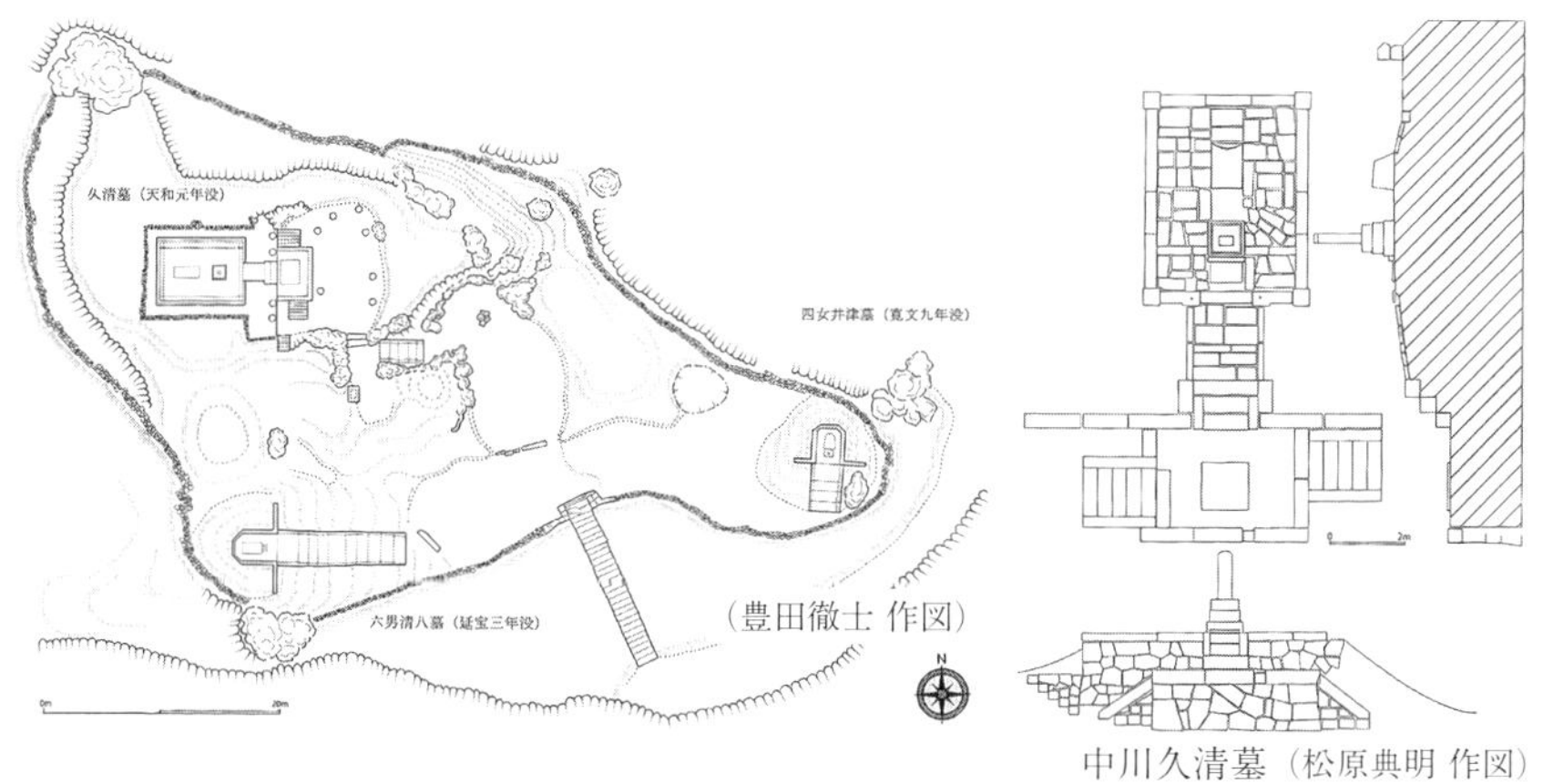

図１　岡藩中川家墓所（豊田 2014）

中国では岡山藩主池田輝政墓のある如意谷墓所（乗岡二〇一七）を検討したい。如意谷墓所は輝政・利隆の墓所があった京都妙心寺護国院が慶安元年（一六四八）に火災にあり、寺に不審を持った光政が、輝政と俊隆墓を寛文七～九年（一六六七～六九）に改葬したことに始まる墓所である。自身も天和二年（一六八二）に没し、如意谷墓所に延宝六年（一六七八）に改装された正室の隣に葬られた。利隆墓も寛文一二年（一六七二）没の正室と共に延宝元年（一六七三）に改葬され夫婦墓として葬られた。

このように光政は儒教に傾倒し、輝政、利隆墓を儒葬墓として改葬した。『和意谷御墓由来之記』によると輝政墓（図２）は盛土を突き固めた馬鬣封であるが、現在は崩れて楕円墳に見える。台形の馬鬣封は幅の広いのは北辺で、埋葬頭位は北となる。封の前面には上部が「天禄辟邪」、台座が亀趺となる墓碑が建てられ、碑には「参議正三位源輝政卿之墓」と、併せて藩主の業績も記されている。また『和意谷御墓由来之記』によると地下構造は棺の周りを石灰、蝋、油、砂、黄土などの四物で囲んだ灰隔で、儒葬にのっとった構造をなしていた。

利隆墓も馬鬣封で前面に、上部が円首、台座が方趺となる碑が建てられ、輝政墓碑と比べると亀趺碑としない格付けがなされていた。乗岡氏によると輝政の墓碑の高さは二七二センチであるのに対し、利隆

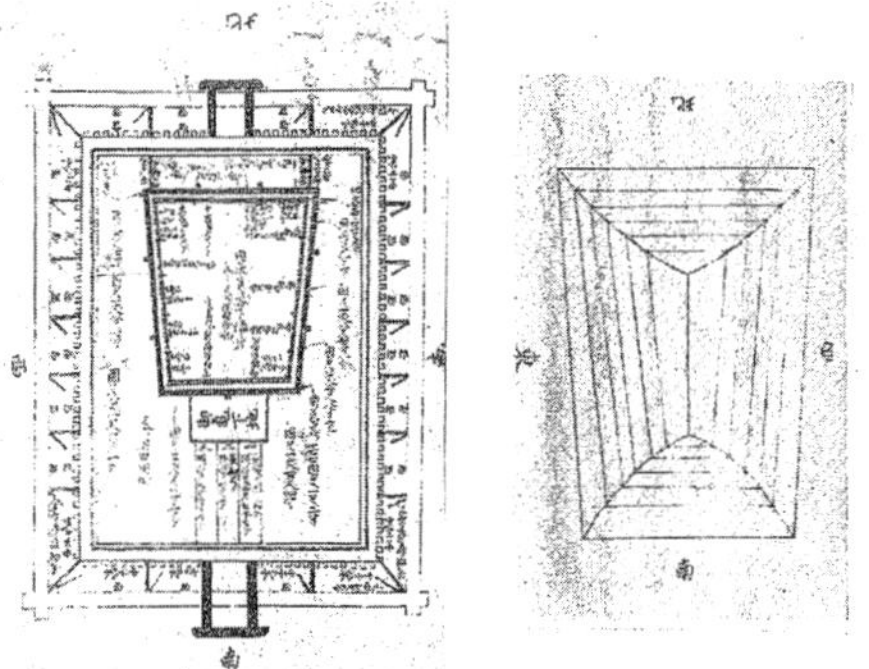

輝政墓

図２　『和井谷御墓由来記』に示された池田輝政墓（乗岡 2017）

墓の墓碑の高さは二三三センチを測ることから、正三位の輝政に対して従三位の利隆の格付けを儒式に則った法量で建てたと指摘している。光政墓については輝政墓が単独墓であったのに対して、利隆墓と同じ夫婦墓として造営されており、いずれも馬鬣封で、封の前には利隆墓と同じ上部が円首、台座が方趺となる墓碑が建てられている。

光政の嫡子綱政以後の岡山池田家歴代藩主の墓は、臨済宗曹源寺を菩提寺として、正覚谷墓所を造営し、墓は仏式となる。以後幕末まで和意谷が藩主の墓所となることはなかった。このように岡山池田家藩主の墓は、岡藩中川家墓所と同じく、光政一代限りが造営した儒葬墓といえるものであった。

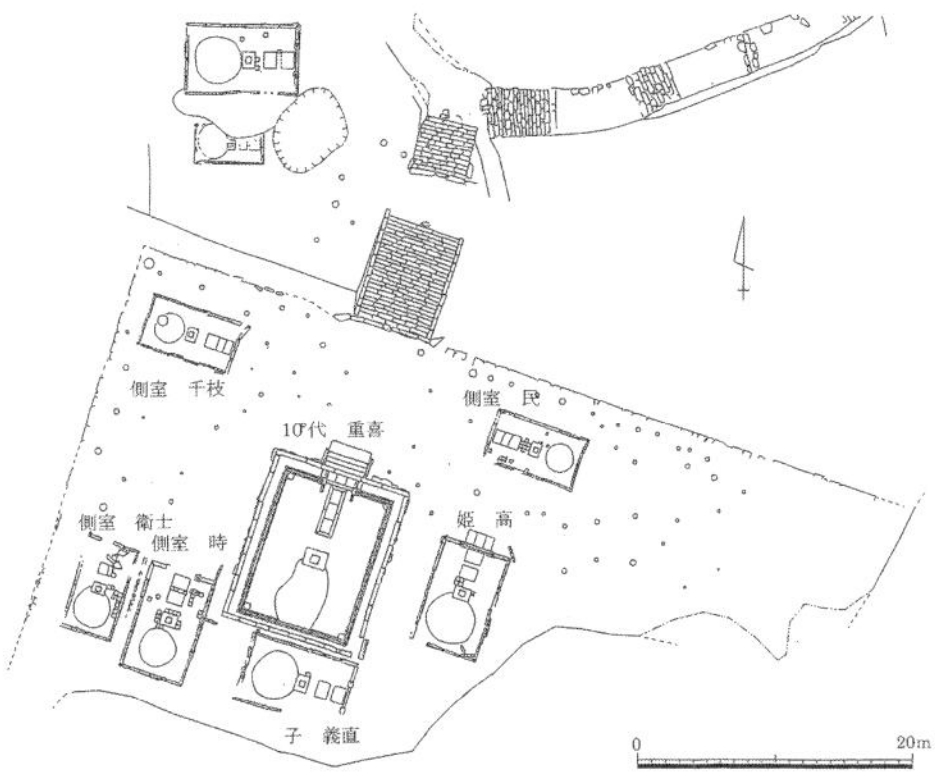

四国では徳島藩蜂須賀家万年山墓所が儒葬墓として注目される（三宅二〇一一）。蜂須賀家の国元墓所は徳島城下の興源寺にて寛永一三年（一六三六）に藩主一族墓が仏式にて営まれた。一〇代重喜が明和三年（一七六六）に長女の簾姫を儒葬墓として埋葬し、以後八代宗鎮（安永八年〈一七八八〉没）、重喜（享和元年〈一八〇一〉没）、自身も儒葬墓で埋葬され（図3）、最後の藩主一四代茂韶が大正に埋葬されるまで、藩主五人、正室一人、側室一一人、子女一七人の儒葬墓が営まれた。ただし、宗鎮、重喜から一三代斉裕まで興源寺に遺髪が仏式の櫛形塔に埋納され、儒葬墓と仏葬墓が併存していた。墓地内では八代重鎮は単独墓であるが、他の藩主墓は正室、側室、子女など墓が藩主墓の周囲に営まれる家族墓の様相を示している。墓の形態は石製の玉垣に囲まれた中に円形の封があり、封の前に上部が円首

図３　徳島藩蜂須賀重喜墓（徳島市教委 2005）

となる石碑が建てられている。藩主墓は一辺一〇メートルになるが、側室や子女の墓はそれ以下となる差をつけている。

万年山での儒葬墓の特徴は、比較的新しい一八世紀になってから大正時代まで継続的に藩主墓として採用され、家族墓としての様相を示すが、一三代藩主墓までは儒葬墓と、興源寺の仏葬墓が併存して営まれたことも最大の特徴となっている。また、封も馬鬣封ではなくて円形、亀趺碑も採用されていないため、徹底した儒葬墓の採用とはなっていない。

高松藩松平家の日内山墓所に二代頼常（宝永元年〈一七〇四〉没）、九代頼恕（天保一三年〈一八四二〉没）が儒葬墓（図4）として葬られている（香川県ミュージアム二〇一五）。いずれの藩主も儒葬墓を継続的に営んだ水戸徳川家よりの養子で、遺言により実家の葬法を踏襲した事例である。いずれも一辺二〇メートルもある玉垣内に直径四メートルの円形の封と、前面に尖頭形の墓碑が建てられているが、『日内山之図』によると馬鬣封であったことが指摘されている。

東海地域では尾張藩徳川家の初代藩主義直墓所（図5左）があげられる（松井二〇一七）。義直は家康の九男で、慶安三年（一六五〇）江戸藩邸で没し、遺言により墓所は瀬戸市臨済宗定光寺の裏山に定められた。墓所は義直の遺言により明の儒者である陳元贇（ちんげんぴん）により造営が任された。慶

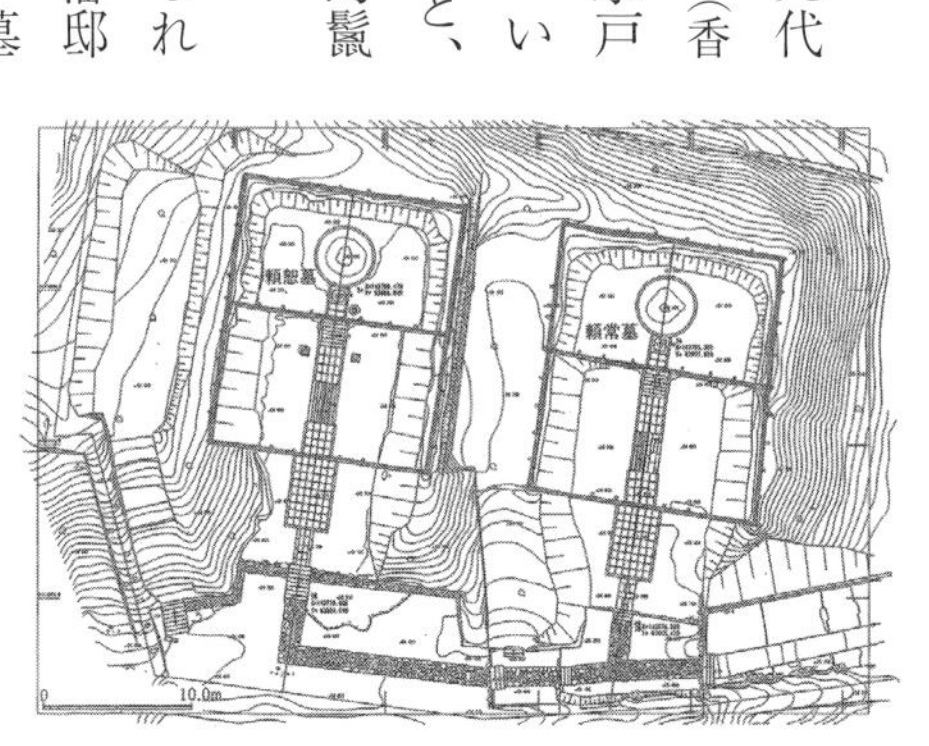

頼常墓

図4　高松藩松平頼恕墓（左）頼常（右）墓（香川県ミュージアム 2015）

安四年（一六五一）より墓所の造営が始まり、翌年の承応元年（一六五二）に唐門、焼香殿、宝物殿、龍の門、築地塀などが完成した。墓所の墓域は南北七〇メートル、東西五〇メートルを測る規模の大きなものである。封は直径八・五メートル、高さ二・九メートルの円形で、墳頂部には高さ二・二メートルの上部が円首と一条突帯（額）がある漢碑系弧頭板碑形（野沢二〇〇六）とされる墓碑があり、義直の諡名である「二品前亜相尾陽侯源敬公墓」と刻まれている。封の前面には唐門のある石柵を挟んで焼香殿、向かって左手に宝物殿が配され、墓所出入口には龍の門がある。これらの建物や門は華麗な飾金具により装飾され、鯱の意匠や卍文などが施される中国風の建造物であることがわかる。墓碑としての亀趺碑が採用されていないこと、封が馬鬣封でなく円形であることから、墓所の設計者である明の陳元贇の意向が働いていると考えられる。

二代光友（元禄一三年〈一七〇〇〉没）以降の尾張徳川家の墓所は、城下の建中寺に移され、光友以降の墓所は四方を土塀で囲み、前面に門、内部は石柵に囲まれた中に額が省略された弧頭板碑形墓塔が建てられている（図5右）。二代光友の墓塔には「瑞龍院二品前亜相天蓮社順譽源正大居士尊墓」の仏式の戒名が刻まれていることから、墓塔形態のみ儒式を模倣しているが、それ以外は仏式の墓となっていることがわかる。尾張徳川家では初代義直の意向で儒葬墓となるが、二代光友以降は仏式の墓

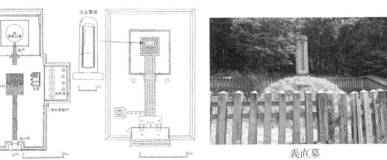

義直墓

図５　尾張徳川家義直墓（左）光友墓（右）（愛知県 2006、野沢 2006 加筆）

所に変更されている。

関東の儒葬墓の代表的な事例としては、水戸徳川家墓所があげられる（徳川ミュージアム二〇一三）。墓所の成立は初代藩主頼房（寛文元年〈一六六一〉没）を二代光圀が、瑞龍山に『文公家礼』や林鵞峰が母を儒葬したことを記した『泣血餘滴』をもとに墓所を造営した。（関口二〇一七）。以後一三代圀順（昭和四四年〈一九六九〉没）までの藩主と、夫人、一族などの墓所が儒葬墓として営まれた国内では他に類を見ない儒葬墓群を呈している。墓所の構造は初代頼房墓が夫人墓とは隣り合うが別の木柵により囲まれるのに対し（図6左）、二代光圀墓（元禄一三年〈一七〇〇〉没）以降は同一の木柵内で向かって左側に藩主、右側に夫人（正室）墓が並列されている（図6右）。藩主の封は玉壇上に石灰、粘土、砂利、砂などににがりを混ぜて固めた敲土が塗られた馬鬣封で、前面に亀趺碑が建てられている。初代頼房の亀趺碑には「古水戸候正三位権中納言源威公墓」の諡名が刻まれ、墓碑上端には螭首と呼ばれる一対の蟠龍で飾られ、頭頂部は隅丸方形の円首となる。夫人墓は円錘形の馬蹄封（円形封）で、前面に諡名が刻まれた亀趺碑が建てられているが、墓碑上端は一対の獅子となっている。なお頼房墓、同夫人墓、光圀夫人墓の亀趺碑は諡名と没年のみの記載となるが、光圀墓、三代綱條夫人墓以降の亀

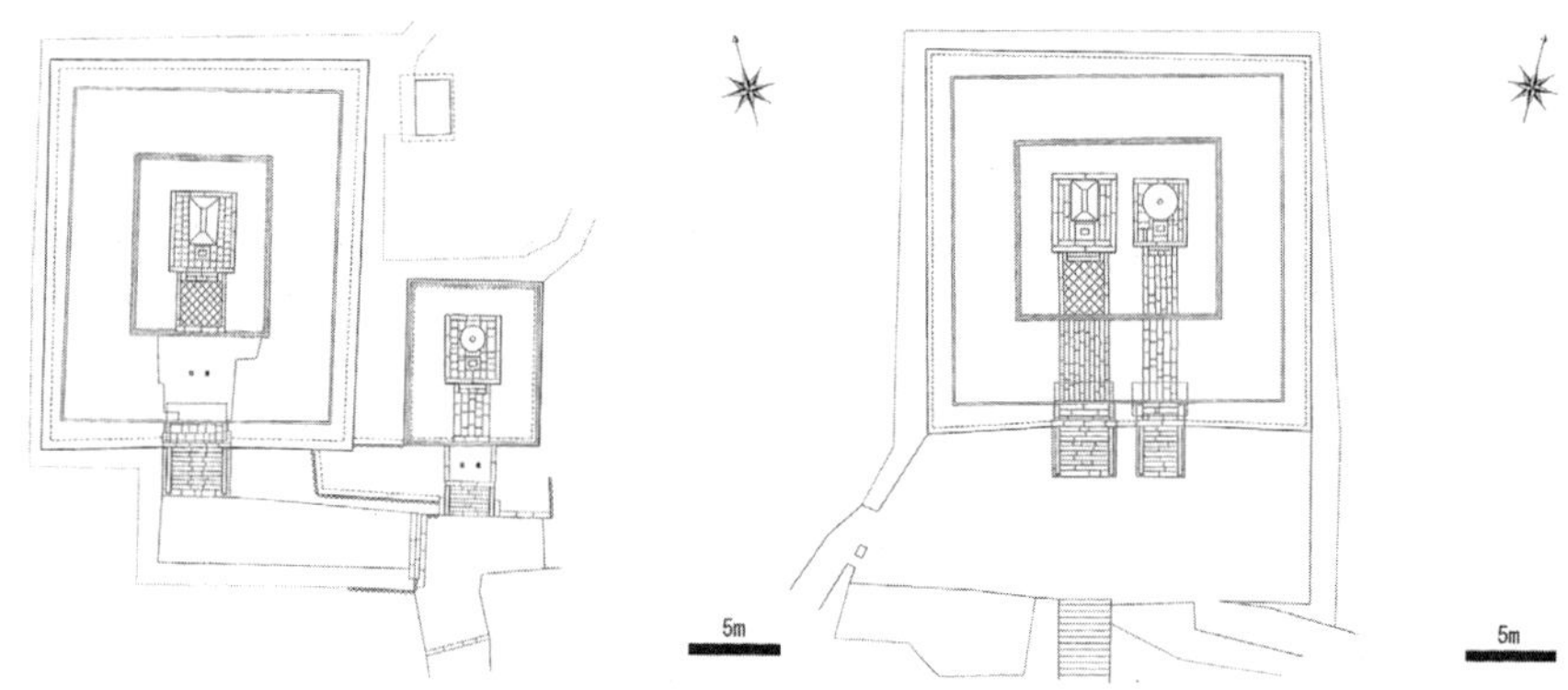

図６　水戸徳川家初代頼房墓（左）２代光圀墓（右）（徳川ミュージアム 2013）

趺碑には生い立ちや業績などが記されるようになる。封は藩主墓のみが馬鬣封で、夫人や一族墓は馬蹄封となっており明確に使い分けがなされている。

このように水戸徳川家墓所は初代藩主より江戸時代を通じて儒葬墓が営まれ、さらに夫人や一族墓まで儒葬墓が採用された、国内唯一の事例となっている。しかしながら、光圀の代に水戸藩にいた明の儒者である朱舜水の意見よりも、『文公家礼』や『泣血餘滴』の葬式に基づいて人見卜幽と小宅処斎が葬式を定めたと指摘されている（徳川ミュージアム二〇一七）。

東北地域での大名の儒葬墓の事例はないが、黒石津軽家当主で旗本であった信英（寛文二年〈一六六二〉没）が馬鬣封となる儒葬墓（図7）として確認されている（関根二〇一三）。信英は津軽藩四代信政の後見人で、儒学者山鹿素行の教えを受けた人物でもあったことから、儒葬されたのであろう。これ以外には東北では明確に儒葬墓と呼べるものはない。

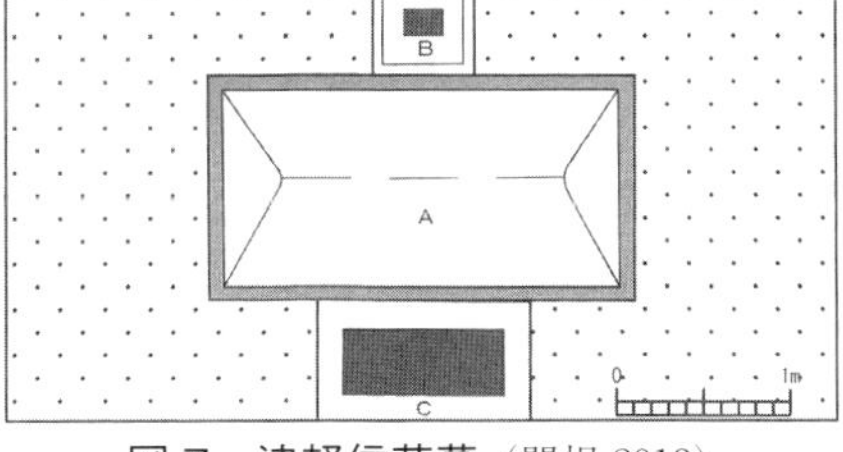

図7　津軽信英墓（関根 2013）

三　儒教の影響を受けた大名墓

以上のように全国各地の儒葬墓の事例をあげると、必ずしも多いとは言えない。しかしながら、儒教が近世大名墓に与えた影響は少ないともいえない。むしろ大きく影響を受けていたと考えられる。その影響を考えるうえで、会津藩松平（保科）家墓所と島原藩深溝松平家墓所を挙げて考察してみたい。

会津藩松平家墓所（会津若松市教委二〇〇四・二〇〇五）は、初代保科正之（寛文一二年〈一六七二〉没）が葬られた見禰山墓所と、正之嫡子正頼（明暦三年〈一六五七〉没）以降が葬られ、以後二代保科正経（天和元年〈一六八一〉没）から九代松平容保（明治二六年〈一八九三〉没）までの歴代藩主が葬られた院内山墓所が存在する。ここでは発掘調査がなされた、院内山墓所について紹介したい。院内山墓所には藩主墓のほか夫人や藩主の子供などの一族墓も存在する。この中で二代正経と、正頼と正純（正之五男）以外の一族墓は仏式の石塔墓で、あとは神式とされる墓である。発掘調査がなされた六代松平容住（文化二年〈一八〇五〉没）と七代松平容衆（文政五年〈一八二二〉没）墓（図8）は、参道に面して拝所と亀趺碑があり、その上段に墓道、燈籠のある前庭部、三物とされる黄褐色の粘土を基礎とする表石、さらに八角形の墳丘の上に三物を基礎とする八角形の鎮石を置く形態となっている。亀趺碑には藩主の来歴が記される顕彰碑、表石には容住が「会津侍従源容住之墓」、容衆が「会津少将源容衆之墓」と記されているため墓石であり、鎮石には容住の「貞照霊神」、容衆の「欽文霊神」と霊号が刻まれている。

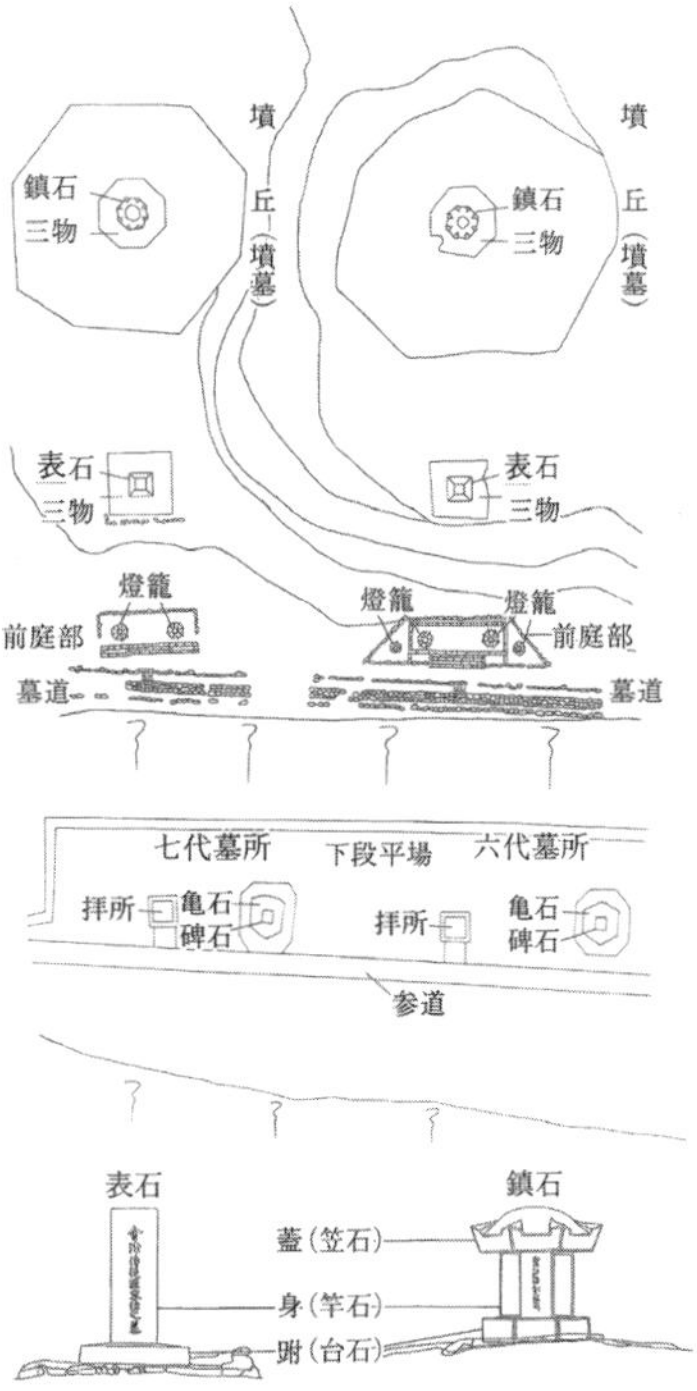

図8　松平容住（右）・容衆墓（左）
（会津市教委2004）

他の藩主墓も同様の形態を示しており、八角形の鎮石から、松原氏により朝鮮王陵の影響を受け、儒式と神式が融合した大名墓とされている（松原二〇一七）。表石の表現や亀趺碑、八角形ではあるが墳丘（封）をもつことは、儒葬に由来するものと考えられる。表石や鎮石の基礎の三物は儒葬の四物、『会津鑑』によると正之の地下遺構の石室と棺の間に三物が使用されているので、地下の埋葬方法にも儒葬の影響が考えられる。

島原藩深溝松平家墓所は、本願地である愛知県幸田町曹洞宗本光寺に営まれている。ここでは、地下遺構が発掘調査された七代松平忠雄（享保二一年〈一七三六〉没）墓（図9）を検討したい（幸田町教委二〇一二）。地上には吉田神道に関係した流造形式の石祠型墓塔が造立され、内部には位牌が納められ「瑞光院殿従四品前尚舍奉御徳運源恭大居士神儀」と仏・神式の戒名と置字が記されていた。地下遺構は方形の石室のなかに吉田神道に倣う六角形の木製棺を納め、石室と棺の間には木炭や石灰、すさ入り粘土で突き固め、石室の上面に墓誌をかぶせ、さらに石灰や木炭、小石を含む粘質土覆われていた。墓誌はもとより石室と木棺の間や、石室上部を覆う木炭や石灰などは儒葬の四物に倣うものと考えられる。さらに西墓所には六代忠房により、万治三年（一六六〇）銘で林鵞峰撰文の、深溝松平氏一族を顕彰したと思われる亀趺碑も建てられている。

このように深溝松平家墓所は菩提寺である本光寺により仏式を基本として葬儀が行なわれたが、墓塔に神式、地下の埋葬方法、亀趺碑の建立などに儒葬の影響を見て取れるのである。

忠雄墓

図9　島原藩深溝松平家忠雄墓（本光寺霊宝会 2010）

四　まとめ

今回紹介した事例を見ると、日本各地の儒葬墓は継続的に営まれたのは、水戸徳川家墓所と徳島藩蜂須賀家墓所に限られる。前者は初代頼房（寛文元年〈一六六一〉没）墓、後者は一〇代重善の娘（明和三年〈一七六六〉没）墓から継続しての儒葬墓であり、藩祖から継続されているのは水戸徳川家墓所のみということになる。他の墓所については藩主の意向で営まれた一代限りの事例がほとんどで、尾張徳川家義直（慶安三年〈一六五〇〉没）が最古、水戸徳川頼房墓、岡藩中川久清（天和元年〈一六八一〉没）没、岡山藩池田光政（天和二年〈一六八二〉没）と続き、一七世紀後半から儒葬墓が始まったことが確認できた。

封や亀趺碑の造立から見ると、尾張徳川家義直のように円形封で、亀趺碑が採用されないもの対して、大方は水戸徳川家頼房墓のように馬鬣封で亀趺碑が墓前に建てられたものとなる。このことは、日本の儒葬墓の造営は、尾張徳川家義直墓のように明の儒者が直接指導していた事例はあるが、大方は水戸徳川家頼房墓のように日本の儒者が『文公家礼』や『泣血餘滴』を参考にしたと考えられる。

中世では一二～一三世紀に墳丘墓や土葬墓が営まれ、一三世紀以降はほとんど誰の墓かわからない仏式の火葬墓となる。この中世前期の墳丘墓と土葬墓は儒葬墓の影響であるかは検討を要するが、今回紹介したように近世前期になると日本でも儒葬墓が出現するがむしろ少ないといえる。本格的な儒葬墓の事例は少ないことは、近世大名の権力基盤に仏教界が大きく関与していたことがあげられる。それに対して儒葬の影響を受けた仏式や神式の大名墓も多数報告されており、むしろ大方の大名墓は儒葬の影響が見られるということである。つまり、中世墓から近世大名墓への決定的変化を促したのは、中世の誰の墓かわからないない小型の火葬墓という仏式の墓制から、墓の主やその業績を顕彰する葬儀を可能とした儒教や大名を神格化する吉田神道などの葬儀に他ならないのである。このように今後の考古学的な大名墓研究は仏教だけでなく、儒葬や吉田神道などの葬儀の影響も複合的に検討する必要がある。

【参考文献】

愛知県　二〇〇六『愛知県史別編文化財一』

会津若松市教育委員会　二〇〇四・二〇〇五『史跡　会津藩主松平家墓所・Ⅱ』

香川県ミュージアム　二〇一五『高松藩主松平家墓所調査報告書』

加地伸行　二〇一七『儒教とは何か増補版』中公新書九八九、中央公論新社

幸田町教育委員会　二〇一二『瑞雲山本光寺松平忠雄墓所発掘調査報告』

関口慶久　二〇一七「東北・関東の儒教と近世大名墓」『第九回大名墓研究会』大名墓研究会

関根達人　二〇一三「権力の象徴としての大名墓」『季刊考古学別冊二〇 近世大名墓の世界』雄山閣

徳川ミュージアム　二〇一三『国指定水戸徳川家保存整備事業報告書Ⅰ　平成二一～二三年度』

徳川ミュージアム　二〇一七『国指定水戸徳川家保存整備事業報告書Ⅱ　平成二三～二八年度』

徳島市教育委員会　二〇〇五『史跡徳島藩主須加家墓所保存整備計画』

豊田徹士　二〇一四「岡藩における「儒式墓」」『石造文化財』6、石造文化財調査研究所

野沢則幸　二〇〇六「建中寺における大名墓の上部構造について」『名古屋市見晴台考古資料館研究紀要第八号』

乗岡　実　二〇一七「中国・四国の儒教と近世大名墓」『第九回大名墓研究会』大名墓研究会

平勢隆郎　二〇〇四『亀の碑と正統』白帝社

本光寺霊宝会　二〇一〇『深溝松平家墓所と瑞雲山本光寺』

松井一明　二〇一七「北陸・東海の儒教と大名墓」『第九回大名墓研究会』大名墓研究会

松原典明　二〇一七「中国・韓国の儒教墓が近世大名墓に与えた影響」『第九回大名墓研究会』大名墓研究会

美濃口雅朗・野村俊之　二〇一七「九州の大名墓における儒教の影響」『第九回大名墓研究会』大名墓研究会

三宅良明　二〇一一「徳島県蜂須賀家墓所の調査と整備」『第三回大名墓研究会』大名墓研究会

副葬品からみた近世大名墓の宗教性―金属製銘板を中心として―

松原　典明

はじめに

近世武家社会の葬制は、これまで概ね仏教葬として捉えられてきたが、調査事例の再検討によって、多くの場合は儒教に基づいた葬制で遺骸を丁寧に葬っていることを指摘し、上部構造の墓碑様式と下部埋葬様式に宗教的・実践的な違いが認められ「墓」の構成要素には複数の「宗教性」を伴うことを指摘した(1)。つまり近世武家社会の葬制の多くは、仏教の火葬を避け、『家礼』の「治葬」に則った儒教的埋葬としての土葬を基本とした。ここで敢えて儒葬とはせず儒教的とした理由は、『家礼』「治葬」を儒者が水土に解し簡略的な葬法を考案しているからで、儒葬とは区別すべきということからである。

一方、儒教が一般的に受容される以前はどうかというと、一六世紀初、神祇管領長上を名乗った吉田家（吉田神道）では、兼倶（一〇代）が亡くなると遺骸を埋葬し、その上部に流造り(ながれ)の社を建立し霊を霊璽に迎え入れ、祭祀の空間とし、死の「穢れ」を払拭する独自の葬制を創り上げた。そして時の為政者である豊臣秀吉と徳川家康もまた、吉田神道によって神として祀られいる。秀吉の葬法は、遺骸を甕に入れ石槨に治め上部に宝形造りの廟を建立した。[2] また家康は、一夜にして久能山に埋葬され一年後に日光に東照社として遷座された。この埋葬法は、吉田兼倶以降、吉田神道による葬送の基本であり、後に触れる神に祀る方法を創始したのである。そしてその後の吉田神道の葬送は、徳川家康の孫で三代将軍徳川家光の異母弟・会津藩保科正之の葬送においても実践された。正之は、寛文一二年（一六七二）に没し、吉川惟足が葬礼を執行し山崎闇斎が碑を撰文し土津霊神（はにつれいじん）として祀られた。文献から正之の葬送は、式次第の中に示された儒葬に用いる用語の多用から『家礼』「治葬」をテキストとしたことが明らかで、吉田神道の甕を用いた遺骸埋葬方法とは違い、吉田神道の道統継承者であった吉川惟足が葬礼執行に際し、神儒習合の葬祭[3]を模索し吉川神道としての葬法を完成させたと思われる。当時、吉田家では、萩原兼従との間における道統継承問題はあったが、惟足が築いた神社界での地位は辛うじて保持していたものの、後に垂加神道学派や国学者などが席捲することになる。このように、近世為政者は仏教葬ではなく神道の葬送であった。そこで本論では、改めて仏教葬以外の葬送儀礼を取り上げ、墓に示された近世武家社会の宗教性の複合性や多様性を遺物を通して紹介したい。

考古学的には、発掘調査を経た事例がきわめて少ない。このため文献や系図から婚姻関係等を併せて読み解くことで、近世後期に席捲する垂加神道学派や国学者の台頭への道程を捉える考古学的な試論としても捉えて頂きたい。

一　向井将監正方夫妻の墓と宗教性

向井家は、もともと幕府御船手奉行の家柄で、向井忠勝は徳川二代将軍秀忠の信頼が篤く、以来、江戸幕府最後まで一一代にわたり将監を世襲したとされる。忠勝の家督（二〇〇〇石）を相続したのは五男・正方であった。向井将監正方夫妻は、妻が寛文一〇年（一六七〇）に没し、正方が延宝二年（一六七四）に亡くなり横須賀大津村に竹林山貞昌寺を再建し廟所とし裏の丘陵上に埋葬された[4]。夫妻は、土葬で甕に治めた後に木棺に入れ土壙に治めるという埋葬法であり、土壙と木棺の間に灰隔板（はいかくばん）を用い、木炭と石灰・籾殻を交互に充填する『家礼』に依拠した治葬であった。遺骸を治めた甕は、銅板張りの蓋で塞がれ、被葬者の生没が墨書された（図1、2）。ここで注視したいのは、遺骸を治めた甕の塞ぎ方である。管見では、他の発掘事例は確認できないが興味深い文献を挙げておきたい。

二　吉田神道二〇代当主・吉田良延の葬法

この文献は岡田荘司によって吉田兼倶の流造りの社を遺骸の上に祀る点に着目され、吉田家二〇代当主・良延（兼雄）の葬送記録を紹介している[5]。ここでは、遺骸をどのように塞いだのかという点に着目したいので、やや長文であるが文献を確認したい。

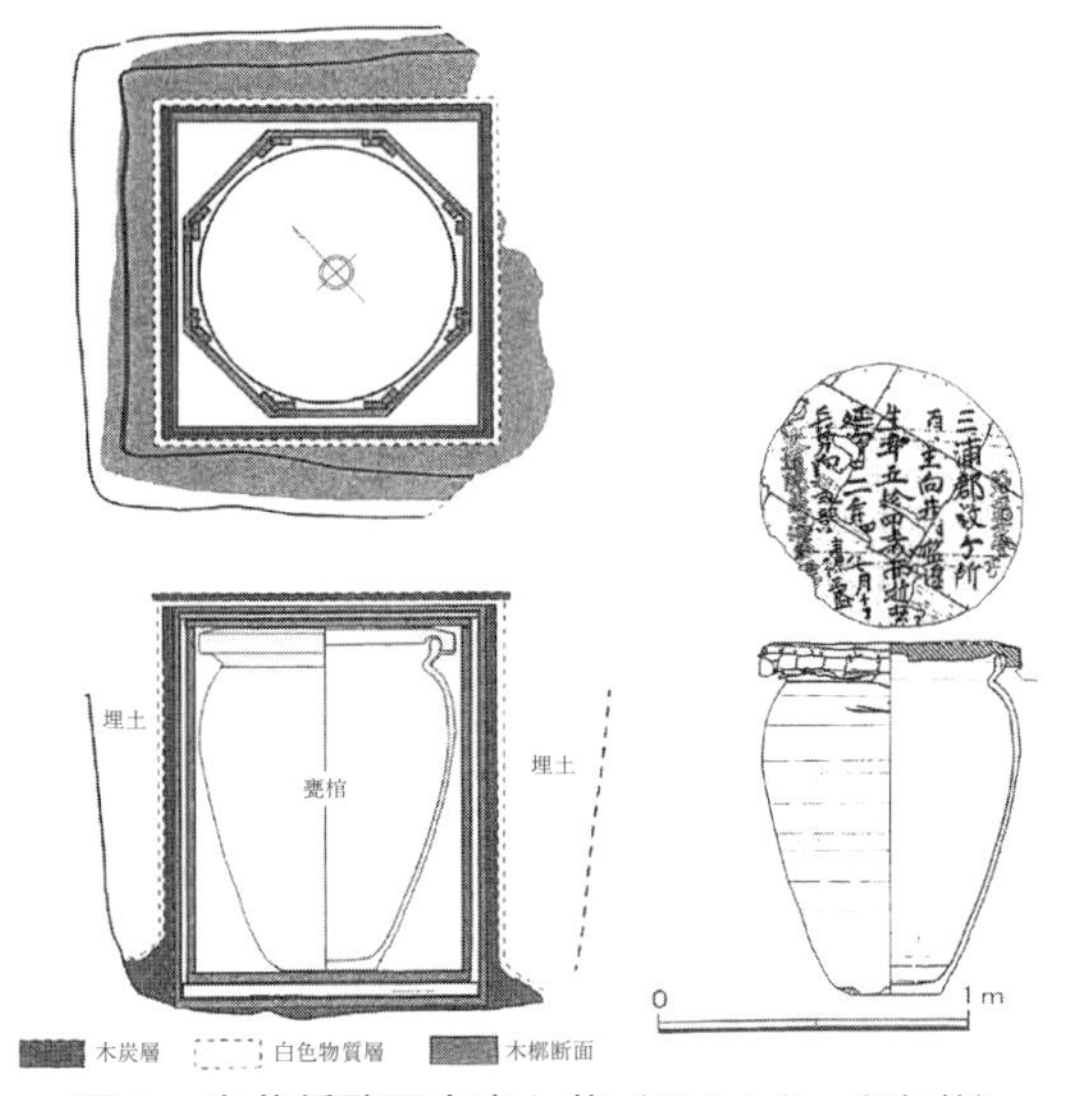

図１　向井将監正方甕と蓋（註４より一部加筆）

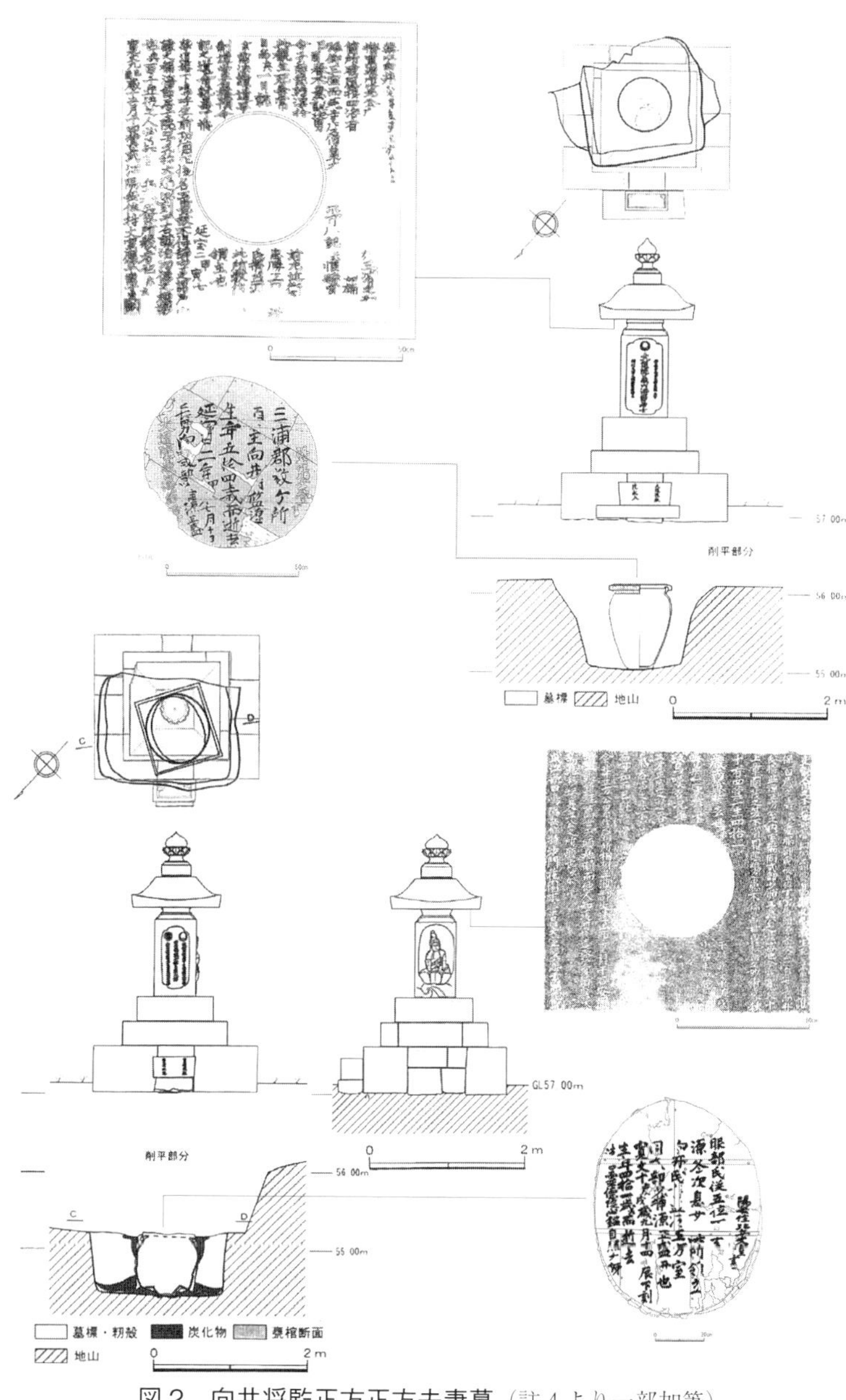

図２　向井将監正方正方夫妻墓（註４より一部加筆）

吉田家二〇代良延卿薨却際記録（「天理図書館吉田文庫（良延卿薨去際記録〔仮題〕吉六一―一〇、一九×二四センチ一紙」）。（圏点筆者加筆）

（前省略）其沙汰畢テ奉蔵尊躰御壺、有外筥。御壺之内へ御冠・絹御斎服上下（白酒□）、御笏（御襪）・太麻・御木綿・中臣祓一巻・玉・鏡・剣等ヲ入、御壺之外筥之内へ御杖大ブト壱足ヲ入、御壺・御筥等之蓋ヲメ、奉蔵（夫ヨリ）土中唯神霊社之西方ニ奉蔵尊躰、御壺之蓋表ヲ銅ニテ張、吉田二位良延卿と書付。（銅之上也）裏神道管領長上正二位良延卿、宝永二年正月廿四日生。天明七年八月十六日薨ト書付。町尻三位量原卿之筆也。奉蔵土中、（註５一部加筆）

これによれば、天明七年（一七八七）、尊躰を副葬品（絹御斎服上下・御笏（御襪）・太麻・御木綿・中臣祓一巻・玉・鏡・剣等）と共に壺に治め、これを外筥（内に、御杖大ブト壱足）に入れ埋葬した。また、遺骸を治めた壺の塞ぎ方は、御壺之蓋表を銅板で貼り表に俗名「吉田二位良延卿」と名を書き、裏に神祇官の称号と生没月日を記し、子息で町尻家に養子入した町尻三位量原（かずとも）卿が筆を執ったことが記されている。

以上のような吉田良延の埋葬記録は、吉田家一〇代兼倶が創始した葬法であり、先例に従った唯一神道による葬法の実態を示しているものと捉えている。というのも寛文二年（一六六二）に京都二条通松屋町武村市兵衛版元で刊行された橘三喜（たちばなみつよし）撰の『中臣祓集説』（下）の「比都器霊座法」「霊器法」の次第内容に合致している点から神道葬法に沿って実践されたものと思われる。しかし良延の葬送で用いられた「玉・鏡・剣等」の記載は、『中臣祓集説』には示されていない点が興味深い。「中臣祓」とは、潔斎と穢れを払拭し清浄するためのテクストであり、中世神道で用いられた『中臣祓集説』においても柩に貼り、折本を柩に治めることが記されている。吉田良延が亡くなる以前に活躍した垂加神道の山崎闇斎は、

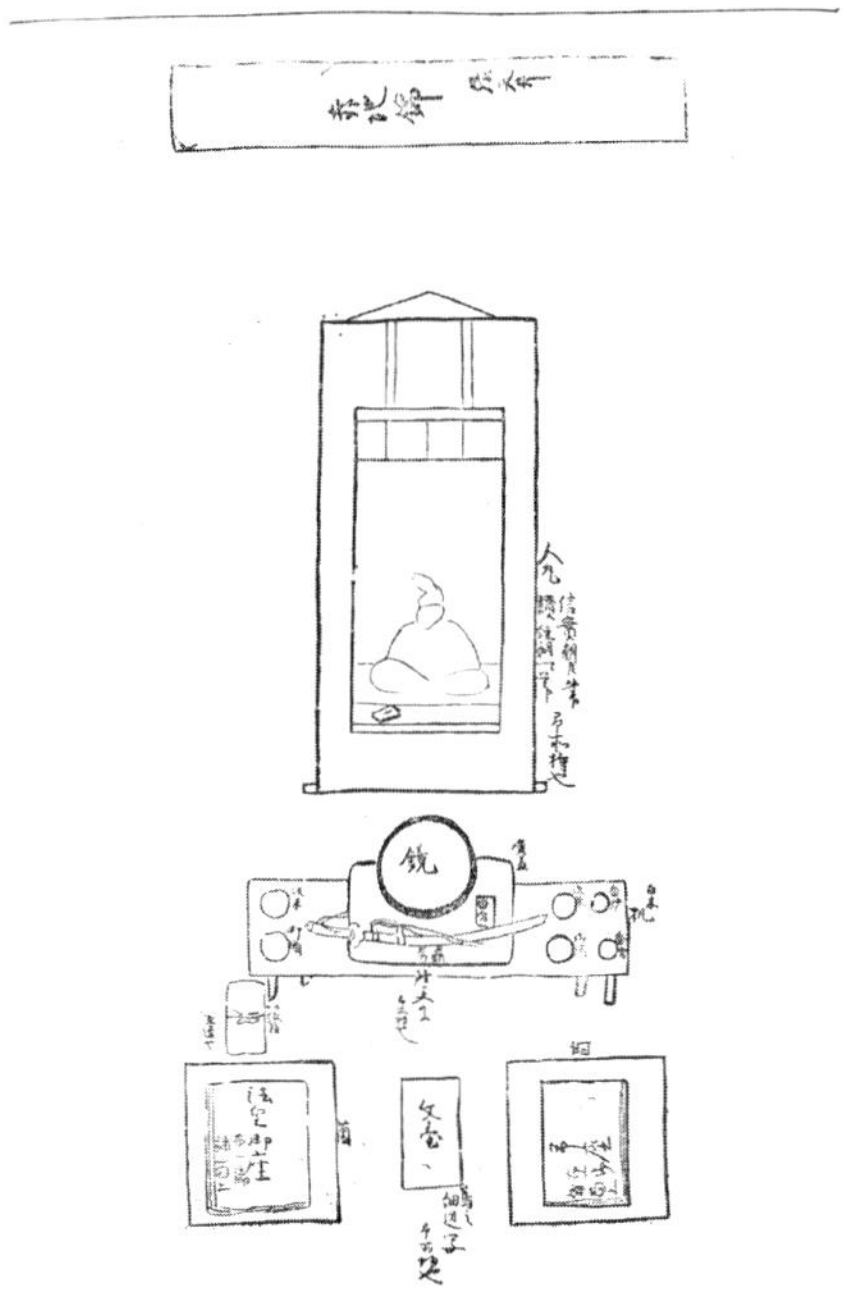

図３　寛文４年・後西天皇古今伝授の図（註９より）

この「中臣祓」を君臣双方の秩序と徳を示したテクストと解釈している。[6] 一方、三種の神器と捉えられる「玉・鏡・剣」の副葬については、解釈は様々あろうが、良延の葬送において、三種を墓に副葬したことの意味を、どのように解釈するかが重要ではなかろうか。つまり、吉田良延の葬送は、吉田兼倶によ提唱された元本宗源神道[7]に則った吉田神道（唯一神道）の伝統的な葬礼と理解されるが、どちらかというと山崎闇斎が正親町公通に道統伝授した『三種極秘伝授伝』に記された「三種のことはり万物にそなはり、吾一身にも具りてある所、天人唯一の道、常にかえりみ、三種の道にたがわざるやうにと、深く畏れ敬むべし」という垂加神道的な秘訣を示す思惟における三種の神器を意味し、象徴的な遺物と捉えられないであろうか。さらに山崎闇斎が、仏教を避けて逃れる唯一の場所として伊勢神宮を崇敬していた[8]という点や、いったんは袂を別けた吉田神道ではあるが、道統を託した正親町公通は、朝廷との関わりに直結することから、吉田良延の葬送は、吉田神道の垂加神道的な葬制を選択させた可能性も考えておきたい。

なおここで触れた「玉・鏡・剣」は、歌学の古今伝授における最重要儀式に用いられる品（図3）であり、歌学と神道と儒教が複合していると言える。[9] 古今伝授は「歌道者王道、王道者神道之口訣」と称される通り、歌道が口伝されるのと併せて「神道」の伝授が行われた。後に触れる近衛家はこの中心にいた。寛永二年（一六二五）の智仁親王が後水尾天皇に古今伝授を行った折[10]の三種の神器は、「鏡・水晶の玉・太刀」と明記されているが、寛文四年（一六六四）の後西天皇から霊元天皇への古今伝授の設えをみると、前机の上の中心に「鏡・太刀・香合」（図３）が置かれており、玉が香合に替わっていることを注視すれば「三種の神器」の形骸化として指摘できるのかもしれない。

以上、向井家の葬法から少し話がそれたが、吉田神道の当主の葬法と共通点が見いだせた向井家の葬法は、垂加神道的葬儀で、墓上部では臨済宗による供養と捉えられ、複合性があることを指摘しておく。また、図１で復元された八角の外棺（輿部分か）は、『中臣祓集説』「葬器法」の「比都器」に比定される。加えて墨書銘を記した蓋の銅板は「誌石」あるいは「銘旌（めいせい）」と判断されようが、誌石に誌すべき内容は墓上部宝塔笠石裏面（図２）に刻まれている。埋葬様式全体から捉えると神道葬の「霊璽」と捉えられる。

そこで次に遺骸に銘を誌した金属製板（金属製銘板）が伴う事例を紹介するが、多様な様相が指摘できるのでその宗教性に着目してみたい。

三　金属製銘板出土事例

誌石が共伴する墓の年代は、承応元年（一六五二）を嚆矢とする。一七世紀中葉以降の多くの武家葬制では、遺骸埋納を朱熹『家礼』「治葬」に依拠したと考えられ、誌石を埋納することは一般的であった。その儀礼は、明治以降まで常識的・通俗的に埋葬儀礼の一要素として用いられた。かかる近世武家社会における葬制からすると、金属製の銘板は特殊であることから、葬制の背景などを捉えることにより、その淵源である宗教性について考えてみたい。

㈠鳥取藩池田家の葬礼と「壙中之銘」

近年、岩淵令治[11]によって鳥取池田藩初代池田光仲の葬儀について、編纂資料と国元の家老の日記、近習の日記などから詳細が明らかにされた。歴代藩主の葬儀と法事は一一代を除いて、すべて国元で執り行われた。歴代葬儀は、初代光仲の葬送儀礼を基本としたという。特にここでは、文献で確認できた「壙中銘」に着目して葬制を考えてみたい。

初代光仲は、元禄六年（一六九三）七月七日国元で没し城内で葬礼を執行、八月二三日、城下から離れた葬地・奥谷に移された。葬送では当初、江戸の黄檗宗牛島弘福寺住侍鉄牛道機（てつぎゅうどうき）を導師として招請したかったが年齢を理由に固辞されたため、木庵性瑫の弟子で鉄牛道機と兄弟弟子にあたる国元の興禅寺六世住持千岳道正がこれを務めた。牛島弘福寺の鉄牛道機の招請は、恐らくは開基檀越福島正則と光仲嫡男綱清との縁であるが叶わなかった。光仲の碑正面陥入には「元禄六癸酉年／興禅院殿故因伯州刺史俊翁義剛大居士／七月初七日薨」と官位官職と没年が刻され、碑陰に長文の頌徳銘が刻まれている。銘の撰文は京都宇治萬福寺五代高泉性敦（こうせんしょうとん）、導師は黄檗宗龍峯山興禅寺住侍六世千岳止道、儒臣として十（と）街晩庵（かいばんあん）（述晩庵）が銘の作文を行い、篆刻を指月庵二世・月潭道澄（げったんどうちょう）の弟子である蘭谷元定が行っている。

文献では棺中に興禅禅寺現住龍千岳止道が草した「光仲の事績」を刻んだ真鍮の銘板（「壙中之銘」長三尺・横一尺五寸）を入れ、棺蓋の上に正室・芳心院（紀州藩初代徳川頼宣娘）の落飾した「御髪」を入れた木製箱と経典が治められ炭で充填された。また、六代藩主・池田治道（寛政一〇年〈一七九八〉没）の葬送記録には「御銅板彫」を「藩御用金工師・五藤喜兵衛」に命じている。初代光仲の「壙中銘」と六代治道の「御銅板彫」は共通している。なぜ先例に従ったのかについて、家督相続までの経緯と婚姻関係などから考えてみたい（図4参照）。

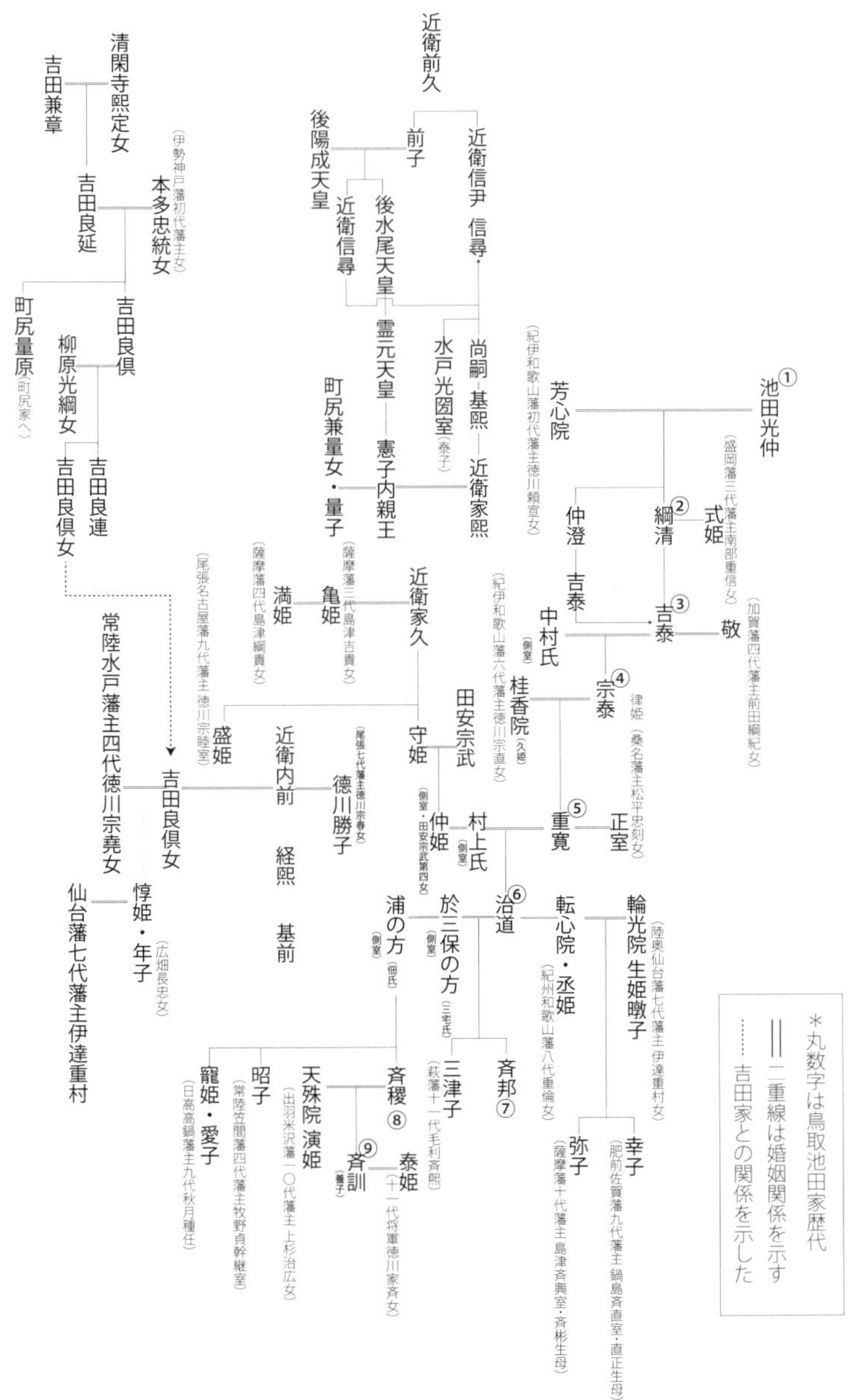

図４　池田家との婚姻関係図（拙者作図）

初代光仲は紀州藩主初代頼宣の娘・芳心院を娶り二子を儲けた。嫡男綱清が二代、二男仲澄は鳥取東館新田藩を任せた。しかし、二代綱清が無嗣であったため三代を仲澄が継いだ。そして、四代は仲澄の嫡男・宗泰が相続し、紀州和歌山藩主六代宗直の五女・久姫を嫁として迎えた。しかし八年後には宗泰が病没し、二歳であった勝五郎が名を改め重寛として五代を継ぐこととなった。本来ならば鳥取藩池田家は無嗣断絶で改易となるが、初代光仲が三歳で岡山藩から鳥取藩に国替えにより幼少相続が認められた先例や、四代宗泰の正室で五代の生母・桂香院が後見することで幕府は幼少相続を認めた。また七代斉邦（なりくに）も無嗣で没したことから、父六代治道の側室・浦の方の子で、異母兄弟・斉稷（なりとし）を八代とし家督を継がせた。ここでも若年相続ではないものの桂香院が後見した(12)。このように、池田家の家督相続における紀州徳川家有縁である芳心院と五代の生母・桂香院の存在は、幕府による構成員の維持と秩序教化・若年相続や末期養子の緩和による絶家回避(13)などの思惑に合致し、先の計らいに繋がった。

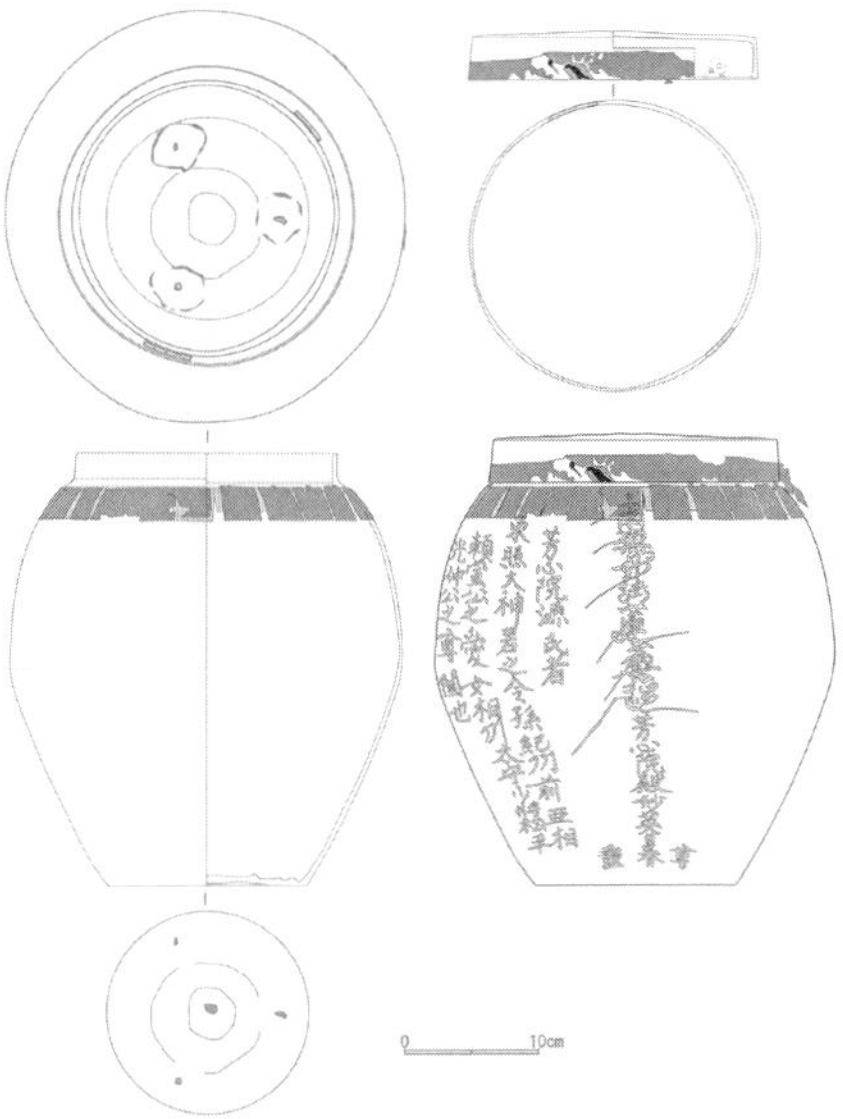

以上確認した通り、紀州家の影響力は非常に大きかったと思われる。そこで桂香院の墓（渋谷区千駄木仙寿院紀州家墓所内）を見てみると、改葬時に金属製の銘板が確認されている(14)。また初代光仲の正室・芳心院は篤信的な日蓮宗帰依者で、紀州家菩提所の一つである池上本門寺永寿院に葬られるが、改葬調査により荼毘に付された遺骨が青銅製の被せ蓋壺形骨蔵器で巨大な宝塔中に治められていた

図５　芳心院青銅製骨蔵器（註25）

ことが明らかになった[15]（図5）。青銅製骨蔵器には生没年の他、紀州初代藩主徳川頼宣の娘で、徳川家康の尊孫、鳥取池田家初代光仲に嫁したことが刻まれており徳川家の貴種性が明示されていた[16]。この点は池田家の「壙中銘」に通じよう。加えて、六代治道と婚姻関係のある伊達家江戸の菩提所の一つである紫雲山瑞聖寺墓所の改葬では、「胞衣桶」と銅製外容器が確認されている点に注視しておきたい[17]。さらに、六代治道の側室・浦の方の女（昭子）は常陸笠間藩四代藩主牧野貞幹の正室として嫁しており、後に触れる牧野家においても金属製の銘板が確認でき共通する（図4）。

(二) 高松松平家五代藩主頼恭（穆公）

松平頼恭は、陸奥国守山藩主・松平頼貞の五男として誕生するが、高松藩四代藩主・松平頼桓の養子となり元文四年（一七三九）に頼桓の死去により二九歳で高松藩五代の家督を継ぎ、明和八年（一七七一）に没した。藩葬送記録では三代頼豊（恵公）・四代頼桓（懐公）は、仏道によって納棺されたが、五代頼恭は遺命により「文公家礼」に則り、「儒道の御納棺」が儒臣らによって執り行われたとされる。具体的には死後も生前の通り髪を上げ整え（沐浴）、官服、冠、束帯などが棺に治められ、誌文を銅製板に彫り墓前に埋めたとされる[18]。鳥取池田家の事例と通じる。墓前に埋納という点は『家礼』に示された誌石と共通する。

(三) 岸和田藩岡部長著と金属製銘板

岡部家は初代が開基した泉光寺を菩提所としたが、五代長著は自ら開基した十輪寺に遺言により埋葬された。長著墓所は昭和四五年（一九七〇）、都市計画道路拡張工事に際して改葬され、泉光寺に移設された。金属製墓誌（一二センチ四方）と錫製の骨蔵器（高一一・五センチ）、甕（高六六・五センチ）が確認された(19)。十輪寺の勧請開山は盤珪永琢であり、初代宣勝の妹（吉姫）が大洲藩二代藩主加藤泰興正室に嫁いでいることに縁する。加藤泰興は、寛文九年（一六六九）龍門寺の盤珪を招請し開山として富士山如法寺を開基し菩提所とした。岡部長著はこの初代の縁を重視して十輪寺を開基したと思われる。さらに岡部家造立の五輪塔型式に着目すれば、如法寺加藤家墓所五輪塔を模して造立したと見受けられる（図6）。つまり、泉光寺の墓所整備は、かかる特徴から長著の襲封以降に行われた可能性が強い。図6の写真右は、岸和田藩三代岡部長泰で享保六年（一七二一）に没している。次いで四代長敬は三年後の享保九年（一七二四）に没したため一二歳で長著が家督を継ぎ、元文三年（一七三八）に浦田村の十輪寺を引寺し開基した。この時期が泉光寺の墓所を整備する時期となるのではなかろうか。

図６　加藤泰興（1678没）と岡部長泰（1724没）五輪塔

四　長岡藩牧野家墓所出土の金属製銘板と国学者荷田春満

港区済海寺長岡藩牧野家墓所では、藩主及び有縁の一一名の墓から金属製銘板が発見された。四代藩主忠寿（享保二〇年〈一七三五〉没）から一一代藩主忠恭（明治一一年〈一八七八〉没）墓の主体部に伴って出土した[20]（図7）。

長岡牧野家の葬地を挙げると、初代忠成の世嗣光成が、家督相続前に没し榮松院（駒込）に葬られた。二代忠成は周光寺（港区）に葬られた。四代忠寿以降は済海寺を菩提寺とした。三代忠辰は、享保七年（一七二二）五八歳、江戸で没し池上本門寺に葬られた。本門寺が選択された事情は不明であるが没後に京都の神道家吉田家より「蒼柴霊神」の神号を受け、享保一八年（一七三三）に「明神」五〇回忌（明和八年〈一七七一〉）に「大明神」に昇格したとされる。[21]忠辰は無嗣であった為、母の郷で又従兄弟である近江膳所藩主・本多康慶の六男・源次郎を養子とし、忠寿と改名し四代藩主を継がせた（宝永七年六月〈一七一〇〉）。済海寺牧野家歴代墓で注視したいのは、墓誌銘を槨蓋石裏面に刻んでいるが、これとは別に各墓に金属製の銘板が埋納されていたことである。この銘板導入の背景を考えてみたい。キーワードとなるのが神に祀られた三代忠辰の動向ではなかろうか。元禄七年（一六九四）国元の越後において荒廃していた越後一宮・弥彦神社の末社である十柱神社を再建するなど、熱心に神道への傾倒が窺える。さらに神道の影響として、伏見稲荷祠官家で後陽成院古今伝授の所縁を持ち歌学神道を極めた荷田春満との知遇にあろう。荷田春満は、元禄一三年（一七〇〇）三月から勅使として江戸に派遣され在留する。正徳三年（一七一三）一〇月、三代藩主牧野忠辰は、荷田春満の母を五人扶持として召し抱えた。[22]また忠辰が亡くなるまで、忠寿の教育にも当たり思想的な影響も考えられる。そこで、思想的な影響として荷田春満の弟子である杉浦國頭について触れてみたい。

杉浦國頭は、江戸時代中期の国学者で浜松の諏訪神社大祝神職である。彼の葬儀の詳細な記録『幣里神官慎終記』が残っており、杉山林継の詳細な研究[23]がある。これによれば國頭の葬礼は『儀禮』『文公家禮』などからの儀礼の引用があり、式次第書の「牌を鐫志す」（図8）と記された点は、牧野家の金属

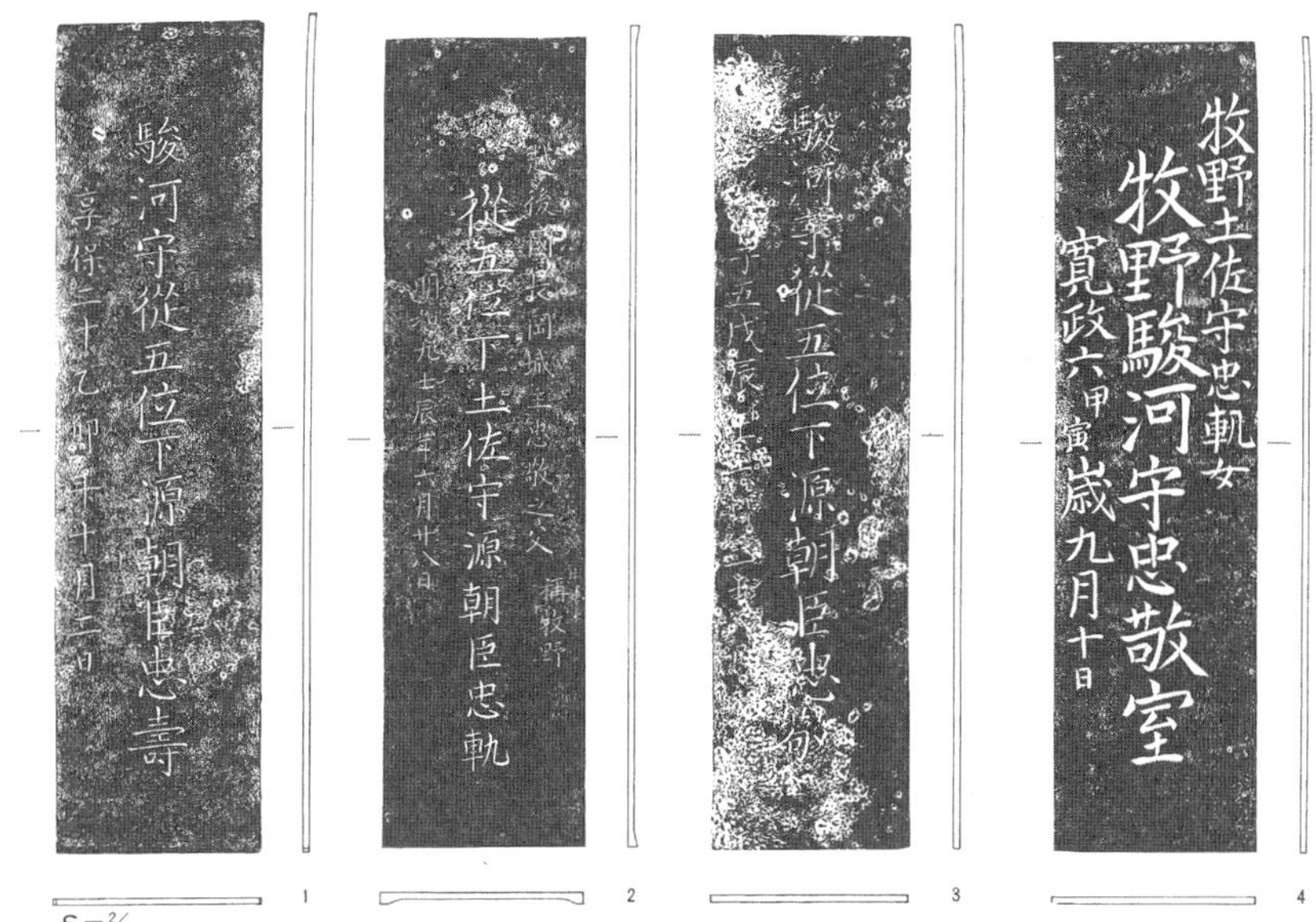

図７　長岡藩牧野家出土銅製銘板（註 20 より一部加筆）
（1：4 代藩主　2：5 代藩主　3：6 代藩主　4：6 代正室）

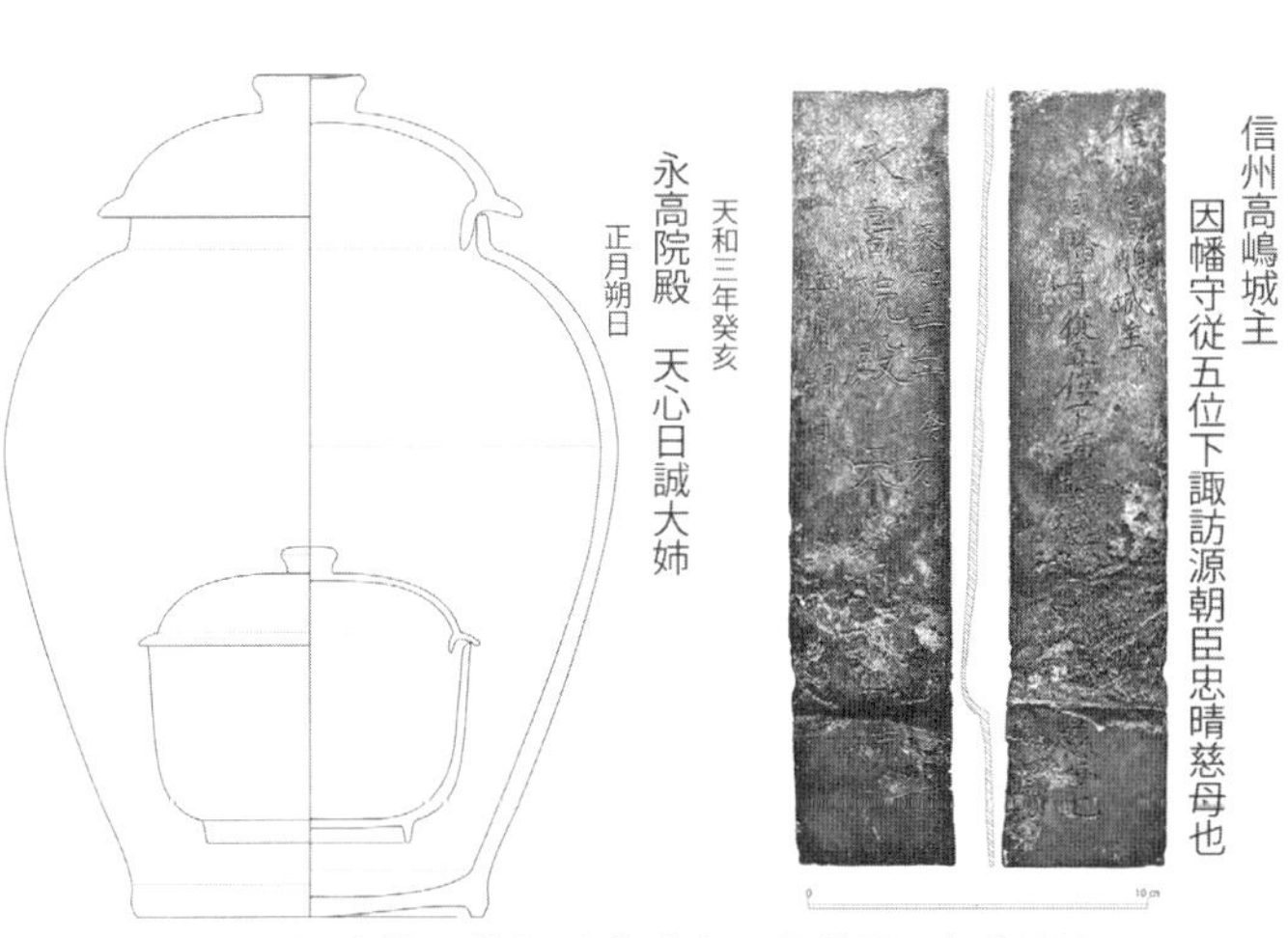

図９　諏訪藩３代諏訪忠晴生母骨蔵器と銅製銘板
（実査・諏訪市博物館所蔵）

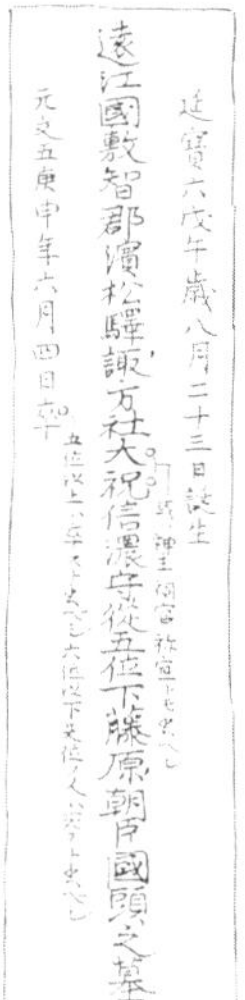

図８　杉浦國頭銅製銘板
（註 23 より）

製牌に類似した例であることを指摘している点が重要である。加えて、荷田春満と杉浦國頭の関係は師弟以上で、杉浦國頭の正室は春満の姪・真崎を娶ったとされ婚姻関係もあった。

さらに類例では、諏訪家三代藩主忠晴の生母・永高院墓出土遺物に着目したい。永高院は、江戸で没して雑司ヶ谷の日蓮宗法明寺に葬られた。昭和四三年、改葬に伴い白磁の骨蔵器と銅製「牌」（図９）が確認されており、先の牧野家、杉浦國頭（図８）の葬礼に類似する。

諏訪家は中世以来諏訪神社大祝と密接に関連している点は、杉浦國頭と共通し神道で繋がる。近世期に諏訪頼水が初代として高島藩をおさめ、初代の墓所を茅野市頼岳寺に求め二代忠恒が石廟を建立し祖父、曾祖父の廟所として祀った。二代忠恒以降は諏訪市阿仁温泉寺を墓所とするが、三代忠晴が温泉寺を歴代藩主墓所として再整備し近世諏訪家発展の基礎を築きあげたといっても過言ではない。

三代忠晴の墓所整備については、坂詰秀一[24]が指摘するように歴代墓碑の法名の下の置き字「神儀」や、墓上部形態の鶏卵半截形に認められるように神牌（碣）を具現したものとされている点は、極めて神道的な要素が強いことに注視する必要があろう。併せて坂詰は、近世大名家墓所における墓制について仏式仏葬、神式仏葬、神儒式仏葬、儒式儒葬が存在するとして、多様性に富むことを指摘されており既に宗教性に言及されている。

かかる指摘を踏まえれば、三代忠晴生母・永高院の葬制は火葬（仏葬）であり、銅製の牌を伴う（神葬）。埋葬において炭化物・石灰が使われ（儒葬）、一字一石経（仏葬）が埋納されていた。まさに宗教の複数性（混淆状態）を示していると言えるのである。今後、近世大名墓研究は、宗教的な多様性について各家ごとに丁寧に読み解く必要性がある。

【註】

(1)松原典明　二〇一二『近世大名葬制の考古学的研究』雄山閣。宗教性についての概念は、黒住　真　二〇〇六『複数性の日本思想』（ペリカン社）を参照されたい。

(2)湯本文彦　一九〇七「豊国廟始末記」（『史学雑誌』第一七編一号）に秀吉没後三百回忌のための改葬工事で発見された秀吉墓の詳細が記されている。元禄期以前の盗掘の後に改葬され瓦経が納められたことを『定基卿記』の記載から示している。

(3)徳橋達典　二〇一三『吉川神道思想の研究』ペリカン社。安蘇谷正彦・田沼眞弓編　一九九五『神葬祭資料集成』（國學院大學日本文化研究所）に、近世における吉田神道の墓として保科正之の葬制が挙げられるが吉川惟足による葬法は『家礼』に依拠したものであった。

(4)横須賀市教育委員会　二〇〇五『向井将監正方夫妻墓調査報告』

(5)岡田荘司　一九八二「近世神道の序幕」『神道宗教』一〇九号

(6)山崎闇斎と伊勢神道との関連について、田尻祐一郎　二〇〇六『山崎闇斎の世界』（ペリカン社、七四頁）に「山崎闇斎の主観に即して言えば、仏教の影響を免れた唯一の聖域として伊勢神宮があり、それを崇敬し、伊勢神道の教えに心底から共鳴していることは疑いようもない。」と記している。

(7)井上智勝　二〇〇八「近世神社通史稿」（『国立歴史民俗博物館研究報告』第一四八集、一七三頁）の中で、「吉田兼倶による元本宗源神道（吉田神道・唯一神道）の提唱は、後世の学者から批判を浴びているように不徹底な部分はあるが、神道を仏教から独立させ、その優位を説いた点において画期的であった。」とし、神仏習合している中、神道を仏教から独立させたことについての評価を示している。

(8)田尻祐一郎　二〇〇六『山崎闇斎の世界』ペリカン社、二五〇頁

(9)横井金男　一九四三『古今伝授沿革史論』（大日本百科全書刊行会、三一九頁）に古今伝授に尾神道儒学などの結合、として示されている。

(10)酒井茂幸　二〇一七「天和三年の古今伝授―近衛基熙『伝授日記』の作成を中心に―」『国文学研究資料館紀要』第四三号・文学研究篇

(11)岩淵令治　二〇一一「近世大名家の葬送儀礼と社会」『国立歴史民俗博物館研究報告』一六九

(12)鳥取県立博物館　二〇〇四『鳥取藩三二万石』
(13)大森映子　二〇〇一「萩藩毛利家の相続事情：養子相続と公的年齢」『湘南国際女子短期大学紀要』第九号
(14)河越逸行　一九六五『掘り出された江戸時代』雄山閣（改訂増補版は一九七五）
(15)坂詰秀一　二〇〇九『近世大名家墓所の調査―芳心院殿妙英日春大姉墓所―』雄山閣
(16)石田　肇　二〇一九「墓誌と墓碑」（科学研究費補助金「石造物研究に基づく新たな中近世史の構築」研究成果発表会）で、紀州徳川家第一四代藩主徳川頼倫理の銅製銘板を示してており、幕末まで金属製銘板が埋納されていた事例として注視する必要があろう。
(17)港区教育委員会　一九九八『港区文化財集録』第四集
(18)「増補穆公遺事」（香川県教育委員会　一九七九『新編香川叢書　史料編（１）』）は、高松藩記録所役の瀧信彦が、藩主頼恭（穆公）の没後、その言行について儒学者後藤芝山著の「穆公遺事」を元に補筆する形で書き上げたもの。
香川県立ミュージアム　二〇一五『高松藩主松平家墓所調査報告書』
(19)岸和田市　一九七〇『岸和田市研究紀要』第一号。岸和田市教育委員会一九七一『志乃比草』（二）。岸和田市教育委員会　一九七二『岸和田の文化財写真集（２）十輪寺岡部長著公墓移転記録』
(20)港区教育委員会　一九八六『港区三田済海寺長岡藩主牧野家墓所発掘調査報告書』
(21)豊川市桜ヶ丘ミュージアム　二〇〇九『三河に興りし牧野一族―戦国から幕末への軌跡―』
(22)大貫真浦　一九一一『荷田東麿翁』会通社、七五頁。國學院大學　二〇一二『国学の始祖荷田春満資料展』
(23)杉山林継　一九九一「杉浦国頭の葬儀」『國學院大学日本文化研究所紀要』第六七輯
(24)坂詰秀一　二〇一七「近世大名家墓所の保全と活用―「高島藩主諏訪家墓所」の特徴」『第九回大名墓研究会』
(25)坂詰秀一編　二〇〇九『近世大名家墓所の調査』雄山閣

脱稿後、吾妻重二　二〇二〇「日本における『家礼』式儒墓について―東アジア文化交渉の視点から（一）」（『関西大学東西学術研究所紀要』53輯）と、松川雅信　二〇二〇『儒教儀礼と近世日本社会―闇斎学派の『家礼』実践―』（勉誠出版）を御恵贈いただいたが反映できなかった。

戦国武将と居城との関係

加藤　理文

はじめに

応仁の乱以降、全国に広がった動乱によって中世墓の伝統が壊れ、対照的に多彩な形の埋葬が行われたことから、様々な墓が営まれた。徳川幕府が成立し、幕藩体制が確立する中、大名の家格や系譜が重視され、近世大名墓が成立する。中世から近世へと移り変わるなかで死去した武将や初代藩主たちは、どこにどのように埋葬されたのであろうか。後の改葬によって当初の埋葬地がはっきりしないケースが多い。また、合戦等で戦死し、遺骸も確認できない武将も見られる。戦死であっても、今川義元のように、正式な手続きで首級等が返還され埋葬されたケースも少ないが存在する。いずれにしろ、出自もあいまいで父祖伝来の墓所も持たず、成りあがった武将が戦国大名なのである。こうした武将たちの埋葬地と、その居城との間にどんな関係が見いだせるのであろうか。統一政権の誕生によって、父祖伝来の土地を離れ、新たに新領を得、そこに居城を構え、死亡したケースもある。あるいは全国規模で展開する合戦に従軍し死亡したり、果ては朝鮮に渡海しその地で死亡したりした武将も多い。このように、統一政権誕生に伴う果てしない戦いの最中に没し、埋葬された武将を中心に、どこにどのように埋葬され、その居城とどのような関係にあったかについて、判明する範囲でまとめることとする。

一　城内埋葬された武将

死亡した先代を居城内に埋葬した事例はほとんど見られない。唯一、天正六年（一五六八）に死去した上杉謙信のみ遺骸に鎧を着せ帯刀させ「甕」の中に入れて、甕には漆を流し込んで固め、春日山城（新潟県上越市）内の不識院に安置されたと言われている。後継の上杉景勝は、慶長三年（一五九八）、秀吉の命により会津一二〇万石に加増移封されると、謙信の亡骸の入った「甕」も掘り出され、会津若松城（福島県会津若松市）内に移されたと言う。謙信の霊柩移動に際しては、その周囲にある一片の土も運ばせたと伝えられる。会津での埋葬場所は、現在の本丸鉄門の西側の地と言われ、ここでも城内に埋葬されている。さらに、関ヶ原合戦後、米沢へと転封となるが、やはり会津から謙信の霊柩（甕）は、僧侶その他の者により厳重に守られ運ばれた。米沢入りを果たしてからは、米沢城（山形県米沢市）の本丸の南東隅高台に御堂（霊廟）を建立して「祠堂」とし、中央に謙信霊柩、その左右の脇陣に善光寺如来像と泥足毘沙門天像を共に安置した（図１）。以後、景勝の命により大乗寺、法音寺など真言宗寺院の能化衆が、毎日の供養を欠かすことなく厳修したと云

図１　米沢城本丸南東隅櫓台上の上杉謙信祠堂跡

う。その内容は、非常に厳しく定められ、明治を迎えるまで厳格に行われ続けた。歴代の上杉家当主も、命日には精進を心がけ参拝供養したと伝えられる。現在の上杉家廟所は米沢城址の北西あたりに位置しており、この場所は元々米沢城に一大事があった場合、一時的に謙信の霊柩を避難させる場所として設けられたと言う。元和九年（一六二三）景勝が他界すると現在の廟所に埋葬され、以後一二代藩主までここに埋葬されることになる。明治政府の廃城令に伴い米沢城は解体されたため、米沢城本丸から謙信の霊柩は上杉家廟所に移され、現在に至っている。度重なる移封にも関わらず、常に謙信の亡骸は持ち出され、城内に埋葬され続けたのである。

元亀二年（一五七一）六月一四日、毛利元就が城麓の御里屋敷で死去した。遺骸は茶毘に付され、その居城吉田郡山城（広島県安芸高田市）の山麓に埋葬され墓標としてハリイブキの木を植えたと伝わる（図2）。翌年の三回忌に際し、孫の輝元によって菩提寺、洞春寺が建立され、境内に墓が建てられた。墓所は上下二段に分かれており、下段には明治期に作られた毛利氏歴代の墓所、上段に元就の墓所と百万一心碑がある。元就の墓所はさらに前域・後域に分かれており、前域には寄進を受けた燈籠が並び、後域に元就の遺灰が埋葬されている墓が位置する。だが、輝元が広島城（広島市）へ居城を移すと寺も移転する。だが、元就の墓だけはここから移さず残され、代々の毛利氏によって修

図2　吉田郡山城山麓の毛利元就墓所

理・管理が行われ続けた。墓所の前域の石灯籠は、広島藩七代藩主浅野吉長、九代藩主・重晟や、毛利氏親族などが奉献したもので、後域には、広島藩主浅野吉長寄進の石垣をめぐらしている。このように、元就の墓所は毛利氏一族だけではなく、関ヶ原以降の広島藩主浅野家によっても管理されていたのである。なお、洞春寺跡の遺構は、墓所のある段を中心に、三段が広く約四〇〇〇平方メートルの規模で、この地に建物があったと考えられている。毛利氏は萩移封後、初代秀就が大照院、三代吉就が東光寺を建立し、歴代藩主は交互に埋葬されることになる。輝元のみ天樹院に墓所が設けられた。他家では、菩提寺建立に併せ初代の墓所を移すことも多く見られるが、元就は領外の吉田郡山城から移ることは無かった。

城内の墓と言えば、織田信長の墓は、その居城であった安土城天主の西下曲輪（伝二の丸）に位置している。信長の遺骸は未発見であるため、遺骸が入っているわけではないが、信長の死の翌年である天正一一年（一五八三）二月、信長愛用の太刀や烏帽子、直垂などを納め、一周忌の法要が執り行われたと言う。『蒲生郡志』は、秀吉の築造と記す。秀吉は、摠見寺にこれを守るように命じたと伝わる。摠見寺には、信長の菩提を弔うということで、一〇〇回忌、一五〇回忌、二〇〇回忌、二五〇回忌と、五〇年ごとの遠忌供養の記録が残されている。この供養には、本山妙覚寺（京都市）を初め、多くの僧侶が参加した記録も残る。また、安土に領地を持つ仁正寺（西大路）藩主市橋氏や織田家の一族が信長廟に参詣した記録も残る。廟所は、周囲を石垣で囲み、中央部に門を構え、内部中央に二段の石垣が積まれ、最上段に楕円形の石が置かれている。江戸時代に書かれた「近江名所図会」では、「信長公墓」として五輪塔が描かれているが、一般的な墓の姿として描いたのか、それとも実物を描いたのかは解らない。現在の墓は、廟所入口にある「護国駄都塔」の天保一三年（一八三二）四月一日の銘文から、この時改修されたと考えられ、石垣が全て亀甲積のような切石積である事実が、これを裏付ける。摠見寺は、代々織田氏の一族が住職を務め、信長の菩提を弔っていたが、檀家を持たないため、幕府からの扶持二二六石余では寺を維持運営するのも難しかったと思われる。これを援助していたのが元禄八年（一六九五）、信長の次男・信雄の子孫である信休が大和松山から柏原に転封され、再興した柏原藩であった。摠見寺は、この柏原藩と密接な関係を持ち、藩は「山役人」を派遣していた。彼らは、公儀への届け出、山内の管理など、寺運営の実務を担当していたようだ。さらに、安土山内の伝長谷川邸跡に、信雄以下四代の供養塔を建造し、安土山を柏原藩の祖先を祭る地ともしている。亡骸は無くとも、安土山は信長を祭る聖地になったのである。

秀吉子飼いの堀尾吉晴は、豊臣政権下では「三中老」の一人として、東海道の要衝・浜松城（静岡県浜松市）主を務め、関ヶ原合戦では、反家康派との調整・周旋を務め、戦後、出雲富田二四万石に加増移封された。嫡男忠氏が早世し、孫の忠晴が家督を継ぐと、幼年のため後見役を務め、居城を月山富田城（島根県安来市）より、松江城（島根県松江市）に移した。慶長一六年死去すると、その遺言によりかつての居城・月山富田城の山麓の城内に位置する巖倉寺の境内に埋葬された（図３）。

中国地方の三大謀将と呼ばれた宇喜多直家は、天正九年（一五八一）に死去したが、嫡子の八郎（後の秀家）が、わずか

図３　月山富田城山麓の堀尾吉晴の墓

一〇歳であったため、その死は翌年まで秘匿された。遺骸は、城内に埋葬されていたが、公表と同時に岡山城下石関町の平福寺に改葬。死の秘匿という特殊事例による城内埋葬であって、目的を持った埋葬ではない。なお、寺は明治期に廃寺となっている。

このように城内に埋葬された武将は数えるほどでしかない。おそらく、引き続き城が使用され続けている状態では、城内埋葬は無理と判断したのであろう。安土城、吉田郡山城、月山富田城は、埋葬時点で廃城となっているため、城そのものを墓標としても問題なかったということであろうか。信長や元就墓所が、江戸期を通じて他家を含めて供養され続けたのは、彼らがそれだけ稀代の英雄として崇拝されてきたことの証であろう。こうした中で、上杉謙信のみ転封されても墓を移し、常に城内に埋葬し続けられ、明治を迎えるまで毎日の供養が厳格に行われ続けてきた。上杉家にとって、謙信がいかに崇拝の対象であったかを物語る事例である。

二　城近くに埋葬された武将

埋葬場所が判明する新興の戦国武将の多くが、菩提寺等を持たないことが多い。そのためであろうか、ほとんどの武将の埋葬地は城を望める場所にある。遺言によって、廃城となった旧居城内、またはその山麓部を墓所としている武将も見られる。やはり、藩祖あるいはそれに準ずる武将は、居城との関係を重視して埋葬されたということであろう。ここでは、城から概ね一キロ圏内に墓所が位置する例をまとめておくことにする。

越前を平定した朝倉孝景は文明一三年（一四八一）、病死した。墓は、朝倉館跡の背後の高台に位置する。孝景の法名である一乗谷殿英林宗雄から英林塚と呼ばれ、高さが約二メートルの笏谷石製の宝篋印塔で、現在は保存のため堂宇で覆われている。

山陰山陽の一一ヵ国を支配した尼子経久は、天文一〇年（一五四一）、月山富田城（島根県安来市）内で死去した。創建ははっきりしないが、経久が父・清定の菩提を弔うために建立した、月山富田城の対岸に位置する洞光寺に墓所が残る。

八カ国の守護を兼任し中国地方一の大大名となった尼子晴久は、永禄五年（一五六二）月山富田城内で急死する。墓（宝篋印塔）は、月山富田城の南側の塩谷口の先の山麓に位置する。敵対する毛利氏に秘匿するため、城内近くの山麓にひっそりと埋葬したとも言われるが定かではない。一説では、経久の墓とも言う。

戦国時代に美濃斎藤氏の家臣で「西美濃三人衆」と呼ばれた稲葉一鉄は、天正一二年（一五八四）清水城（岐阜県揖斐川町）に隠退し、この地で没した。墓は、城よりほど近い月桂院の墓地内に、石垣を廻らし一段高くした壇上に残る。

毛利元就の次男で吉川氏の当主であった吉川元春は、隠居所として現在の北広島町に館（現在の国指定史跡吉川元春館）を建設した。天正一四年（一五八六）、秀吉の強い要請で九州小倉へと出陣するが、そこで病没。遺骸は館に戻され葬送された。墓所は、館跡の西側に位置する海応寺に南接して設けられている。

図４　豊臣秀長の大納言墓所

天正一九年（一五九一）、大和郡山城（奈良県大和郡山市）内で没した秀吉の弟・豊臣秀長は、現在の大納言塚に葬られたとされる。当初、この近くに秀吉が建てた大光院という菩提寺があり、墓地を管理し菩提を弔っていたが、豊臣家滅亡後、京都に移され、位牌は東光寺（のちの春岳院）に託された。その後墓地は荒廃したが、安永六年（一七七七）、春岳院の僧、栄隆や訓祥が郡山町中と協力して外回りの土塀をつくり、五輪塔を建立した。現在残る五輪塔がこれにあたる（図4）。

南部家の藩祖とされる南部信直は、慶長四年（一五九九）福岡城（九戸城）で病没する。墓は、南部氏発祥の地である聖寿寺館（青森県南部町）に隣接する三光寺境内に残る。

中村一氏は、天正一八年（一五九〇）の小田原合戦後、一四万石をもって駿府城主となった。慶長五年（一六〇〇）、関ヶ原の戦いでは東軍に属すが、合戦前に病死。駿府城北側の賤機山の麓の臨済寺に葬られたとされる。

徳川四天王として名をはせた井伊直政は、慶長七年（一六〇二）に佐和山城（滋賀県彦根市）で死去した。直政の遺骸は、善利川の中洲で火葬され、跡地には長松院という寺院が建てられた。由緒書によると、火葬の地に兵器を副葬して塚を建てた。当初は家臣の三名昼夜交代で番をしていたが、通常の勤めもあるので、甲斐国から永胤老師を招き、師がここに長松院を建立したという。これとは別に、その居城であった佐和山の山麓を削平して平坦地を造り出した直政の墓所が、清凉寺に存在する。

秀吉の正室・おね（高台院）の甥・小早川秀秋は、関ヶ原の戦いで徳川家康の東軍に寝返り、戦後岡山五五万石の太守となった。慶長七年（一六〇二）、上方からの帰国途中で行った鷹狩りの最中に体調を崩し、その三日後に死去した。岡山城下の満願山成就寺に葬られたが、法号にちなみ瑞雲寺と改称、墓は本堂の中にあり、木造も安置している。

お市の方の次女・初（常高院）を正室とした京極高次は、慶長一四年（一六〇九）に死去すると、居所として使用していた後瀬山城（福井県小浜市）北山麓の下屋形（若狭武田氏の守護所）に葬られた。この地は、そのまま高次の菩提寺の敷地となり、「泰雲寺」と命名された（後に「空印寺」と改名）。

中村一氏の嫡男一忠は、関ケ原合戦後、伯耆国一八万石を与えられ米子城（鳥取県米子市）を築き居城とした。一忠は、駿河にあった感応寺を城山の背後に位置する現在地へと移し、菩提寺とした（図５）。慶長十四年死去すると、後継ぎが無かったことから中村家は断絶となった。遺骸は、感応寺裏山の墓域に葬られたとされる。明治四二年（一九〇三）、御影堂は老朽化により壊され、木像は本堂に移され、墓域も整備された。昭和三四年（一九五九）に、墓域に五輪塔が建てられた。

徳川四天王の一人本多忠勝は、関ヶ原合戦後、伊勢桑名一〇万石を与えられ、桑名城（三重県桑名市）を築いた。慶長一五年（一六一〇）、桑名で死去すると、浄土寺で火葬され、浄土寺と良玄寺の二箇所に分骨された。大多喜城主時、菩提寺として建立した寺が良玄寺である。

豊臣政権の五奉行筆頭の浅野長政は、関ヶ原合戦では東軍に属し、戦後、嫡男・幸長は紀伊和歌山三七万石を領す大大名となった。長政は常陸真壁五万石を隠居料として与えられ、慶長一六年（一六一一）、真壁陣屋（茨城県桜川市）

図５　感応寺より米子城跡を望む

で死去した。墓は、城に近い伝正寺に残る。

平戸藩初代藩主の松浦鎮信は、慶長一九年（一六一四）に死去すると、平戸城（長崎県平戸市）の南側に自ら建立した最教寺に葬られた。

元和元年（一六一五）に、初代津島藩主の宗義智が死去すると、居館としていた金石屋形（金石城＝長崎県対馬市）の西に墓所を設けた。創建当初は、松音寺と称したが、元和八年（一六二二）に法号に因んで万松院と改めた。正保四年（一六四七）、山麓を切り拓いて現在の寺地に移った。

伊達政宗の近習の片倉景綱は、元和元年、居城の白石城（宮城県白石市）で死去した。遺骸は、菩提寺として創建した傑山寺に埋葬され、敵に暴かれないようにあえて墓石は建てず、一本杉を墓標にしたといわれている。悲しんだ政宗は自らの愛馬を下賜、棺を引かせて景綱を見送ったとも言われる。

元和年間以降は、元和五年（一六二〇）に苗木城（岐阜県中津川市）主・遠山友政が、城山麓の菩提寺・雲林寺に埋葬。毛利輝元は、寛永二年（一六二五）、隠居所の四本松邸で死去すると、そこで荼毘に付され、遺骨は隠居所に埋葬。吉川広家は、寛永二年に通津の隠居館で死没すると、岩国城（山口県岩国市）山麓の横川に葬られた。真田信之は、万治元年（一六五八）に柴村の隠居館（長野県長野市）で死去した。遺骸は館の地で荼毘に付され、その灰塚の地に墓碑（宝篋印塔）が建てられ、館をそのまま大鋒寺としている。

このように、戦国期から信長、秀吉、家康による統一戦を戦い抜いて、一国一城を得た著名な武将たちは、城に近い山麓に葬られたり、あるいは隠居所をそのまま墓所とし寺院としたり、城下に墓所を求めたりするなど、城と極めて深い関係が見られる。隠居所そのものが、城近くにあるため、必然的に墓所は城の近くであった。後に、大名墓所への埋葬が恒常化すると、初代藩主の供養塔が建てられることは多いが、改葬して墓を移すケースは極めてまれである。また、井伊家や宗家のように初代の墓が引き続き、家の墓所となって引き継がれていくこともあるが、それ程多い事例ではない。面白いのは、尼子晴久や片倉景綱のように、墓を知られないように秘匿したと伝わる事例があることだ。政情不安定の時代における、墓を守る一方策ということであろうか。

三　城を望む場所に埋葬された武将

藩祖の墓が、距離は遠いものの明らかに城を見下ろすような場所に営まれたり、逆に城から常に藩祖の墓所を望むことが出来るようにしたりするケースも見られる。これは、藩祖への追慕の思いが高じた結果でもあり、藩主自らが遺言により、城を見渡せる位置を墓所とし、永遠に子孫を見守ろうとしたと思われる事例もある。

加藤清正は、関ヶ原戦では東軍に味方し、戦後肥後一国五二万石の大大名となった。終生、秀頼には忠誠を尽くし豊臣家の存続に奔走。慶長一六年（一六一一）、二条城において家康と秀頼の会見を無事成功させ、帰国途中の船中で急の病を発症させ、熊本城（熊本県熊本市）に戻ると間もなく病没した。遺言によりその遺骸は熊本城と同じ高さにあたる城の北西・中尾山の中腹に埋葬され、廟（浄池廟）が建てられた。遺骸は甲冑を着た姿で石棺に朱詰めにされて埋葬されたという。今も廟所内の清正像の真下で眠っている。その後、火災で焼失した本妙寺を浄地廟下の現在地に移転。現在の大本堂と浄池廟の建物は、明治二七年（一八九四）に再建されたものになる。

山内一豊は、慶長六年（一六〇一）、関ヶ原合戦の功によって、土佐一国の城主となった。一豊は、高知城（高知県高知市）を大改修し居城とした。同一〇年（一六〇五）、下屋敷で死去し、真如寺の南に位置する日輪山（筆山）に埋葬された。筆山は、城の東南約一キロ、鏡川を挟んで城の対岸に位置する。当初は、一豊の墓所であったが、四代藩主豊昌が、寛文九年（一六六九）三代藩主忠豊の葬儀にあたり、墓域の拡張や墓石の再配置を実施し、今日の山内家墓所の基礎を築いた（図6）。おそらく、この改修によって藩祖一豊以下の藩主の墓所を北向きに改変し、正月などの儀礼に用いられる高知城本丸御殿の正面に持ってきたのではないだろうか。

伊達政宗は、生前ホトトギスの初音を聞き、遺骸を経ヶ峯に葬るよう遺言し、寛永一三年（一六三六）に死去。二代藩主忠宗は、遺言に従い翌一四年、政宗の御霊屋を経ヶ峯の東部に建立して「瑞鳳殿」と命名した。瑞鳳殿は仙台城本丸を向くように西向きで造られた。逆に城の本丸からは、広瀬川を挟んで墓所を見下ろすことが出来る。詳しく見れば仙台城のシンボルであった本丸懸造のほぼ八〇〇メートル真東に位置することになる。懸造から城下を望めば、常に眼下に藩祖・政宗を臨むことになる。明らかに、意図的な配置であったとしか思えない（図7）。

図6　筆山中腹の山内一豊の墓

前述の三武将は、明らかに城を意識して墓所を築いた事例になろう。こうした例とは別に、墓地から城を望める距離は、どの程度であったかを考えてみたい。高低差や丘陵や山々によって遮られるケースもあろうが、城を望める距離と考えるなら概ね三キロまでであろう。山門から岡崎城天守が望める三河松平家の墓所・大樹寺（愛知県岡崎市）が直線距離で約三キロである。平地に築かれた岡崎城天守を望める距離が三キロなら、小高い丘や山城は、視界を遮る山さえなければ、かなり遠くからも望めるということである。また、この三キロ圏内という距離感は、墓参りという観点から見れば、おおよそ徒歩で三〇分程度である。墓参りを考慮すれば、極めて妥当な距離と評価される。

以下、三キロ内外に墓所が位置する例をあげておく。徳川四天王の一人、榊原康政は、天正一八年（一五九〇）、一〇万石を領し館林城（群馬県館林市）主となった。慶長一一年（一六〇六）に没し、善導寺に葬られた。改葬に伴い発掘調査が実施され、康政の遺骨は火葬された直葬と判明。居城との距離は、約一・二キロである。

常陸国内を統一し全盛期を築きあげた佐竹義重は、太田城（茨城県常陸太田市）にて隠居生活を送った。関ヶ原合戦後常陸五四万石を没収の末、秋田二〇万石へ転封。慶長七年、鷹狩中の落馬が元で死去すると、久保田城（秋田県秋田市）より約二キロ離れた天徳寺に葬られ、後に閩信寺に改葬された。

島津義久は、慶長一六年（一六一一）、国分城（鹿児島県霧島市）にて病死し、遺体は約一・四キロ離れた鹿児島の福昌寺に埋葬されたが、国分の金剛寺跡にも抜歯が納められている。「鬼島津」の異名で知られる弟・義弘の墓所も、同じ長谷場御墓（福昌寺跡）にあり、位牌は日置市の妙円寺にある。

図７　仙台城本丸懸造跡から見た瑞鳳殿

四　城から離れた場所に埋葬された武将

城から三キロ以上離れた場所に埋葬された武将も見られる。多くは、京都屋敷で没し、そのまま親交のある寺院への埋葬、江戸は江戸藩邸の近くに埋葬になる。また、特別な親交関係にあった寺院への埋葬も見られる。その他、信仰による関係、以前からあった菩提寺が遠方、なじみのある旧領近くの寺院というケースも見られる。

特殊な埋葬と考えられるのは二名で、いずれも天下人である。一人は豊臣秀吉で、死去後直ちに遺骸を壺に入れ朱を詰め、棺槨に納め、その日のうちに伏見城内（京都市伏見区）より京都東山の阿弥陀ヶ峰（京都市東山区）に運ばれ埋葬されている。標高一九六メートルの阿弥陀ヶ峰は、平安期から墓地、葬送の地として知られる「京の鳥辺野」であった。秀吉の建立した方広寺が山麓に営まれ、嫡男で夭折した鶴松の菩提寺・祥雲寺（現智積院）もここに位置し、言うなれば豊臣家の京都における信仰の場であったため、その山頂に葬られたと言うことであろう。

もう一人が、徳川家康である。家康も駿府城（静岡市）で死去すると、その日のうちに久能山（静岡市）に埋葬された（図８）。これは、死を目前にした家康が「遺体は久能山に葬り、葬儀を増上寺（港区芝公園）で行い、位牌は大樹寺に納め、一周忌が過ぎてから日光山（栃木県日光市）に小さな堂を建てて勧請

図８　久能山の徳川家康墓所

せよ」と言った遺言に沿ったものだと言われている。また、家康の遺骸は「四角い棺に正装姿で座した状態で、西を向いて葬られている」とも言われ、これは生まれ故郷の三河を眺めているとも、まだ豊臣の残党がいる西国や、京の朝廷に睨みをきかせているともいわれている。両者共に「吉田神道」の作法によったため、死去当日の埋葬であった。天下人である二人は、死後に居城を守護するということではなく、豊臣家あるいは徳川家、天下国家ににらみを利かせるという大きな役割があったがための埋葬と理解されよう。

駿河の守護・今川氏親は、大永六年（一五二六）今川館（静岡県静岡市）で死去。葬儀は曹洞宗最高の法式にて約四キロ離れた増善寺で執行され、この地に埋葬されている（図9）。

大内館より約四キロ離れた地にある凌雲寺は大内義興を開基として、永正四年（一五〇七）頃開山、義興の菩提寺となり、享禄元年（一五二九）義興死後に墓所が作られた。天文九年（一五四〇）に一三回忌が営まれたが、大内氏滅亡後に廃寺になったと考えられている。

里見義弘は、天正六年（一五七八）、久留里城（千葉県君津市）にて急死、約六キロ離れた菩提寺として建立した延命寺に葬られたという。また、分骨墓石が瑞龍院に残る

大和郡山城（奈良県大和郡山市）を居城とした筒井順慶は、天正一二年（一五八四）に死去すると、居城より約四キロ離れた圓

図９　今川氏親の墓所がある増善寺

證寺に葬られ、後に長安寺の墓所に移された。圓證寺は、筒井家の館の跡地で父・順昭の夫人が夫の菩提を弔うため、館を寺に改めたという。

毛利両川体制の一翼を担った小早川隆景は、慶長二年（一五九七）死去すると、約四・五キロ離れた米山寺にある小早川氏歴代の墓地に葬られた。米山寺ははじめ巨真山寺と呼ばれ、嘉禎元年（一二三五）に小早川氏の氏寺として創建された寺院である。

蒲生氏郷・酒井忠次・細川藤孝・森忠政などは、いずれも京都で死去したため、そのまま京都市内の寺院に埋葬され、供養塔が国元に建てられている。細川藤孝の場合、京都三条車屋町の自邸で死去し、南禅寺の塔頭寺院である天授庵に埋葬された。孫の忠利が熊本藩主になると、立田山の麓の菩提寺泰勝寺（現・立田自然公園）に廟所を造営、ここに墓も造られた。池田輝政は、慶長一八年（一六一三）、姫路にて死去すると、京都の妙心寺護国院に葬られたが、護国院が炎上したため、寛文七年（一六六七）光政が和意谷に改葬、以後池田家の墓所となっている。

加藤嘉明は、寛永八年（一六三一）江戸の桜田第で死去し、麻生の善福寺で荼毘に付された後、遺骨は東本願寺大谷祖廟（京都市東山区）に葬られた。江戸に墓所がある藤堂高虎は、江戸藩邸で死去、寒松院（台東区上野）に葬られた。元々日蓮宗であったが、家康に宗派が違うと来世で会えないと言われたため、天海を訪ね、家康と同じ天台宗に改宗したと言われる。

五　まとめ

織豊期から江戸前期に没した武将の墓所のあり方についてまとめたが、多くが、その居城から一キロ圏内に埋葬されており、城との強い結び付きが看取される。その中で、ほぼ城内埋葬と捉えられる上杉謙信や毛利元就などは、特別な事例であろう。また、織田信長のように廃城となった安土城をまるで墓標のように扱ったのも特殊事例である。三キロ圏内に広げれば、生前建立、あるいは先祖の菩提寺、都や江戸で埋葬されたケースを除くほとんどの武将があてはまる。いずれも武将も寛永年間（一六二四〜四五）以前に没しており、この時点で城は公儀の所有物というより、本領安堵された個人の所有物という認識であったと捉えられよう。近接地になくとも、その居城を見下ろす地に墓所を求めた加藤清正・山内一豊・前田利家の事例は、未来永劫城を見守り続けるためと理解される。また、城内の御殿等から墓所が望める地に埋葬された伊達政宗や井伊直政なども、常に祖廟を敬うということではないだろうか。

墓所の位置、埋葬場所に意味があったとは思われるが、規格性は無く何とも言えない。藩祖あるいはそれに準じた武将の埋葬地がそのまま大名墓所へと発展していくケースも少なく、後世造られた大名墓所の初代藩主の墓は、ほとんどが供養塔である。織豊期から江戸前期に活躍し、家を興した武将たちはそれぞれが思い思いの場所に葬られたということになろう。

【参考文献】

中井　均　二〇一八「大名墓所と居城との関係」『第一〇回大名墓所研究会―近世大名墓研究の到達点―』大名墓研究会
大名墓研究会　二〇一四『近世大名墓の成立』雄山閣
大名墓研究会　二〇一八『第一〇回大名墓所研究会―近世大名墓研究の到達点―』大名墓研究会

近世大名墓と居城

中井　均

はじめに

茶人として著名な出雲松江藩七代藩主松平治郷（不昧）の墓所は、松江城の城下月照寺にある。治郷の墓所の占地については、松江城を望む境内随一の勝地として生前から廟所場所にとして定めていたと伝えられている（大名墓研究会二〇二〇、土江編二〇〇八）。これを証する史料はないものの、治郷の墓所からは確かに松江城天守が望めるのである（写真1）。このように近世大名の墓所と居城との立地には大きな因果関係が潜んでいることはまちがいないようである。ここでは、そうした墓所と居城について考えてみたい。

写真１　松平治郷墓より松平城を望む

一　大名墓所の選地

最初に近世大名墓所の選地について見ておきたい。近世大名墓所の大きな特徴として歴代の藩主墓を一ヶ所にまとめるという特徴がある。歴代墓がまとまって存在することは現代人からすると何ら不思議でないように思えるが、戦国時代では守護大名や戦国大名が同じエリアに墓を営むことはまずなかった。歴代の墓所を営むということは墓地の選定は極めて重要であった。岡山藩主池田光政は祖父輝政、父利隆の墓所選定に関して儒者津田永忠を遣わし、儒書『礼家』に則るふさわしい地を一年におよぶ調査をおこない決定している。こうした選地がわかる事例ははなはだ少ない。ここでは居城と墓所との位置関係から大名墓所について考えてみたい。

二　墓所と居城の位置関係

大名墓所は居城とどういう位置関係にあるのだろうか。大きくは①城内、城内の寺院に営まれる場合、②城下の寺院に営まれる場合、③城下町よりやや離れた位置の墓所、寺院に営まれる場合に分類することができよう。また、注目してよい選地として関ヶ原合戦後の移封に伴い最初に入城した居城の跡付近に営む事例がある。さらに今一つとして居城から遠く離れた場所に選地するものも存在する。

①城内、城内の寺院に営まれる場合は極めて少ないが、居城と墓所に強い因果関係のあることを端的に示している。上杉謙信の墓所が上杉氏の居城である米沢城の本丸南東隅に構えられ、祠廟と呼ばれているのが最も有名な事例となろう。謙信の遺体は当初居城である春日山城に葬られ、その後の転封により会津若松城へ、さらに米沢城に移されている。ただ、この事例は上杉家歴代の墓ではなく、あくまで

も謙信個人の埋葬である。家歴代の墓を城内に設けた事例としては大和高取藩主植村家墓所がある。居城の高取城は近世の代表的な山城である。その一端に別所曲輪と呼ばれる曲輪が配されている。曲輪内には宗泉寺が建立されており、植村家歴代の墓所が営まれている。植村家が入封した段階では中腹の居館として用いられていた曲輪であったが、その後藩主邸が山麓に移ると四代藩主家敬によって元禄一一年（一六九八）に宗泉寺が創建され、藩主墓所となった。藩主墓所としての寺院であり、墓守寺としての性格が強い（写真２）。また、墓所ではないが肥後人吉藩の居城である人吉城の本丸には護摩堂と呼ばれる仏堂が中心に配置され、堂内には歴代藩主の位牌が安置されており、居城が藩主祭祀の場であったことを示している。居城ではないが、若狭小浜藩主酒井家では江戸藩邸の中に歴代藩主墓所を造営していた。

②城下の寺院に営まれるものは意外に少ない。蝦夷福山藩松前家墓所は福山城下寺町の法憧寺に営まれている。また越前大野藩主土井家墓所も城下寺町の善導寺に、近江膳所藩主本多家墓所も城下の縁心寺に営まれている。摂津三田藩主九鬼家は寛永一〇年（一六三三）に入封すると城下に心月院を開基し墓所としている。このように城下に墓所を造営するのは比較的小藩に多いようである。

③城下町よりやや離れた位置の寺院に営まれる事例は多い。信濃高島藩主諏訪家墓所は、初代頼水と

写真２　高取藩主植村家墓所

その父頼忠の墓所が上原の頼岳寺に営まれる。諏訪家の墓所は当初戦国時代の諏訪家の居城である上原城の城下の永明寺に営まれたが、寛永八年（一六三一）に頼岳寺を開基して墓所とした。しかし諏訪の中心は上諏訪の高島城下に移っており、二代藩主忠恒が慶安二年（一六四九）に新たな菩提寺として温泉寺を創建する。温泉寺は居城である高島城の東北約一・三キロメートルの地に位置している。城下の外縁であるが東北方向に位置しているのは注目できる。墓所は温泉寺の境内東側の坂道を登りつめた最奥部に営まれており、「温泉寺御廟所」と呼ばれる（図1）。

こうした城下外縁部に営まれた墓所としては薩摩藩主島津家墓所、信濃松代藩主真田家墓所、松江藩主松平家墓所、長門萩藩主毛利家墓所、肥後熊本藩主細川家墓所、伊予宇和島藩主伊達家墓所など中・大藩の大名墓に多いものの、実際に選地と居城との関係についてはよくわからない。

特異な事例として、城下より遠方に墓所の営まれたものとして常陸水戸藩主徳川家墓所がある。居城である水戸城から北方約二二キロメートルも離れた瑞龍山に営まれている。この地を墓所と定めたのは初代藩主頼房だと言われている。『水戸紀年』に「公曽テ太田山ニ畋シ玉フ　歎シテノタマハク　美哉山ヤ吾コヽニ居ラント（中略）於是瑞龍山ヲ壙塋トナシ玉ヘリ」と記されている。古代よりの信仰の山である八溝山の南山麓に位置しており、水戸城との位置関係は江戸と日光の縮小版で近似しているという。さらには徳川家が清和源氏の末流であり、清和源氏佐竹家の由緒の地を選んだことに大きな意味があったとする（常陸太田市教育委員会二〇一〇）。この水戸藩徳川家墓所はただ居城から遠く離れた地に営まれただけではなく、水戸徳川家の一族、すなわち陸奥守山藩主松平家、常陸府中藩主松平家、常陸宍戸藩主松平家という一族すべての墓所としていることは特筆される。

岡山藩主池田家墓所については初代藩主光政が寛文五年（一六六五）に家臣津田永忠に命じ用意周到

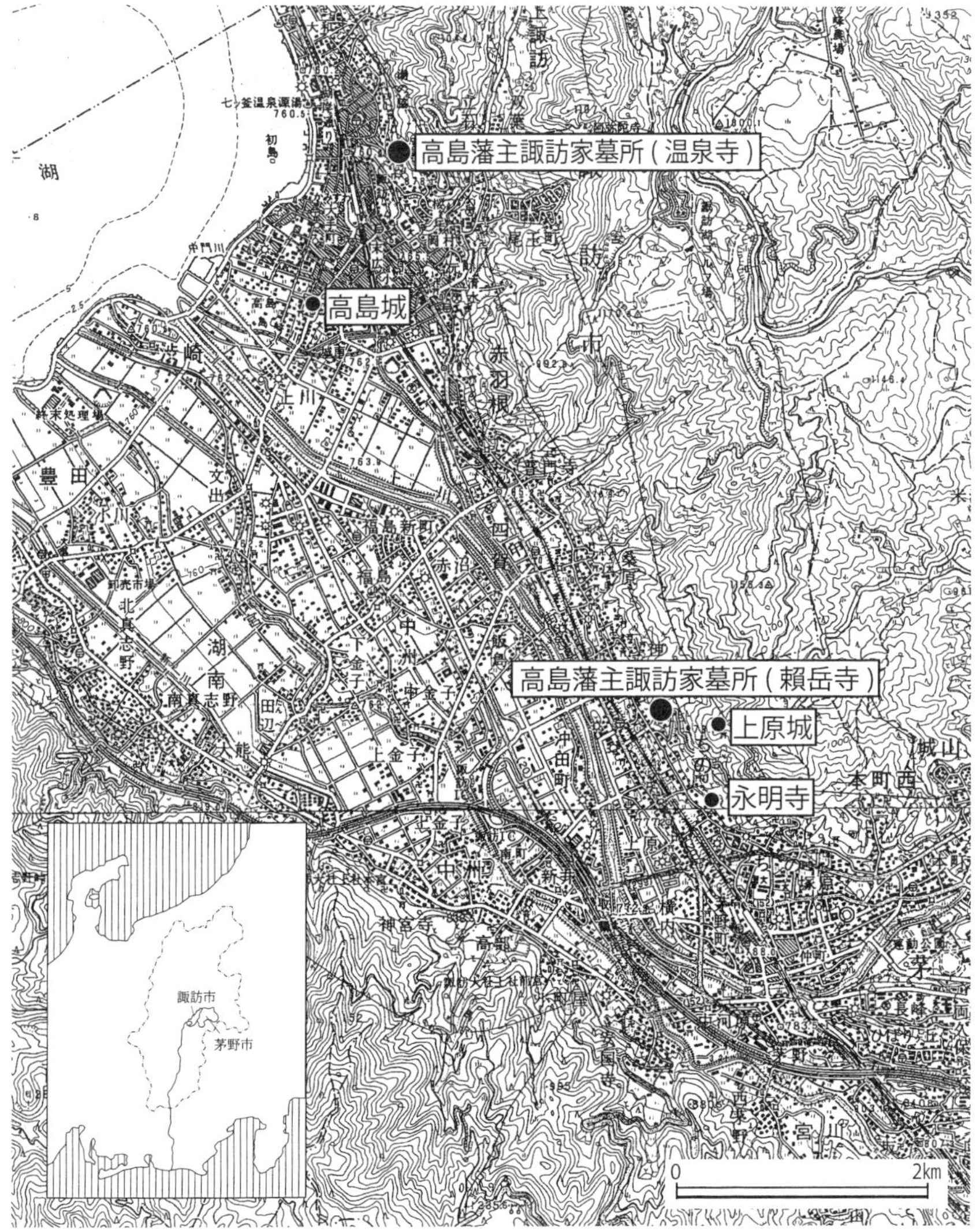

図１　高島藩主諏訪家墓所と高島城の位置図（茅野市教育委員会 2017）

に選地されたことは前述したとおりであるが、その地は居城である岡山城から東北約三五キロメートルも離れた敦土山の山中標高三五〇メートルの和意谷に営まれている。墓は儒葬墓で、儒書である『家礼』に忠実で、土の色に艶と潤いがあり、草木が元気良く育っている土地として選ばれた。この和意谷墓所には一ノ御山から七ノ御山と呼ばれる墓所が構えられている。祖父輝政、父利隆は京都妙心寺護国院に葬られていたが、和意谷で儒葬に改葬されている。光政は居城である岡山城の本丸西側の一画に儒教による祖廟も建立している。なお、池田家墓所はその後は仏式に変わり、正覚谷墓所が新たに営まれている。

一方、因幡鳥取藩主池田家では、墓標を円頭式とし戒名を刻むものの台座を亀趺とする儒教的要素を持つ。ところでこの鳥取藩主池田家墓所も居城である鳥取城からは東南に約四キロメートル離れた奥谷に営まれている。この地を選定した理由について、『興禅院様御葬礼記』には「地景方角共ニ相応之地ニ付奥谷御究可然由」と記されている。地景とは奥谷に武内宿禰の終焉地と伝わる宇倍神社や因幡国府、国分寺などが位置しており、古代因幡国の中心地であったことを示すものと考えられる。寛永九年（一六三二）に池田光政との領地替えによって鳥取入りした池田光仲にとっての因幡支配の正当性を示す場として奥谷が墓所として選ばれたのである。居城との距離が離れた場所を墓所として選んだ理由にはこうした事例もある。

さらに遠方に墓所を選定した事例には大名の出身地である本貫地としたものがある。讃岐丸亀藩主京極家の墓所は近江国坂田郡（現滋賀県米原市）の徳源院に営まれている。京極家墓所は上段の中世墓群と、下段の近世墓群から構成されている。このうち上段の中世墓群は丸亀藩二代藩主京極高豊によって中世の京極家の所領内に点在していた墓標が集められて造営されたと伝えられている。ところが下段の近世墓群のなかで最も古いものは慶長一四年（一六〇四）に没した京極高次の笏谷石製の石廟であり、高豊が京極家累代の墓所として整備したものの、徳源院を京極家の墓所としたのは高次であったことを物語っている。

京極家は近江守護佐々木六角氏の庶流ではあるが、飛騨、出雲、隠岐の守護職であり、当主の何人かは近江守護職にも補任されている。しかし、戦国時代には内訌によりその勢力は弱体化し、湖北支配は浅井家に取って代わられる。高次はその浅井家の居城で生まれ、幼少に織田信長に人質として差し出されている。秀吉時代に大津城主となり京極家を再興した人物である。その中興の祖と言うべき高次が墓所と定めたのが京極家の始祖氏信の屋敷があり、その墓所となった徳源院である。高次は大津城主ののちに若狭一国の太守となり小浜城で没したにも関わらず、小浜城下ではなく徳源院を墓所としたのはこのような理由からである。元禄七年（一六九四）に分知した多度津藩京極家の墓所も徳源院に営まれている。

徳源院は京極家の墓守寺的性格の強い寺院で、墓所の前面には本堂よりも大規模な位牌堂が建立されており、堂内には歴代藩主の木像と位牌が安置されている。

同様に肥前島原藩主松平家の墓所は、三河国額田郡（現愛知県幸田町）の本光寺に営まれている。島原藩主松平家は深溝松平家で額田郡を本貫地としている。本光寺に建立された亀趺碑には「祖先墳墓之所在也」と記されている。本光寺は深溝松平家初代の忠定によって開基された。この地は戦国時代の深溝松平家の居城である深溝城に隣接しており、戦国時代の居城と墓所の位置関係をよく示している。江戸時代に本貫地を遠く離れた藩主となっても、墓所は戦国時代以来の本貫地を動かなかったのである。

もうひとつの事例である関ヶ原合戦後の移封に伴い最初に入城した居城の跡付近に営む事例として

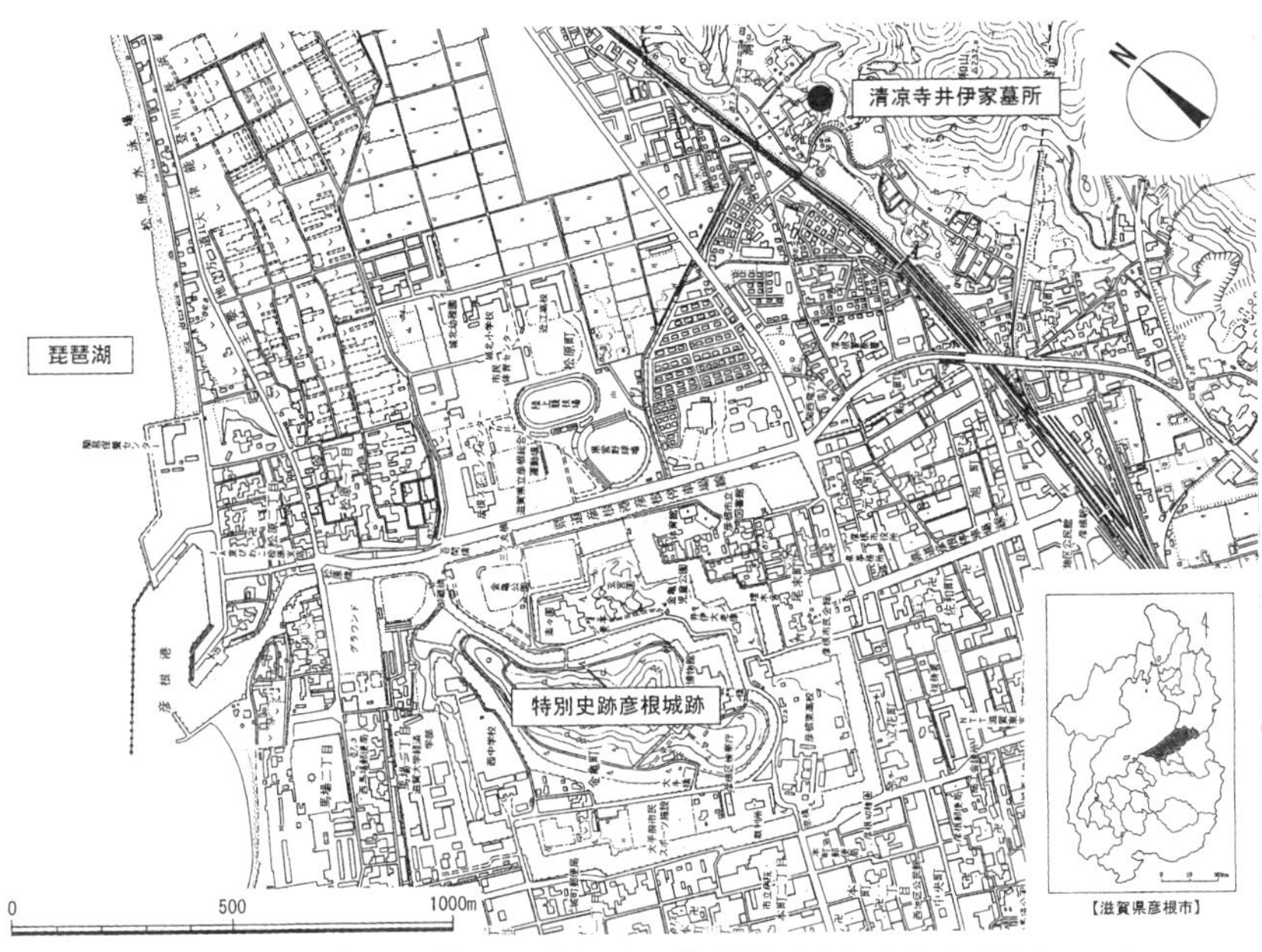

図２　彦根藩主井伊墓所と彦根城の位置図（彦根市教育委員会 2009）

は、近江彦根藩主井伊家墓所がある。墓所の営まれている清凉寺は居城となる彦根城の東北約一・五キロメートルに位置する。ここが墓所として選ばれたのは初代藩主直政が慶長五年（一六〇〇）の関ヶ原合戦の戦功により徳川家康より佐和山城を賜ったことに由来するものと考えられる。清凉寺は二代藩主直孝によって建立されており、藩主墓の墓守寺として建立されたものである。本堂内陣裏には藩主一族の位牌を安置する位牌堂が設けられていることからも、建立の意図を読み解くことができる。佐和山の西山麓には清凉寺以外に井伊家の本貫地である遠江井伊谷の龍潭寺から分寺して建立された龍潭寺、彦根城の鬼門除けとして建立された大洞弁財天長寿寺など、城下の寺町とは違う藩主と関わりのある寺社が集中している。これは佐和山城こそが徳川家康より賜った居城であり、かつ新たに築かれた彦根城の東北に位置しており、居城の鬼門除けとされたものと考えられる（図2、写真3）。

同じように関ヶ原合戦の戦功により入城した城の周辺に墓所を営んだ事例として松江藩（島根県）主堀尾吉晴、忠氏父子の墓がある。堀尾父子は関ヶ原合戦の戦功により遠江浜松城から出雲・隠岐二ケ国の太守として出雲の府であった富田城に入城する。その後慶長一二年（一六〇七）に新たな居城として松江城を築く。忠氏は松江に移る以前に没しており、吉晴がその墓所を選定したものと考えられ、富田城跡の一角に営まれた。吉晴は松江城が完成すると松江に移りその直後に没するが、墓は松江城下ではなく、富田城跡の一角に位置する巌倉寺に営まれた。こうした堀尾氏二代の墓所が富田城跡に営まれたのは、やはり出雲に入国した最初の居城である富田城を強く意識したものであると考えられる。

三　墓所と居城の方位

土佐藩主山内家墓所は高知城下ではなく、鏡川を隔てた東南約一キロメートル離れた筆山に営まれている。山麓に菩提寺真如寺を置くものの、墓所は筆山そのものに営まれている。この地が墓所となるのは、慶長一〇年（一六〇五）に初代藩主一豊が死去して葬られてからである。以後歴代藩主の墓が営まれる。藩祖一豊をはじめ多くの藩主墓は北面を向いて建立されている。一方、高知城の本丸御殿は南面

写真3　彦根城から佐和山を望む

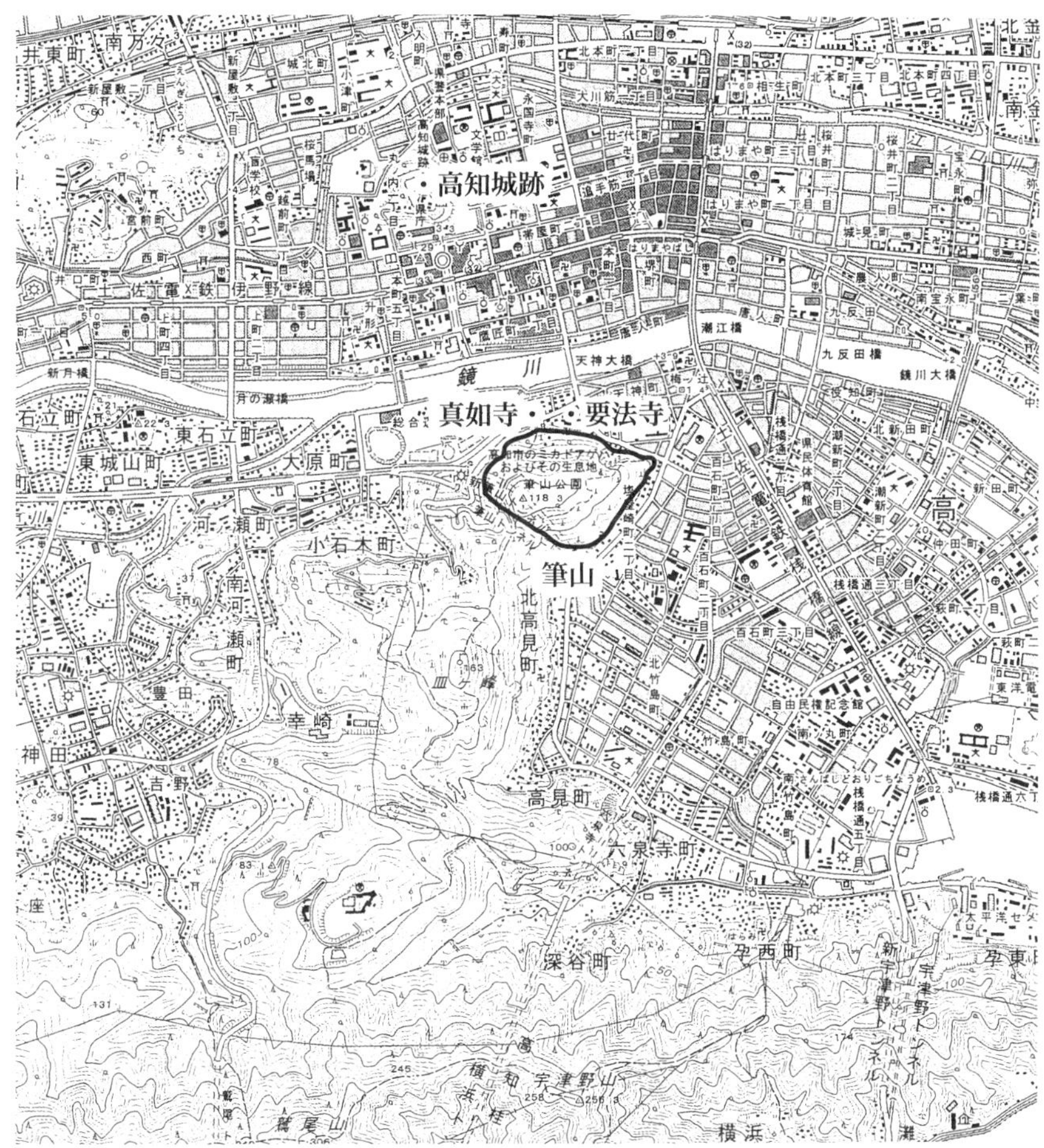

図３　土佐藩主山内家墓所と高知城の位置図
（高知県 2015）

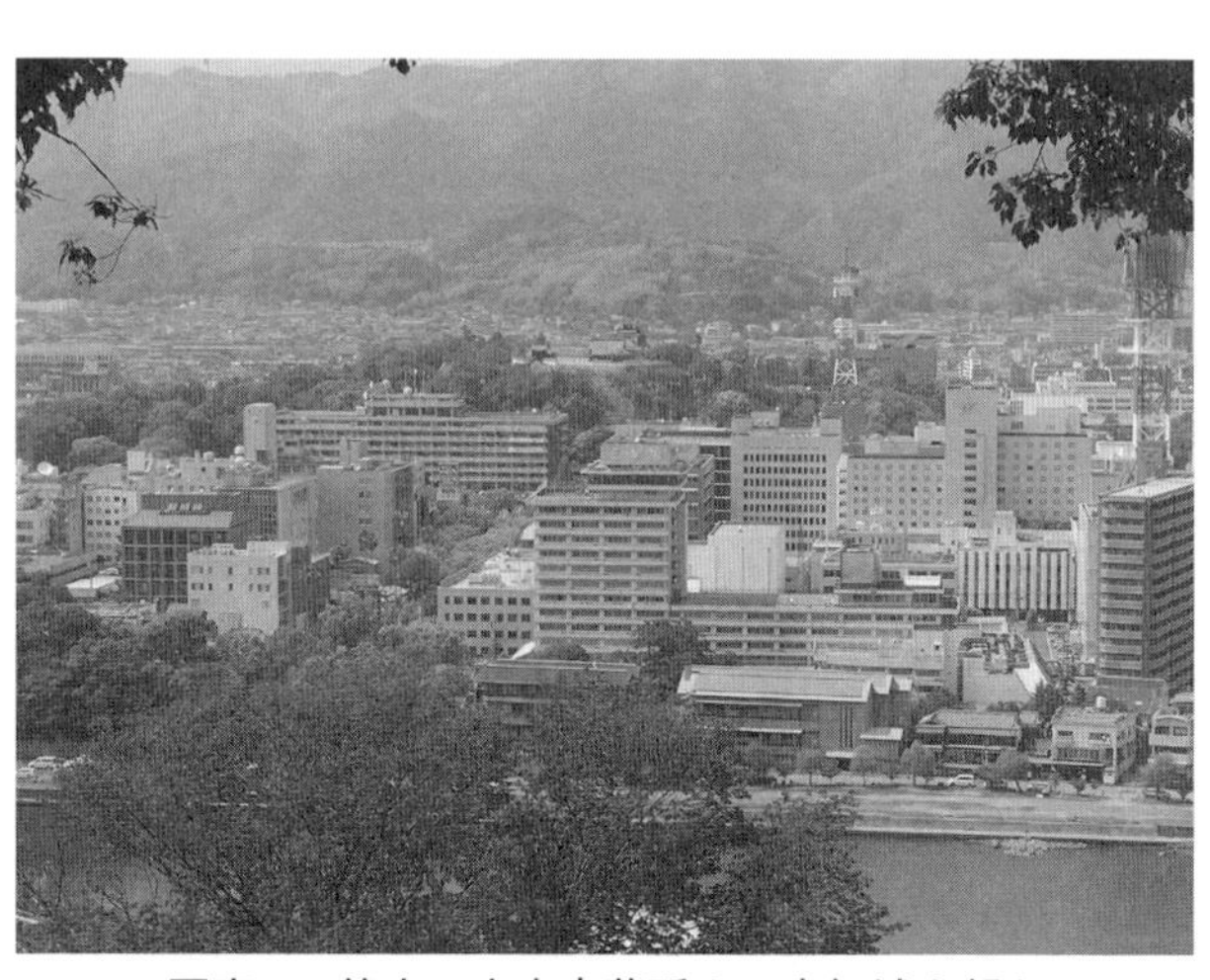

写真4　筆山の山内家墓所より高知城を望む

して書院が建立されており、両者の位置関係はまさに対面する構造となっている。高知城内における藩主の居住施設は二の丸御殿であり、墓所と対面する本丸御殿は正月などの儀礼に用いられる御殿であった。そうした儀礼的空間の南方正面に墓所が営まれたこととなる。このように居城と墓所には強い関係性が認められるものの、なぜ筆山が墓所に選ばれたのかは定かでない。ひとつの候補として居城と対面する位置関係から選ばれた可能性を指摘しておきたい（図3、写真4）。

同じく加賀藩主前田家墓所も居城である金沢城から南西方面へ約三・五キロメートルも離れた野田山に営まれている。ここでも山麓に桃雲寺が墓守寺として営まれているが、墓所は野田山そのものである。野田山からは金沢城を望むことはできるものの、金沢城からは直接野田山を望むことはできない。藩祖利家の兄利久が初めて野田山に葬られたため、以後歴代藩主の墓所となったのであるが、利久がなぜ野田山を葬地に選んだかはわかっていない。ただ、金沢城と野田山の延長線上に白山が位置しており、こうした位置関係が野田山を葬地としたことに関係するのではないだろうか。初代藩主利家は死去する前月に一一ヶ条の遺誡を認め、その第一項目に「我等煩爾々無之候間、近々と存候、相果て候は丶、長持に入金沢へ下し、野田山に塚をつかせ可被申候、則我等死骸と一所に、女ども加賀へ下

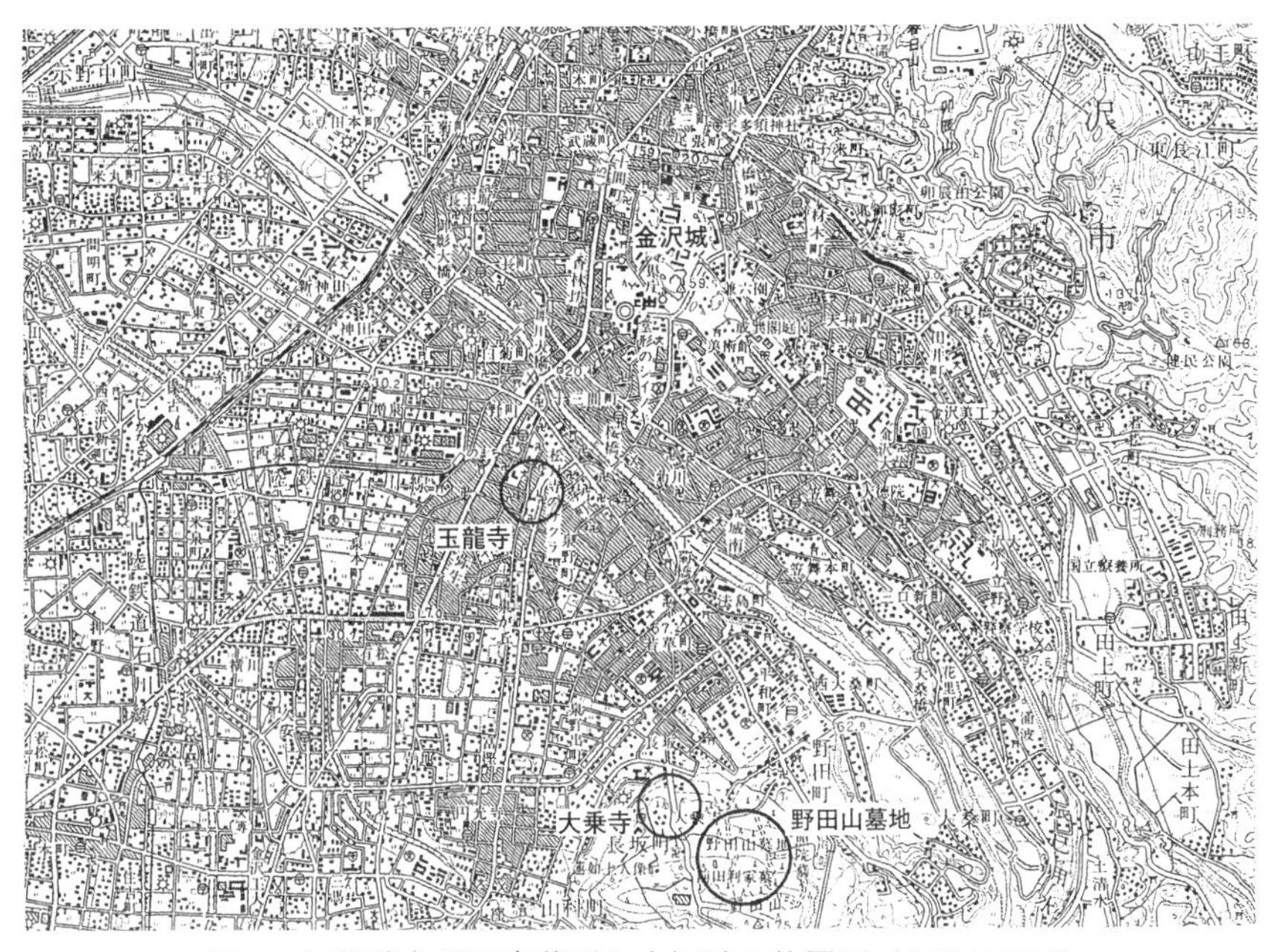

図４　加賀藩主前田家墓所と金沢城の位置図（金沢市 2012）

し可被中候事」と遺言している。金沢城の東北に位置する卯辰山に鎮座する卯辰八幡宮は御城より鬼門の卯辰山に勧請されたと伝えられ、野田山は南東に位置することより裏鬼門にあたる。

近代の資料ではあるが尊経閣文庫所蔵の『高徳公墓所改造書ノ件』によると「利家加賀ニ封セラレシトキ、右野田山ヲ以テ子孫悠久墳墓ノ地ト定メ」とあり、利家が金沢入封と同時に野田山を墓所と決めていたことが記されている。

さらに『御夜話集』には「金沢の城、上口より寄る時は、野田山一つ之禁処なり。故に此処を墓処に被也成」とあり、金沢城防衛の軍事拠点として墓所を営んだと記す。実際利家も『混見摘写』に「四方を見きるによき」ために「野田山を茂らすましきと」と申し付けている。利家没年の慶長四年（一五九九）の豊臣対徳川の軍事的緊張からは金沢も戦場に

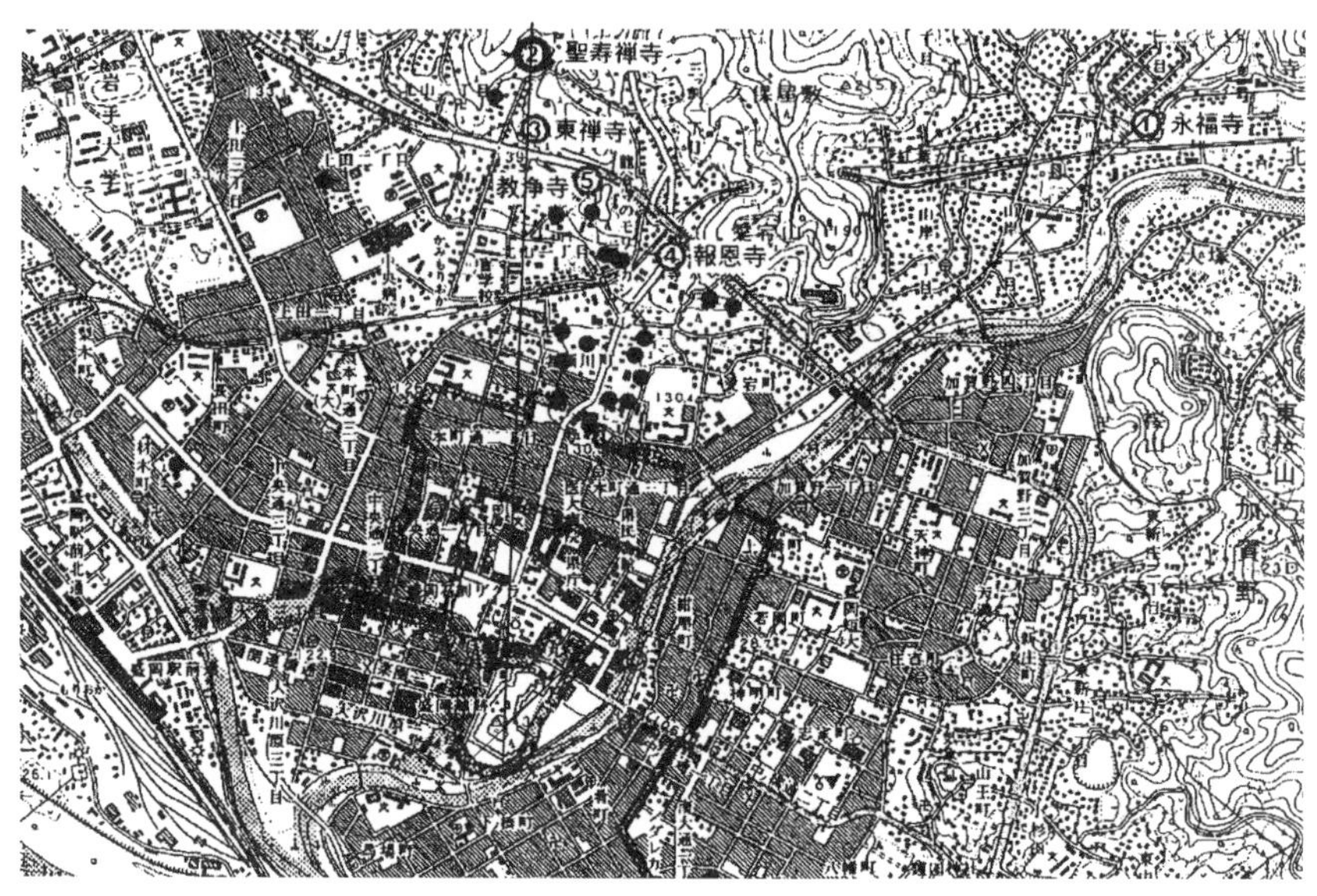

図５　盛岡藩主南部家墓所と盛岡城の位置図（似内 2010）

なることは十分に考えられることであり、墓所を最後の戦いの場と仮定したのであろう。それは平和な時代には墓所が金沢城下を見守るということでもあった（金沢市埋蔵文化財センター二〇〇八）（図４）。

ところで陸奥盛岡藩主南部家墓所は居城である盛岡城の真北約二キロメートル離れた聖壽禅寺と東禅寺に営まれている。聖壽禅寺は三代藩主重直が盛岡城下を整備する段階で、三戸から移転させた寺院である。東禅寺は二代藩主利直によって遠野から移転させた寺院である。盛岡城下整備にともなって移転させた寺院を墓所としていることからも、居城の真北への移転は意図的におこなわれたものと考えてよいだろう（図５）。

おわりに

居城の城下に墓所が営まれることは意外に少ない。多くは城下の外縁部に営まれている。その位置は居城の鬼門除けとして東北方向に位置する彦根藩主井伊家墓所や、高島藩主諏訪家墓所に認められるがこれはそう多くない。むしろ方角は意識されていない場合が多い。ただ墓所を営むために移転させた寺院や新たに開基して創建された寺院には居城との関係を意識したものと考えられる。盛岡藩主南部家墓所である聖壽禅寺、東禅寺が真北に位置するのはその典型例となろう。

多くの近世大名は関ヶ原合戦後に新たな領地を与えられ、その地に居城を築く。いわゆる慶長の築城ラッシュとなる。こうした新規築城により城下町が整備されるが、初代藩主はまず入国すると旧領主の居城に入城する。この旧城への入城は注意する必要がある。例えば井伊直政は石田三成の居城であった佐和山城を賜っている。徳川家康は佐和山城を「東西要之城」（『金亀山伝記』）として佐和山城を重視し直政に与えたのである。領地だけではなく居城も家康から賜ったという点は、墓所選定に大きな影響を及ぼしたとみてよいだろう。

さらに居城や居館からの遥拝も意識されていたものと考えられる。土佐藩主山内家墓所は高知城本丸御殿から真南に望むことができる。佐和山山麓の井伊家墓所は新たに築かれた居城である彦根城の鬼門除けにあたるとともに表御殿から望むこともできる。

大名墓所ではないが、肥前武雄領主鍋島（後藤）家は佐賀藩主鍋島家の親類同格として武雄領を知行していた。その墓所は円応寺に造営されている。武雄鍋島家の居所である陣屋は御船山の北山麓に構えられており、円応寺はほぼその真北に位置しており遥拝できる位置にある（写真５）。居城から墓所を望むことのできる位置も墓所選定の重要な要因であったのではないだろうか。

先般、伯耆米子城の発掘調査の現場見学の際に城代荒尾家墓所を久しぶりに訪ねた。伯耆国は因幡国とともに二ヶ国が池田家の鳥取藩領であった。一国一城令により因幡国では居城である鳥取城と、伯耆国では米子城の存城が認められ、筆頭家老である荒尾家に預けられた。鳥取藩の家老ではあるが墓標には「伯耆国米子城主」と刻まれており、城主としてのステイタスを誇示している。墓所の周辺には民家が密集していたが、その家と家の間からは米子城を望むことができた。城主のステイタスとして城を望む地に墓所を設けたのであろう。

大名墓は各々の大名家の「イエ」意識により造墓には様々な要因があり、類型化は難しい。そうしたなかで墓所と居城との関係を考えてみた。大名墓の研究が進むなかで居城との関係を分析した研究は皆無といえよう。今後の研究に期待したい。

写真５　武雄鍋島家墓所より御船山を望む

【参考文献】

金沢市　二〇一二『野田山・加賀八家墓所調査報告書』

金沢市埋蔵文化財センター　二〇〇八『野田山・加賀藩主前田家墓所調査報告書』金沢市

高知県　二〇一五『土佐藩主山内家墓所調査報告書』

大名墓研究会　二〇二〇『松江藩主松平家墓所―松江・月照寺に守り伝えられる近世大名墓―』松江市歴史まちづくり部史料編纂課

茅野市教育委員会　二〇一七『国史跡高島藩主諏訪家墓所上原頼岳寺高島藩初代藩主廟所調査報告書』

土江正司編　二〇〇八『雲州松江藩主菩提寺 月照寺』月照寺興隆会
似内啓邦　二〇一〇「盛岡藩南部家墓所」『近世大名家墓所調査の現状と課題』立正大学考古学会
彦根市教育委員会　二〇〇九『国指定史跡清凉寺「彦根藩主井伊家墓所」調査報告書』
常陸太田市教育委員会　二〇一〇『史跡水戸徳川家墓所保存管理計画書』

あとがき

本書副題でも示した通り、大名墓研究会は大名の墓を考古学的に研究することを目的として設立した研究会である。戦後の近世大名墓の考古学的研究は昭和三三年（一九五八）の増上寺徳川家墓所の発掘調査を端緒として、改葬に伴う発掘調査が全国各地でなされるようになってきた。これらの、考古学的な近世大名墓の調査が進行するとともに、近世考古学を推進した坂詰秀一先生を中心とする立正大学の研究者とその関係者が近世大名墓研究を主導した。平成二二年（二〇一〇）には立正大学考古学研究室他が「近世大名家墓所調査の現状と課題」と題したシンポジウムを開催し、全国の発掘調査や測量調査事例が紹介され、近世大名墓を考古学的に研究するための基礎資料がまとめられた。

こうした近世大名墓研究の進展とともに墓所の整備という新たな課題も示され、さらなる全国各地での考古学的研究の深化が、墓所整備の行政担当者や地方の研究者から求められた。このように全国の考古学研究者が集まって大名墓に関する意見や情報交換する場が求められたことを受けて、中井均を代表として大名墓研究会を設立し、平成二二年（二〇一〇）、彦根市で第一回研究会を開催した。第二回を九州の熊本市（二〇一一年）、第三回を中国の鳥取市（二〇一一年）、第四回を近畿の高野山（二〇一二年）、第五回を関東の東京（二〇一三年）、第六回を東海の掛川市（二〇一四年）、第七回を四国の宇和島市（二〇一五年）、第八回を東北の弘前市（二〇一六年）、第九回を諏訪市（二〇一七年）、第一〇回を岡山市（二〇一八年）で行った。このうち第五回研究会では「近世大名墓の成立」をテーマとして討論し、その成果をまとめた『近世大名墓の成立』（二〇一四年、雄山閣）を刊行した。さらに第九回研究会では「儒教と近世大名墓」、第一〇回でも「近世大名墓研究の到達点」と題したテーマを設定し、討論を行った。このように、大名墓研究会は一〇年近くをかけ地域ごとの調査成果をまとめ、考古学研究者の意見や情報交換の場として活動を継続し、第九・一〇回の研究会において一〇年間の成果をまとめて休会とした。本書は、第五回研究会を受け刊行した前書の続編として、第九・一〇回研究会の成果をまとめることを目的とした。

近世大名墓を研究することだけでは、江戸時代のすべての墓制を理解することはできないが、近世大名という権力者の墓制が、村の領主や農民、都市での庶民の墓制の基本となった可能性を考えるうえでは有効であろう。本書でも解明されたように、近世大名の墓制は仏式を基本とし神式、儒式が融合したものである。さらには、一部の儀礼の形骸・簡素化、儀礼の本来の意味が失われてはいるものの、近世大名が確立した墓制が、現在私たちが行なっている葬式や墓石の造立などのなかに脈々と受け継がれていることが理解してもらえば幸いである。

大名墓研究会の活動を終えてみて、考古学だけでなく近世大名墓を研究する人たちとの交流が大きな財産となったことである。さらに、研究会と合わせて開催した見学会から、文化財指定されている一部の墓所を除き、保存することが財政的に難しくなってきている墓所が多数ある現状も確認できた。こうした問題を解決するためにも、地域ごとの大名墓研究が進展し、その重要性を広く国民に提示することで、近世大名墓所が文化財として保護継承がなされるべきことを痛感した。

最後に全国の研究会を開催するにあたって、事務局の無理なお願いを快くお受けいただきました発表者や各地でご援助いただいた関係者の皆様、毎回叱咤激励してもらいました松原さん、応援していただきました坂詰先生、本書刊行に尽力いただいた桑門さんにお礼申し上げたい。

大名墓研究会事務局一同

執筆者紹介（掲載順）

坂詰　秀一　立正大学名誉教授
中井　均　滋賀県立大学教授・大名墓研究会代表
美濃口雅朗　九州近世大名墓研究会
野村　俊之　九州近世大名墓研究会
乗岡　実　丸亀市教育部・大名墓研究会
溝口　彰啓　静岡県・大名墓研究会
関口　慶久　水戸市立博物館館長
狭川　真一　大阪大谷大学教授・大名墓研究会
税田　脩介　えびの市教育委員会
佐藤　亜聖　公益財団法人 元興寺文化財研究所
関根　達人　弘前大学教授
松井　一明　大名墓研究会
松原　典明　石造文化財調査研究所代表・大名墓研究会
加藤　理文　大名墓研究会

2020年11月25日　初版発行　《検印省略》

近世大名墓の展開

―考古学から大名墓を読み解く―

編　者　大名墓研究会（代表：中井 均）
発行者　宮田哲男
発行所　株式会社　雄山閣
〒102-0071　東京都千代田区富士見2-6-9
TEL 03-3262-3231　FAX 03-3262-6938
振 替 00130-5-1685
http://www.yuzankaku.co.jp
印刷・製本　株式会社ティーケー出版印刷

N.D.C. 210　212p　21cm
ISBN978-4-639-02735-5　C0021